湖南省教育科学"十一五"规划资助课题
（XJK06BJJ004）成果

走近梦想

——从一个普通高中班的成长说起

周圣荣
曾广清
夏立新
杨全发
等著

湖南师范大学出版社

图书在版编目（CIP）数据

走近梦想——从一个普通高中班的成长说起／周圣荣等著 . —长沙：湖南师范大学出版社，2013.7

ISBN 978 - 7 - 5648 - 1313 - 0

Ⅰ.①走…　Ⅱ.①周…　Ⅲ.①高中—班级—学校管理—概况—郴州市　Ⅳ.①G632. 421

中国版本图书馆 CIP 数据核字（2013）第 153485 号

走近梦想——从一个普通高中班的成长说起

周圣荣　曾广清　夏立新　杨全发　等著

◇责任编辑：刘苏华

◇责任校对：胡亚兰

◇出版发行：湖南师范大学出版社

　　　　　地址／长沙市岳麓山　邮编／410081

　　　　　电话／0731.88853867　88872751　传真／0731.88872636

　　　　　网址／http：//press. hunnu. edu. cn

◇经销：湖南省新华书店

◇印刷：长沙超峰印刷有限公司

◇开本：710mm×1000mm 1/16

◇印张：16

◇字数：254 千字

◇版次：2013 年 7 月第 1 版第 1 次印刷

◇书号：ISBN 978 - 7 - 5648 - 1313 - 0

◇定价：30. 00 元

献给我们过去、现在及未来的
所有学生
献给潜心奉献、怀抱教育梦想的
所有教师和家长
因为你们的存在
教育变得神圣而崇高

用文学的激情点亮教育的梦想

——前面的话

"成功的花，人们只惊慕她现时的明艳！然而当初它的芽儿，浸透了奋斗的泪水，洒遍了牺牲的血雨！"

冰心的这段话，早在读小学时，就摘录到了我的笔记本上，早已烂熟于胸。2012届高考，尘埃落定。近段时间，静下心来，总结在527班的教育教学工作，酸甜苦辣，历历在目，宛如昨天。用冰心的这几句富有诗意的话来形容自己的感受，应该是合适的、恰切的。

迄今为止，高中任教已经18年。在这18年中，有15年兼任班主任。回想这些年的班主任工作，班级不同，班情有异，方式有别，但是，所有的班级工作于我而言，都是一种快乐，一份享受。刚毕业的527班，是个普通的班级，可是，于我而言，却有着许多不平凡的意义。从某种程度上讲，它成就了我作为一个有幸福感的班主任的存在。

几年来，"527"这几个字，融入了我的脑海，融入了我的血液，深深地融入了我的言行举止。527班的工作，无论过程还是结果，让我真正享受到了作为一个中学老师的快乐。其中的真义，可能只有自己心里清楚。

我一直认为，教育事关一个人的发展与前途，关涉一个家庭的兴旺与衰颓，关系一个民族的未来。在中小学教育中，班主任起着至关重要的作用。这种观念或显或隐地支撑着我一路走来。不知为何，这些年来，我当班主任的心变得越来越虔诚。我深知，在当今的教育环境下，我的这种想法，并不是所有人都能够理解。当然，我从来就没想到过让所有人都能理解。让我欣慰的是，班主任工作还是得到了学校一些领导和同事的真诚理解与帮助，这让我心存感激，我视之为教育生命中的"贵人"。

当班主任的时间越久，我的言行举止，却是越来越谨小慎微，时时都有如履薄冰、战战兢兢之感。每一个学生都可能成为一段传奇，对于每一个学生的教育，我都认为是一种挑战。当然，每一个年轻的富有朝气的生命，都会让我充满活力。

阅读总给人以力量。近些年，静下心来，读了不少有关教育的优美文字。

教育者须对教育有信仰心，如宗教徒对他的上帝一样；教育者须有健全的人格，尤须有深广的爱；教育者须能牺牲自己，任劳任怨。

我斥责那班以教育为手段的人！我愿我们都努力，努力做到那以教育为信仰的人！[1]

1924年，朱自清先生在春晖中学当语文老师，《教育的信仰》是他在校刊《春晖》上发表的一篇文章。由于阅读《绿》、《春》、《背影》、《荷塘月色》等美文的原因，我印象中的朱自清，是一个温文尔雅的文人形象。但是，读上述的文字，站在我面前的，分明是个教育的信徒和斗士。这样的文字，有着穿越时间与空间的力量，总给我以鼓舞，让我感到格外的温暖。当教育成为一种信仰，它一定会有坚不可摧的力量。

去年7月，我有幸在成都听了李镇西老师的一场报告。他的"未来班"的故事，真切感人。静下心来，读他的一些文字，同样的，也让我感到兴奋与温暖。

让文学与教育携手共进，越来越成为我坚定的信念。

于是，近三十年来，我左手文学，右手教育，除此之外，再无其他！就这样，理想共初衷一色，文学与教育齐飞，青春和童心为伴，生命携使命同行。我把一部部撼人心魄的文学作品连同一位位可歌可泣的人类英雄精神巨人铸进孩子们的心灵，用文学的激情点亮教育的理想，照亮孩子们未来的公民人生；同时，我用手中的笔书写自己的校园故事，让文学丰盈我的教育岁月，更让我微弱而执著的声音通过文学汇入改革时代的轰鸣潮声。

……

不止一次地庆幸我是一个教师，因为与青春同行使我的心永远年轻；而且我特别庆幸我是语文教师，因为这使我能用一双"文学的耳朵"随时倾听"花开的声音"，并把这种世界上最美的声音用文字表达出来。挽留青春，珍藏童心；挥洒情感，燃烧思想；从职业到事业，从幻想到理想；

---

[1] 朱自清：《教育的信仰》。

手足舞蹈于校园，心灵飞翔于社会——这就是我的生活！[1]

　　这样一种境界，真的很美好。如果你不是语文老师，你不是班主任，你不喜欢孩子，你不喜欢教育，你不喜欢文学，你是不会有此切身体会的，你是不可能感受到其中的真正乐趣的。我成不了李镇西，事实上，也没多大必要，因为每一个教育者都是独一无二的。但是，他的那份教育"心"，是值得尊重和学习的。为此，我也庆幸自己是语文老师，还兼着班主任，仍然怀揣着文学梦。

　　1926年11月21日，中华教育改进社特约乡村学校教职员开第一次联合研究会，陶行知先生草拟了乡村教师十八条信条。这些信条，是为乡村教师所写。严格意义上讲，我应该不算是乡村教师，但是，自己出生于农村，许多时候，在思考问题时，我更愿意以乡村教师作为出发点。时隔近百年，陶行知的教、学、做合一，因材施教，为人师表，教育即生活，社会即学校等等，依然让人感觉亲切，让人警醒。

　　我们深信教育是国家万年根本大计。
　　我们深信生活是教育的中心。
　　我们深信健康是生活的出发点，也是教育的出发点。
　　我们深信教育应当培植生活力，使学生向上长。
　　我们深信教育应当把环境的阻力化为助力。
　　我们深信教法、学法、做法合一。
　　我们深信师生共生活、共甘苦，为最好的教育。
　　我们深信教师应当以身作则。
　　我们深信教师应当学而不厌，才能教而不倦。
　　我们相信运用困难，以发展思想及奋斗精神。
　　我们深信教师应当做人民的朋友。
　　我们深信乡村学校应当做改造乡村生活的中心。
　　我们深信乡村教师应当做改造乡村生活的灵魂。
　　我们深信乡村教师应当必须有农夫的身手，科学的头脑，改造社会的精神。
　　我们深信乡村教师应当用科学的方法去征服自然、美术的观念去改造社会。
　　我们深信乡村教师要用最少的经费办最好的教育。

[1] 李镇西：《我这样做班主任》，漓江出版社2012年版。

我们深信最高尚的精神是无价之宝，非金钱所能买的来，就不必靠金钱而后振作，尤不可因金钱而推诿。

我们深信，如果全国教师对于儿童教育都有"鞠躬尽瘁死而后已"的决心，必能为我们的民族创造一个伟大的新生命。[1]

陶行知先生这些信条，我也是深信的。18年的教育历程，不长也不短了。在这个过程中，陶行知、朱自清、魏书生、李镇西、朱永新……通过直接的听报告或间接的阅读，他们的真知灼见，我总是为之心动。我钦佩他们既是个知者又是个行者。

其实，这么些年来，无论是教学还是班级工作，我一直都在积极地探索着。527班的工作，只是其中的一个段落而已。很多人说，527班是成功的。当他们在说这话时，主要是从功利的角度来看的，因为它高考的成绩不错，至少在全市范围内还是可圈可点：全市文科第一名在这个班上；全市文科前10名占了9人；全市应届文科生中600分以上高分段的人数，近一半出自于这个班。但是，如果仅从这点去看的话，我觉得实在是"功利"了一些，"浅"了一点。我觉得，除此之外，它的成功更体现在学生们的真实成长——他们的快乐，他们的友谊，他们的团结，他们的奋斗，他们的激情，他们的和谐，他们的坚持……这一切更让我感到欣慰，因为前者只是一种水到渠成的结果而已。

2013年的春节，收到527班许多学生的祝福短信。其中，陈颖媛以《魂牵梦萦527》为题，写了一则很长的短信，读后，让我很是感动。

离开曾经的527教室，进入现在的北语（北京语言大学）。即便身上烙下了新生活的印痕，可它也抹不去527留下的斑斑迹迹。在北语，在很多次宿舍的卧谈会上，我们讨论过去……

我亲爱的527，我把你捧在手心，骄傲地述说你的辉煌，说着你动人的旋律。

你谦逊，从不向世界宣告你的豪情壮志，但是，你自己却时时刻刻，将它铭记在心。

你理性，你知道失败是成功的阶梯，你知道成功是失败的奖励；你知道你是平凡的，挥一挥衣袖，也赶不走困难来袭；你知道你是伟大的，挥舞着纸

---

[1] 方明编：《陶行知教育名篇》，教育科学出版社2005年版。

笔，成功定会悄悄降临。

你顽强，在多少个昏天暗地读书的日子里，你不叫苦不叫累。你不屈，运动健将也从不是奇迹。

你沉稳，在多少次临近考试的自习里，你依旧听不见窗外树叶的婆娑之音；你大气，总笑看他人的赞与批。

我不知道什么样的人喜欢回忆，但至少我知道，我是其中之一。

什么样的记忆值得回忆，我很清楚，那些触动过我的，我会恋恋，我会依依。

527，我是多么的幸运，就连手机号里也有你的身影，注定我能与你，不离不弃，生死相依。

一个班级，能够让学生"魂牵梦萦"，这总是好的。

一个班级的成功，离不开班级师生及家长的共同努力。这个"大家庭"的成员都为此付出了艰辛的努力。数学杨全发老师，英语李湘玲老师，政治罗金妹老师，历史何春红老师，地理吴爱国老师，体育刘典林老师，他们为527奉献了汗水与智慧，永远值得我尊重。还有曾广清校长、秦文玲书记、夏立新副校长等等，他们的关心、支持和理解，让527班的工作一直在高效、有序、宽松的坏境中前行，他们都是527班的"贵人"，我发自心底地感激。

在这众多的"贵人"中，还得特别感谢杨全发老师，他的许多带班理念和方法，他作为一个优秀数学老师的理性思维，给了我很多的启迪，527班的许多行之有效的做法，都凝聚了他的智慧与经验。班主任是我，但是，事实上，许多好的"点子"都是我们共同商讨的结果。我们在班级管理的许多方面，都有着强烈的"共鸣"。更难能可贵的是，整个过程中，我们的那些想法，也很好地得到了班级其他老师的普遍认可。这样，班级老师的凝聚力得到了"空前"的加强。人心齐，泰山移。这为班级工作的开展打下了坚实的基础。因此，从某种意义上讲，杨老师也是这个班的"班主任"。如果把一个班级视作一件作品的话，杨老师应该是527班这件作品的优秀作者。

我愿意用学生的几段话，来作为这篇"序言"的结语——

我们没有班级旅游，没有宴会聚餐，我们甚至没有时间经营和交流情感，但是，在漫天飞舞的书本试卷里，在笔尖摩擦课桌的声音里，在移樽就教的谦逊里，在大声呐喊班号的骄傲里，我们获得了最为微妙又最为强大的默契和凝聚力，那样的力量，振奋人心，我们以奔跑的姿势迎接高考，以坦然的态度等待结果——没有什么能垮散我们的班级。

——李曲芬《灿烂的日子》

三毛曾说，"每个人心里一亩田，种桃种李种春风，开尽梨花春又来。"527就是我们心里那一亩田地。班级之魂，文以化之；班级之神，文以铸之。我们手上紧握的这把锄头，就是527的独特文化，527的魂，一辈子也不离手了。面对茫茫无涯的未知，我们总能不惊慌，不畏惧，坚持本真。从容——只因一路有你。

"莫嫌海角天涯远，但肯摇鞭有到时。"携手527，我们收获的定将是一个丰盈而熟透的人生。

——蒲潇莎《感悟527》

看着527的毕业照，大家笑靥如花，如此纯真的笑容将深深地刻在我脑海里。莎士比亚说："时间会刺破青春的华美精致，会把平行线刻上美人的额角；它会吞噬稀世珍宝，天生丽质，没有什么能逃它横扫的镰刀。"我想，他说得很对，但是有一样东西，却不会被它的镰刀收割，那就是我们527的情谊。十年、二十年之后，我们一定还可以拍一张一模一样的照片。我毫不怀疑。希望每一个同学都可以实现自己最初的梦想，保留那一份纯真。

感谢527，如此特别的存在。感谢青春，纵有遗憾，并无后悔！

——陈婷《527，最特别的存在》

你是否遇到过一个真正优秀的好老师，他把你当做一块璞玉、一颗原钻，只要假以智慧磨炼，就可以发出耀眼的光辉？

你是否遇到过一群真正情同手足的好同学，陪你流泪陪你欢笑，陪你走过一路的坎坷艰辛，陪你走过流金的青春年华？

你是否遇到过一个真正优秀的班级，它把你看做它的宝藏，它的荣耀，它永恒的记忆？

郴州一中527班，我的梦想从这里起航。

——申丽莎《梦开始的地方——我与我的527》

周圣荣
2013年1月于郴州一中

CONTENTS
目　录

第三编 527，看不见的风景在心里 | 149

目 录
CONTENTS

527，温馨的点点滴滴

> 教育需要激情，需要全身心的投入与无私的奉献。
>
> 教育需要诗意，需要洋溢着浪漫主义的情怀。
>
> 教育需要机智，需要把握每一个转瞬即逝的机遇。
>
> 教育需要活力，需要以年轻的心跳昂奋地工作。
>
> 教育需要恒心，需要毫不懈怠地追求与探索。
>
> 激情、诗意、机智、活力、恒心的源头活水是理想。
>
> ……
>
> 激情、诗意、机智、活力、恒心使理想变为现实。
>
> ——朱永新《我的教育理想》

每一个班级，对于班主任来说，都是自己的一个孩子。

几年相处，每一个学生，每一件小事，总会是那样的生动活泼，鲜活灵动。

俗话说，文如其人。一个班也宛如一件艺术品，久而久之，它总会或多或少地打上班主任的烙印。正因如此，班级工作才更显魅力。

对于527班（以下简称"527"），作为班主任，我是动了心思，用了感情的。在我的眼中，527是个有"故事"的班级，甚至有点"传奇"的色彩。"毕业照"、"小西瓜"、"殊途同归"、"共进晚餐"、"学习联盟"等，这一切的一切，都让人感觉温馨，倍感亲切。

教育是需要理想的。理想可以提升教育的品质。班级组建之初，我给527设定了这样的目标：动静相宜，张弛有度。宽容大度，健康向上。共享互助，合作共赢。教学相长，融洽发展。自主自觉，笃志笃行。

激情、融洽、共享、合作、宽松、快乐……这是一个优秀班集体的表征，一个理想班集体的特质。

在当今的教育环境下，在高考的压力下，所有的一切总是那样的艰难。但是，我一直为此思考着、行动着，我真诚地期盼着学生们在风雨与阳光中成人、成长、成才。

这一编文字，记叙了527的点滴，其中不乏我对班级工作的认识，是理性的，更是感性的，且更多地带着我的体温。

1. 教育价值观：班级管理工作的生命与灵魂

□周圣荣

一直以来，我在思考语文教学、班级管理的问题时，总喜欢把它们与教育价值观联系起来。因为，我觉得目前面临的许多教育问题，都与教育价值观有着千丝万缕的联系。

"为什么我们的学校总是培养不出杰出人才？"近年来，钱学森之问，总在牵动着亿万教育者的心。

早些年，我读过钱老的一段话，这是一段他在北师大附中学习的深情回忆：

现在的父母对教育孩子很费劲，我们那个时候没有像现在这样受罪。放了学在学校里玩，不天黑不回家，不怕考试，不突击考试，没有不上大学的，班上最好的学生考80分就行了。不死抠课本，提倡多看课外书。附中的选修课很多，学生的知识面很广，每天午饭后，在教室里交谈感兴趣的各种科学知识。当时师大附中很穷，经费不足，但是实验做得很多，化学实验室对学生随时开放。学生的求知欲强，把学习当成一种享受而不是一种困难。师生关系密切，息息相通，对学生诱导而不是强迫。……现在的教育限制太死。要培养孩子们多方面的兴趣。我主张学生多学点文言文，可以采用多种教材。

这段话对我的语文教学和班级管理一直有着很深的启迪。

我认为，钱先生的这段话，道出了他对中学教育的独到见解。我的理解是：乐中学，少限制；多阅读，多实践，多交流；因材施教，培养兴趣，融洽师生关系；学习是一种享受……这样的中学教育就是最优质的中学教育。郴州一中是一所具有百年校史的在区域内有着重要影响的省级示范性高中，其定位不仅仅是义务教育的延伸，而且还是大学的预备阶段，应该尽量让学生过一种有价值和意义的生活。作为其中的一员，作为一名班主任，我对教育的思与行，也应该置身于这样的背景中。

2010年9月，本人有幸担任新组建的高527班的班主任。它是一个文科班，某种程度上，它承载着学校探索如何培养高素质文科拔尖学生的重任。担任这个班的班主任，我理解是学校对我"委以重任"。出于"因材施教"的原因，尽管他们是从报文科的学生中选拔出来的，但是，实际上，与其他许多班一样，困难与问题一大堆，单就学习基础，也不像人们想象的那么优秀，这都是有目共睹的。但是，不管怎样，一上任，我就开

始了快乐地探索班级管理的新旅途。与以前带过的班一样，我总感觉这个旅途一定会异彩纷呈。一直以来，我总喜欢带着激情、自信和美好的愿景去干自己喜欢的事。

作为班主任，谁都想把班带好，把它带成最优秀的班集体，自身也成为优秀的班主任，这是毋庸置疑的，我也不例外。对班情有了一定的了解后，我思考得最多的问题是，作为班主任的我，应该在班级管理中充当什么角色，我的527应该是个怎样的班集体。这两个问题回答好了，班级管理工作就有了生命与灵魂。事实上，这两个问题要回答好，都是困难的，但是，也正因为困难，它才有无穷的魅力。

班级组建之初，我给527设定了这样的目标：动静相宜，张弛有度。宽容大度，健康向上。共享互助，合作共赢。教学相长，融洽发展。自主自觉，笃志笃行。

为此，根据班情，我为我的527班班主任角色作了如下定位：独立思考的激励者，追逐梦想的鼓舞者，行为方式的影响者，学习过程的合作者，精神气质的培育者。扮演这样的角色，是不容易的，多年来，我为此作了不懈的努力。

（1）我应该是学生独立思考的激励者

当今社会，信息化和知识经济是其基本特征，与以往相比，学生获取信息和知识的途径，越来越丰富。海量的知识，铺天盖地的信息，要求学生必须有独立思考的品质，否则，极容易迷失方向，无所适从，缺乏生活和学习的定力。

在我看来，衡量一所学校好不好，主要不是看它的占地面积、高楼大厦、仪器设备，而是看它能在多大程度上吸引、凝聚最优秀的老师，并通过他们开启学生的心智，激励他们求知、求智、求真、求美、求善的欲望，最终让他们成为具备独立思考能力的人。这种理念，在我的意识中是根深蒂固的。

基于这样的认识，我给学生创造诸如语文课前5分钟演讲等个性化的表达机会；向学生讲不唯上、不唯书、只唯实的道理；要学生遇事了，不要人云亦云，用自己的脑子思考问题，用自己的嘴说话，用自己的手做事等等。两年来，527班工作的方方面面中，我一直在不遗余力地给学生提供独立思考的时间与空间。

（2）我应该是学生追逐梦想的鼓舞者

人是为梦想而活着的。有梦想的人生才是精彩的人生。一个有梦想的人，一定有着超常的战斗力。

社会是丰富多彩的，人生更应是色彩斑斓的，人生的多姿来源于每个人有不一样的梦想。一个充满梦想的校园，一定充满生机与活力。梦想的存在，会促发老师教育的神圣感、责任感和使命感，会激发学生学习、实践和创造的自由与快乐。梦想是人心中的明灯。作为班主任，应该给学生提供一个眺望世界、观照自我的平台。点亮每个人心中的那盏灯，是对创造的鼓励和激发。对于每个学生的梦想，我应该最充分地肯定、尊重，而不是抹灭。

为此，我把"有所为，有所不为，每天离梦想近一点"作为"班训"，并且用喷绘的方式悬挂于教室的后墙。抓住一切有可能的机会，与学生畅谈梦想。我发自心底地期待着我的每个学生都是心存梦想的人。

（3）我应该是学生行为方式的影响者

什么是教育，历来有不同的理解。"教育"一词，在英语中，有"抚育、自身生成"的意思；在德语中，有"引导、唤醒"的意味；在我国古代，有"上施下效"的含义。不管怎样理解，有一点是共同的，那就是教育具有价值引导作用。

在对学生价值引导方面，班主任具有任课教师不可替代的优势和不可推卸的责任。学生培养目标的设定、教育内容的选择、教育方式的运用等等，都与班主任有着极大的关系。

高中阶段形成的行为方式，对人的影响是终生的。而人的行为方式，总是受到价值观念的影响。在这方面，班主任的言传与身教，对学生的影响尤为深远。

作为语文老师的我，总是力图对学生作正面的影响。当然，我作为语文教师的这种身份，与其他科任老师相比，有着得天独厚的条件。除了正常的班会课之外，训练题中阅读文本的选择，精选阅读材料（两年下来，我为学生认真选择了三百多篇近三十万字的文章作为阅读资料，这些资料的阅读，对学生起了很好的潜移默化的作用），所有的这些方式，除了让学生积累写作素材之外，最大的作用，我认为就是对学生的价值取向进行有形无形的影响——什么是美好人生，什么是幸福生活，什么是理想人格，什么习惯应该养成，什么知识最有价值等等。

（4）我应该是学生学习过程的合作者

现代社会，竞争是避免不了的。但是，作为一个班集体，我想尽一切办法让学生确立"双赢"或"多赢"的观念，让他们明白，只有"双赢"或"多赢"才是真正意义的竞争。只有这样，班内成员间才会和谐。

我认为，班集体中，合作是多方面的，有班主任与任课教师的合作，有教师与校长的合作，有教师与教师的合作，有教师和学生的合作，有教师和家长的合作，有教师与社会的合作，有学生与学生的合作，等等。在527班的班级管理过程中，我一直把培养合作意识和提供合作机会作为重中之重的工作。

学生要向老师学，这容易理解。老师要虚心跟学生学，则不易办到。由于背景不同，阅历有别，体验有异，许多学生知晓的东西，老师未必知道。学生中是存在真智慧的，特别是到了高中阶段。一个优秀的班级应该是师生共同参与的学习共同体，一个师生享受教育、享受成长、享受成功的共同体。

我一直认为，所谓教学应该是"教"与"学"并重。作为老师，学习的途径是多方面的，其中很重要的一个方面，就是向充满智慧、充溢活力的学生学。

作为老师，我们得虚心跟学生学，"你要教你的学生教你怎样去教他。""如果你不肯向你的学生虚心请教，你便不知道他的环境，不知道他的能力，不知道他的需要；那么，你就算有天大的本事也不能教好他。他要吃白米饭，你老是弄些面条给他吃，事情会两不讨好。""不但为着学生而且为着你自己，你也得跟你的学生学。你只需承认小孩有教你的能力，你不久就会发现小孩能教你的事情多着咧。只需你甘心情愿跟你的学生做学生，他们便能把你的'思想的青春'留住；他们能为你保险，使你永远不落伍。"[1]这样一来，教师教的过程，学生学的过程，其实质就变成了师生合作的过程，这样的情形一出现，久而久之，师生的关系自然就融洽了。

事实证明，在这方面，527班是成功的。合作联盟的自然形成，资料资源的共享，运动会上的"出类拔萃"，"一中杯"篮球赛上的激情，无一不显示出527班的团结与合作精神。

（5）我应该是学生精神气质的培育者

我认为，学校既是传承知识的场所，更是培养学生精神气质的圣地。班级应该是学生精神气质成长的家园。走进校园，不是让学生走进课本的死胡同，而是走向一个精神生活丰富的广阔原野。一个老师如果不能给学生在人格、精神上的影响，他就不可能是个好老师。韩愈说："师者，传道授业解惑也。"这个"道"，在现代意义来说，就是精神气质。一个人在中学阶段所受到的影响，会溶进生命、化入血液。

在人的一生中，中学阶段是求知欲最旺盛、记忆力最好，对一切都充满幻想的时期，许多人回忆起自己的中学时光，之所以会心存感念，就是因为他们的梦想在这里起步，他们的知识基础在这里奠定，他们的精神气质在这里形成。

一个好的班集体，应该是能让每一个从那里出去的学生，在漫长的生命旅途中时时驻足回望的，是能让学生有一种归属感的。两年下来，527班的学习与生活情境，培育了学生们的精神气质。

班级是学校的基本单位。一个个班级宛如学校这部机器的一个个重要部件，部件的情况决定着整部机器运行的效果。因此，从某种程度上讲，班级管理工作的优劣，决定着学校教育教学水平的高低。

看得见的风景，在路上；看不见的风景，在心里。在527班的管理过程中，我以为，是做了一些事，也做成了一些事，尽管也有不少的遗憾，但还是得到许多人的认可。不管怎样，其中的经验与教训，那些"看得见的风景"与"看不见的风景"，一定会是我往后班级管理工作的一笔宝贵财富。我倍加珍惜！

---

[1] 陶行知：《中国大众教育问题》。

2. 毕业照，每张脸都是笑的

□周圣荣

6月9日上午，体育馆前，水泥球场，人头攒动。

这是个值得纪念的日子。这天上午，郴州市一中2012届高三师生以班为单位照毕业照。

天公作美，貌似要下雨，雨就是没下来。零星地，几点小雨，随风飘下，也只增添了一丝凉意，并无大碍，更没影响师生的兴致。

9点钟开始照相。8点30，我赶到学校。8点40，放眼球场，527班的同学基本上来齐了，他们到得最早。经过两天的高考，倦意写在他们的脸上。但是，他们跟我打招呼时，声音依然充满活力。

高考前，安排工作，讲到照毕业照时，我要同学们都穿夏季校服。原因很简单，夏季校服，粉红（女）或白色（男）上衣，白色长裤，如果配上运动鞋，相比冬季校服，更具"精神"，更显"活泼"。同时，校服是学生在校时的重要标志之一，再统一穿一回校服，可以为往后多保留点

郴州市一中 2012 届高 527 班毕业留影 2012.6

念想。再者，既然是集体照，服装统一，这样才像"正规部队"，否则，就像乌合之众，就有"杂牌军"之嫌了。平日里，学生不太喜欢穿夏季校服，他们认为衣服不太透气，也不太"时尚"。我宣布要求后，几个学生开始有点小情绪了，我知道，这么点情绪，很快就会烟消云散，他们太熟悉我的行事风格了。6月8日下午，高考结束后，在市三中考场参考的学生集合时，我提醒他们第二天别忘了穿夏季校服时，几个"调皮"点的学生问我，老师你穿不穿校服，我回答，我没有，他们说，我帮你找。有个学生还说，照相时不穿会怎样，我说，你的毕业证还在我手上，同学们故作不屑地说，周老师，以权压人。接着，笑声一阵。对于学生的话，我是权当笑话的，只认为是逗"周老头子"开心罢了，真没当回事。

可是，没想到，第二天，文彦淇等几个真的把一套崭新的学生夏季校服带来了，并且要我穿上。而且，我一眼望去，学生们穿夏季校服的并不多，他们穿的都是他们认为漂亮的衣服。看到学生这样了，我也不想多责备他们了，照相时，服装"花花绿绿"就"花花绿绿"吧。但是，等到11点左右，真到了班上照相时，学生们个个成了"魔术师"，穿着的都是清一色的夏季校服。527班，是有"战斗力"的，大体上，是能做到有"令"就行的。这让我格外地高兴。夏季校服，我当然不会穿，学生们笑闹一番，也就作罢了。

照相时，还有件趣事，班上多出了一个人，那是理科534班的徐明威同学（这是事后我看到照片时，才发现的）。照相前，他郑重地找到我，要我同意在527照相时，让他也去照，我对他说，你又不是527班的，照什么照，并问他怎么有这想法。他回答很简单，说他曾经也是527班的（确实，高一时，文理没分科，他是527班的，后来他读了理科，我是班主任兼语文老师）。尽管这样，我还是没同意。我以为，这样一说，他就不会去了。可是，他却没把我的话当回事，照相时，他真站到队伍中去了。高一527班的那些同学，像徐明威这样对527这个"番号"有感情的，还真不少。

差不多到最后，才轮到527班照。照相前，等待的时间里，偌大的操场中，527班的学生是最"疯"的，他们有备而来，带来假发等道具，带来多部相机，他们摆出各种姿态，尽情地享受着属于他们的日子。钟南海的妈妈来了，曹梦真的爸爸妈妈来了，李明键的表姐来了……他们也好像到了毕业季，他们也似乎心存着对学校的留恋。

平日里，学生考完后，我没有问学生考试情况的习惯。但是，前面两天毕竟是高考啊。我试着问了几个同学，考得怎样，顺利吗，估分了没有。他们要么回答"不知道"，要么是"还行"，要么是"不管了"，他们好像完全忘记了6月7日、8日的考试对他们的意义了，他们可能真把高考也当成平时的训练了。问了几个同学之后，得到那大同小异的回答后，我也没了兴致，站得远远的，看他们"疯"。

过了几天，当我看到洗出来的照片时，我发现所有的学生都是笑容可掬，甜甜的，自然得很，就像四十多朵盛开的花簇在一起，活力四射，美极了。带班这么多年了，照了不少的毕业照，学生笑得如此迷人，如此灿烂，这算是第一次。一下子，一张张笑脸定格成了永恒。要知道，前两天，他们可是经历了够辛苦的高考啊！

照完相后，我发高中毕业证给他们。没有主席台，没有贵宾，没有庄重或活泼的音乐，就在操场的树荫底下，我喊一个名字，他就到我前面来拿，我高兴地喊一句"某某同学，毕业了！"我不厌其烦地重复这句话。大多学生，领到毕业证时，都与我留了影。此时此刻，我有了一点"明星"的感觉。其实，喊着那些熟悉的名字，望着他们熟悉的身影，我洋溢的是兴奋，心存的是不舍。

照片上，钟南海手拿一张纸片，上面活泼地写着"我们真的毕业了"几个字，非常的醒目。这代表着学生们的心声。527班的同学个个都是好样的。即使是一张毕业照，也与众不同，也大放异彩，也让人动容。过程中的种种小插曲，学生们的那份"天真"与"认真"，让我感动，十分地温馨。学生们的张张笑脸，定格在了我的心中，真实地成了永恒！

让每个学生在527班快乐地学习与生活，这是我几年来工作的最大目标。527班的同学是快乐的！作为班主任，没有比见到他们的这一张张笑脸更让我感到快乐的了！毕业了，可爱的学生们用笑脸给了我一份最满意的答卷，我那几年来的艰辛似乎一下子有了坚实的回报。

3. 每位学生都是一朵带刺的玫瑰

□周圣荣

玫瑰，又被称为刺玫花。茎丛生，有茎刺。《说文》中有："玫，石之美者，瑰，珠圆好者。"玫瑰变成了花的名字后，慢慢地，它象征着青春、美丽、纯洁、感动、高贵、坚毅和爱情等。

每位学生都是一朵带刺的玫瑰。这是我存于心中许久的一个比喻。

玫瑰花的鲜艳美丽，让人动容；玫瑰花下的刺，同样惹人喜爱。花下的刺，成就了美丽动人的花。我们常常关注的是鲜艳的花，而忽视了花下的刺。

"菡萏泥连萼，玫瑰刺绕枝。等量无胜者，唯眼与心知。"（白居易的诗句）其意为荷花虽美，但它的花萼却是陷在泥里的，玫瑰花美，但它的枝上却长满了刺。同样的美好事物不计其数，只有眼睛和心灵才知道什么是真正的美好。没有泥淖，哪有荷花高贵？没有刺儿，哪有玫瑰的花香？

几年下来，在我的眼中，527班的40多位学生，就是40多枝色彩各异的玫瑰，充满激情，富有青春气息。这朵朵的玫瑰，香艳四溢，但是，花下都是有刺的。要让花开得艳，我得真心实意地保护好花下的刺。

有这样一个故事：考前一个月，何景不肯再参加班上统一的测试训练。

还有一个月就要进行高考了，备考可谓到了最后的冲刺阶段，大多学校，大多班级，大多学生，都在进行高强度的模拟训练。

有一天下午，快放学了。何景的妈妈走进办公室。脸上显露的是焦急的神色。我感觉她有话要说，但又似乎很有顾虑，几次都欲言又止。

因为熟了，我很快地打消了她的顾虑，她也就实话实说了。

"我这崽太不听话了。他要来找周老师，从今往后，班上的统一训练，他申请不再参加了。这怎么得了，还有一个月就高考了。"她十分着急。

"有什么原因吗？"我问她。

"没有说什么。我也不敢多问。"她很无奈。

"他为何不自己来找我说？"

"他不敢来找你。"

"在家中，有什么反常的举动吗？"

"没有。"

"既然没有，你就不要管那么多了。扎实搞好你的后勤保障工作就行了。"我安慰她。

"周老师，你还是找他谈谈吧。他听你的话。我怎么跟他说，都没有用。拜托你了，这样不行的。"她还是很着急。

"他花那么大的劲，转几个弯，来向我说这事，他一定是深思熟虑的了。既然这样，那还有什么可说的。顺其自然吧！我不会去干扰他的。但是，我会观察他，关注他的学习的。这个时候了，回顾整理的任务很重，几次考试不考也没多大关系的。你放心好了！"我再次安慰她。可怜天下父母心啊！

最后的复习阶段了，不进行模拟考试，这还了得，这不前功尽弃了吗？在许多老师眼里，在父母眼中，这种行为，一般来说，都比较难以接受的。这确实是个"刺头"。

我想想，这种"刺头"的出现可能与我的教育方式有关。平日里，我常常告诫他们，在学习上，一定要结合自己的情况，找到符合自己的学习规律和方法，不可人云亦云，学习上要有"个性"，不能总是跟着别人走，这样才会有所作为。可是这"个性"真的到来了，还是让人头痛的。

此事不能马虎。我没有找他谈话。只是在随后的几天中，在不经意间，我进行了细致的观察，发现何景的复习是有条不紊的，那些班级统一的训练题，他也是拿到试卷看了，只不过是他觉得会做的他就略过去了。其实，这无形中提高了复习的效率。

经过观察，我认为，他的学习方式是可取的，是适合他的，没什么问题。我没有刻意地去找他谈话，只是在一次不经意的场合里，我对他说"你认为这种方式好，就坚持吧！没关系的！往后有什么事，直接跟我说，不要让你妈妈为这点小事跑来跑去。"这样说，我只是不想他在往后的复习中，思想上有什么顾虑，背上包袱。感觉得出，我这样一说，他的心情一下子释然了。我的这种理解，一定给了他不少的动力。

我想，这样一件事，假如不问青红皂白，把他作为不听指导的学生，简单地进行批评或规劝，或者不闻不问，其结果都是不佳的。

事实也证明，他的学习是成功的。

这类学生，在527班还真不少。钟南海，也算是其中的一个。在高考中，他勇夺郴州市文科第一名。许多人认为，这是他运气好，他自己也可能是这么认为的。但是，我却认为，这真不足为怪，这是他的实力所成。他是我从教18年中，最富"个性"的学生之一。我很认真地保护了他的"个性"。他的这种"个性"，在考后，《郴州新报》记者采访他时，从他的言谈举止中，也可以得到很好的体现。

每位学生都是一朵带刺的玫瑰。我们欣赏那艳丽诱人的花，更要保护那花下的刺。

附：

我市文科第一名钟南海："万年第十"爆冷

□新报记者崔霞

"我能逆袭成功成为文科第一名，是运气好。"钟南海，典型的"90后"，活泼开朗，特别健谈，能侃善策。今年高考他总分637分，语文113分，数学132分，英语141分，文综251分，但他很谦虚地说自己是"普通人"。

● "普通人"爆冷成第一名

6月25日，钟南海在紧张等待高考成绩，"紧张得连饭都吃不下。"知道成绩后，很高兴，"但没想到自己是第一名。"

6月26日，钟南海回到市一中，看到校门口贴着喜报且"榜上有名"，当时他震惊了，没想到自己居然是第一名。

比钟南海更吃惊的是钟爸爸。在得知消息后，他特意从宜章带着鞭炮赶到学校，以示庆祝。钟南海说："你看，从我的名字就知道我爸是一个多么有意思的人。"

虽然钟南海取得了第一名的成绩，但是他想"低调"些，因为平时并不是成绩最好的，总是班上"万年第十名"，这次突然"爆冷"并不是值得骄傲的事。

钟南海形容自己就是一个"普通人"，天分并不突出，"班里有个学美术特长的'高富帅'，文科思维特别活跃，那才是天才。"他认为这次高考虽然是考得最好的一次，"但这并不能代表什么，未来还要靠自己继续努力。"

● 有着一颗文艺青年的心

"我外表是不是像个2B青年？"钟南海笑着问道，但他随即又"深沉"般表示，"其实我内心是一个文艺青年。"

钟南海告诉记者，他喜欢文学和历史，高一、高二一直活跃于学校社团，高二还担任校文学社副社长，发表文章数篇，有"酸酸"的文艺范青春文学，也有评《诸子百家》类的历史杂文，"高三的时候都还有学弟来约稿。"钟南海提起自己的兴趣更是侃侃而谈。

学校老师也知道他是文学才子，"我们校长都说他是典型的学者式人物。"钟南海的班主任周圣荣对他的文章很是赞赏，"文章写得好，且有深意，有思想。"

但这个文章好、有思想的学生也让老师头疼过。去年大学自主招生开始时，老师想让他报清华北大，"但我了解到北京师范大学的中文系很好，我就执意要报北师大。"最终，钟南海通过北师大自主招生考试，现在他也即将收获梦想。

钟南海说，"我爸只问了一句，选不选复旦？不选。那就按你想法来。"钟南海称父母对自己是"完全放养"，"我觉得自己就只能搞学术研究，以后要坚定走文学路，读研，读博，真的成为学者。"

（《郴州新报》2012年6月28日）

4. 千万不要摸小西瓜

□周圣荣

不知什么时候，527班教室外的小花池中，长出了一根西瓜苗。

瓜苗长得很快，五月份的时候，就长出一个小瓜。开始时，大家都不知道是西瓜。等到瓜一天天长大，展现出西瓜雏形，大家才知道。小西瓜的出现，让同学们非常高兴。

　　这株西瓜苗是幸运的，因为它长在了527班教室外的小花池里，它得到了富有爱心、富有情趣的527班全体学生的关注。每天都会有人在西瓜茎的最前方做一记号，目的是看看它第二天长长了没有。小西瓜得到了他们最尽心的呵护。

　　每天一大早，许多学生到校后的第一件事，是看看西瓜长多大了，西瓜茎长到什么位置了。每天，都会有人去为它浇水。西瓜的茎叶，被他们养育得绿意盎然。由此，小西瓜也似乎特别通人情，一天一个样，长势喜人。这让学生个个乐开了花。

　　高三的学习是紧张的，这个小西瓜让学生们增添了无穷的生活乐趣。口口相传，许多家长都知道了，527班教室外的小花池中，长有一个可爱的小西瓜。久而久之，也吸引了不少同样富有情趣的外班的同学前来"围观"。

　　6月5日，教学楼要封闭，要进行考场清理了。许多同学，开始为小西瓜的命运担心。同学们对我说，他们离校后，就没人为它浇水了，就没有人去护理小西瓜了，它会不会干死，布置考场的人，会不会把这株西瓜扯掉。我实在无法回答他们，只能不置可否。看着小西瓜，想着小生命往后的命运，学生们流露出的是无尽的伤感。再过一两天，他们就要走进残酷的高考考场了，他们能存有如此怜惜生命的情怀，我这个为师者，那是无比高兴的。

　　6月26日，学生们回校看高考成绩，咨询填报志愿的相关事项。同学们的成绩有高有低，心情有喜有悲。那天，电话一个接一个，我是忙得不可开交。学生先到教室，我迟迟才去。刚到办公室，还没进教室。学生们怅然地对我说，西瓜没了。此时此刻，他们关心成绩的同时，依然在关心着小西瓜。我真想对学生们说，你们先多关心关心一下自己的成绩吧，先想想自己的志愿该怎样填吧！可是，这句话，我始终没有也不会说出口的，我这话一定会伤了同学们真实的感情，一定会让他们感觉周老师"特俗"。

　　我知道，学生是真爱着那个陪伴他们度过最难熬日子的小西瓜，他们流露的是真情，他们对小西瓜是上了心的。我这当老师的，怎么能发出不和谐的声音呢！我应该给学生们留一个好印象。

　　早些天，我读到北京四中校长刘长铭的一篇文章，其中讲了一个内涵极为相似的故事：

有一次，他去美国访问，其间，访问了位于纽约的布朗克科技高中。之所以访问那所学校，是缘于他在28年前读过的一篇文章——一个班出了两个诺贝尔奖得主。当时，他们问了该校校长一个问题：为什么在她的办公室里摆放着许多青蛙？校长回答说，她是一个生物科学家，许多青蛙为了她的研究工作和人类的科学进步付出了生命，她以此来纪念它们。那天上午，校长还做了另一件事，她在摆满青蛙的办公室里面试老师。她想让前来面试的老师都感知感知青蛙的故事。

这件事，让刘校长很震撼。读过之后，我也深受触动。我想，这就是人文精神，这就是对自然的爱，对生命的爱，这不就是我们孜孜追求的最伟大的人类关怀精神吗？布朗克科技高中校长的这种精神，是一定会传导给她的学生的，受此影响，学生一定会多用自己的智慧来促进人类的美好和进步。

我想，天底下的人都能有如此的"生命"情怀，该有多好。这样的话，天下就真的"和美"了。为师者啊，这可是我们的责任啊！

小西瓜的命运，牵动了527班一颗颗年轻的心。他们用文字记录了对它真挚的爱：

527的花坛里，迎风飘扬的可不只是迎春花，还有花生苗、苹果苗、仙人掌茎叶嫩绿，更有鸡蛋般大小的西瓜憨圆可爱。每日课间，入走廊看看它们，记录西瓜藤蔓攀爬的长度，又毫不留情咔嚓剪断，宣言"顶端优势——为了小西瓜的成长"。

——涂欢《我们是向上的少年》

种西瓜、演话剧、制作微电影以及大扫除的"最清洁"都是最好的例证。所以，学生活泼了，气氛就活了；交流多了，知识就多了，盲区就少了；朋友就多了，敌人就少了，齐心就多了，分心就少了。我认为，在活泼的气氛中，学生更容易全面发展。

——何景《每一株草都会开花》

还记得那时候，走廊的花坛里毫无预兆地长出了一根西瓜藤，成了全班人的宝贝。大家一起照顾着"西瓜妹妹"。我们下了课也不会再赖在桌子上，而是走出来，欣赏、呵护这一抹高三最后的压抑里难得的生命的嫩绿。每天为它又长长了多少厘米，又发现了新的小西瓜等一系列的动态而津津乐道。到最后，在我们收获了自己高中年华的果实的同时，我们的小西瓜藤也结出了好多小西瓜。

——陈卓芮《那些光阴里的故事》

......

"千万不要摸小西瓜"，不知哪位同学在小西瓜旁边的瓷片上用红色粉笔写下了这几个大字，格外的醒目。而且，笔迹淡了，总会有人去加粗。有一天早晨，我用相机把可爱的小西瓜以及这几个大字拍了下来，也算是给可爱的学生保留一丝美好的念想吧！

5. 有所为，有所不为，每天都离梦想近一点
——527班的一条警言

□周圣荣

教室，学生最重要的学习场所。

教室文化，需认真设计，精心培育。建设教室文化是班主任的重要任务之一，而且，应该是师生共建。对于一个班级而言，这是一个意义非凡

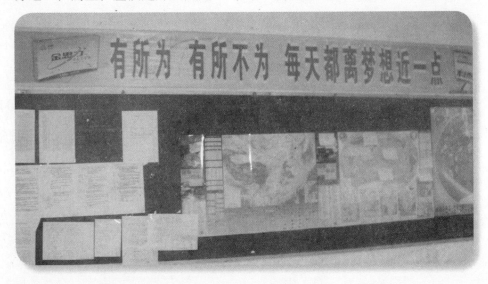

的现实课题。

2011年9月，美丽的高三到了。527班的教室变换了地点，由第二教学楼五楼搬到了第一教学楼五楼。

教室变了，学生没变，老师没变，事实上，班级管理的基本理念也没变。在班级管理过程中，我不喜欢太多的"变"，对于深思熟虑后采取的方法，我平日做的只是付诸行动，只是落实，只是坚守，只想把认定的事做好、做优、做完美。长时间的"滴水"，是可以达到"穿石"的效果的，我坚信。

每带一个班，每到一个阶段，我喜欢根据班情，经过师生共同商讨，凝成一句简明扼要的话，成为班级成员凝心聚力共同遵守的警言。我用过的就有"伟大是熬出来的"、"学习就是滚雪球"、"早起的鸟儿有虫吃"等。这些激励的话，是写给学生的，也是写给自己的，作为班主任，还是写给任课老师的，甚至还是写给经常步入教室的家长的。

新搬的教室，后墙斑驳，空空的。我想，弄一条警言张贴在那里，是比较理想的，同时，也可与教室前面墙上悬挂的"砺学力行"校训相对应，更可增加班级文化气息。

有了想法后，我让学生们在课后进行思考，要求每个人都拟一条。这本身就是一次很好的学习过程，也是一件极有趣的事。过了几天后，语文课的时间，我让学生展示其拟定的警言。课堂上，同学们各抒己见，很热闹，很起劲，因为这毕竟是班级的大事。受环境的影响，学生拟定的警言基本上都是口号式的，大多都是牛气冲天。最后，并没有学生们普遍认可的。

最后，我展示了我拟定的警言：

有所为，有所不为，每天离梦想近一点

相比学生的，我所拟的要"文雅"得多。我对它进行了认真的解读。这句话有这么几个关键点：

其一，学习，就要朝着梦想前进

学习是一定要有梦想的，这是学习成败的关键。有梦想才有希望，有希望才有力量，有力量才有辉煌。如果没有梦想，学习便会缺失方向和动力。

527班，40多位同学，基础有异，兴趣有别，他们的梦想是不同的。但是，不管是谁，他们都得有梦想，梦想可以是高考时考取某某大学某某专业，也可以是想成为某某家，也可以是成为成功的商人，也可以是成为有责任感的公务员，也可以是成为如周老师这样的中小学老师……

有了梦想，想实现梦想，学生们就能坐得下来了，有了困难就会克服了，就不用老师时时刻刻去管着了，学习过程中的许多事情都会变得自然。

我要求学生根据自己的兴趣和基础，都明确自己的梦想，而且可以把"梦"做得高些。同时，要求他们，有梦想了，不必每天挂在嘴上，跟人念叨，可以记在日记本上，但是，最好的是藏在心里。我要求学生的是，在实现梦想过程中的"埋头苦干"。梦想一旦被付诸行动，就会变得神圣，只要能持久，不轻易放弃，就能梦想成真。

我最担心的是班上的同学没有梦想，如果这样，那就是最糟糕的事，我做的许多努力都会是白搭。

其二，学习，贵在持之以恒

有了梦想，这只是迈出了重要的一步。但是，其实现的过程是艰辛的，要经过长时间努力。在班上，我历来主张"知行合一"，有了梦想，就得去追求，想好的事一定要去做，在做中提高。再好的梦想，再好的理念，再好的方法，如果不去实践，只能是空中楼阁，只能是竹篮打水一场空。

为此，我强调，要"每天"都为实现梦想去追求，切不可三天打鱼，两天晒网。

"苟有恒，何必三更起五更眠；最无益，只怕一日曝十日寒。""骐骥一跃，不能十步；驽马十驾，功在不舍。锲而舍之，朽木不折；锲而不舍，金石可镂。"这些古训，是需要每个学生认真感悟，切实遵守的。孔夫子到了七十岁，方才从心所欲不逾矩，他是一天一天进步的。

学习不是搞运动，学习讲的是"慢功夫"。慢工出细活，这是需要时间去"熬"的，需要无数个"每天"的坚守。"教育的作用，是使人天天

改造，天天进步，天天往好的路上走。"（陶行知语）

其三，学习，讲究循序渐进

学习过程中，很多学生都有这样的弱点，期望成绩节节攀升，只能高不能低，希望"梦想"一蹴而就，一遇到一点小成绩，可能沾沾自喜，洋洋自得，一遇到失意，常常妄自菲薄，经常是在患得患失中度日求学。

为此，我要求学生只要每天离梦想近一点即可。这样，心态就会自然，就不会有太大的压力，知识的积累就会越来越多，能力就会越来越强。

《论语·宪问》："不怨天，不尤人，下学而上达，知我者其天乎？"朱熹注："此但自言其反己自修，循序渐进耳。"讲的就是这个道理。

其四，学习，要明白"为"与"不为"的事项

有了梦想，有了心态，有了方法，要取得出色的成绩，得根据自己的情况，弄明白，有哪些是可"为"应"为"的，哪些是"不可为"的。

如今的社会，纷繁芜杂，诱惑众多。如果不能做到"有所为，有所不为"，就会丧失"定力"，就会成为"墙头草"，就会成为水中的浮萍。

我要求学生根据自己的情况，认真地做一下反思，列出自己高三这一年"为"与"不为"的项目，然后把它们作为学习过程必须遵守的"军规"。项目自己去列，我要的是同学们能逐渐认识自己。当然，我也提出一些自己的意见。例如，天气好的话，每天到操场慢跑3~5圈；每两天摘抄一段让自己感动的话；每天到隔壁的阅览室随便翻翻；尽量不带手机进教室，如果带了，一定要关机；不恶言伤人等等。

教育本身是一个缓慢、优雅和美妙的过程，不能有太多的急功近利的心态，要引导学生静下心来读"书"，读"人生"，读"社会"。每周星期一升旗仪式后，总结安排工作时，我都要提醒学生往后看一看后墙的警言，对照一下自己的学习，想想自己做得怎样，反思反思，哪些做得好，哪些做得不好。

持久地这么做下来，学生们慢慢地静了下来，班级的各项事情都变得

有条不紊了。它们对学生的影响是深远的。真正达到了"随风潜入夜，润物细无声"的育人效果。

"不苦不累，高三无味；不拼不搏，一生白活。"不知是哪位理科生写了这么一句既无文采又不励志的标语挂在教学楼门口，俨然一副要上高三就下火海的架势。语气豪气干云，倒不如脚踏实地。相反，527教室的标语显然温和得多："每天都离梦想近一点。"刚开始大家都对此嗤之以鼻，嫌弃它略显幼稚，缺乏霸气。现在想来，这句平淡如水的话正是527班两年以来的真实映照。（李曲芬《灿烂的日子》）

李曲芬的这种认识，代表了班上大多同学的看法。当然，"不苦不累，高三无味；不拼不搏，一生白活"，第一教学楼前的这条标语对于高三学生而言，还是有很强的励志作用的，李曲芬的认识有点偏颇，但是，她对班级这句警言的喜爱却是不言而喻的。

其实，我拟定的这句话，既是写给527班的同学的，也是写给527班所有任课老师的，更是写给我这个班主任的。考前的几天，为了布置考场的需要，当我要同学把那醒目的喷绘警言进行清理时，大家心里说不出的不舍，因为它陪伴着527班全体师生度过了300多个快乐而富有成效的日日夜夜。

6. 一只手难以同时捉住两条鱼

□周圣荣

小溪中抓鱼，稻田里摸泥鳅，山上砍柴……小时候在家乡，这都是小男孩们的"必修课"。当时的情景，至今回想，仍历历在目，宛如昨日。

那时的小溪，清澈见底，溪水潺潺。隔三差五，我便会和几个玩伴，去小溪中抓鱼。方式很简单，带一个脸盆，到一水流不急处，依着溪畔，确定一个小范围，用石头和田泥一围，鱼出不来了，接着用脸盆把其中的水淘干。有时，还没淘干水，伙伴们就已迫不及待地开始抓鱼了。在实践中，抓鱼的经验，日渐丰富，很少有空着手回来的时候。当然，可能是那时的小溪中鱼比较多的原因。

抓鱼时，鱼再多，我们都是一条一条地抓，并不会同时去捉多条鱼。而且，一般都是先抓大的再抓小的，可能抓住了大的，获得的快感要多些。轻重缓急，抓鱼时的小伙伴，好像分得特别清楚。

抓鱼的这种经历，对我往后的学习与生活，都有着较大的影响。

工作近20年来，大多时候都会遇到要同时捉多条鱼的情形。2010年下学期，此种情况又遇到了。

2010年，文理分科后，工作任务一下子变得非常繁重，主要的就有三大工作：担任高527班的班主任兼任语文教师；担任530（1）班语文教学工作；担任校办公室副主任，负责学校对内对外部分宣传工作。

527班是个文科班，担负着学校文科教学打"翻身仗"的重任。在外界，学校"理强文弱"，成为了许多人的"共识"。任此工作，可谓任重道远，内心诚惶诚恐，如履薄冰。尽管语文课上了近20年，但是，每接手一个新的班级，由于学生的不同，我总是没有轻车熟路的感觉，我总觉得是一种新挑战。530（1）班是个理科实验班，对于这样的班级，我以为语文课是重要的。但是，也很容易让师生觉得可有可无，他们常常置语文于尴尬境地。如何改变这种状况，如何让学生有所获，这得动脑筋、花精力。校办公室副主任，负责学校对内对外部分宣传工作。这么一份行政工作，要求我做有心人，要日积月累，要动脑筋，还得花费精力去写东西，并且经常是"费力难讨好"，但是，它事关学校文化氛围的沉淀，以及学校对内对外的形象和声誉，不能有半点闪失。

工作都很重要，但得有个主次，有个轻重缓急。怎么办？依据小时抓鱼的经验，我很快给自己的工作定了位。我把高527班的班主任兼语文教师的工作摆在三项工作的首位。原因有三：其一，教书育人，是自己的本职，是自己的兴趣所在。其二，学生和家长期望值很高，学生中有不少是冲着我这个班主任而走上学文科这条路的，我没有理由让他们失望。其三，近年来，学校"理强文弱"的现实摆在那里，这是与市一中这所百年老校的身份不相称的，再加上领导那样的信任，我确实应该做出点成绩来，对这所借以安身立命的学校的发展，也算是尽一点微薄之力吧。基于此，我毫不犹豫地做出了上述工作重心的确定。我认为，这样有利于集中精力，求得特定范围的精粹化，从感性的兴趣到理性的认知，都集中在一个点，投入的精力多，思考得多，实践得多，有利于工作境界的提升。

选择过后，我毫不动摇地付诸实践。这样做，并不是所有人都能够理解，我也没想过要那么多人理解。当然，这也肯定会失去些东西。

事实上，我的这种选择还是有成效的。527班的工作，在工作过程中，在高考中，得到了越来越多的人的理解和认可。近些天，我常常听到，说周某人是"市一中的功臣"，"让一中文科扬眉吐气了"，"让市一中文科打了翻身仗"等等。我知道，这些话都是"言过其实"了，都是这些相识者不相识者对我的鼓励与肯定，我自己几斤几两，有多大能耐，能不知道？当然，其他的两项工作，我也没有懈怠。530（1）班的语文课，我也是尽了力的。出于多种原因，进入高三时，领导提出后，我毫无迟疑地做出了退出的决定，但是，工作还是得到了许多学生和家长的认可。在那讲台上站一天，就认真一天，学生的时间珍贵，耽搁不起。这份努力，不用多说，学生心里都是明白的，他们都是比我聪明的人。办公室的工作，在力所能及的范围内，我也是克服困难做了一些有益、有成效的事，有那一篇篇文章、一块块宣传栏、一份份报告总结为证，学校的美誉度近些年得到了一步步提升，宣传这一块还是起了一点小作用的。

教育，当然离不开时代功利。但是，从本质而言，她绝对是心灵自由的释放，是品格、灵性的对象化。她需要执著，需要才气，她需要内容的厚实，更需要形式的空灵；她需要法度上有源可寻，更需要效果上妙不可言。教"好"不容易，教而有"格"很困难。在我的眼中，教育一直是一种个性、气质的下意识的流露，而她的底蕴则是整个人格和毕生的修养。

我努力攀登这个境界，并享受攀登的这种乐趣。小时抓鱼的经历，让我的教育生涯变得纯粹了不少。

7. 献给学生的心灵鸡汤

□周圣荣

2010年下学期始，我为学生准备的"心灵鸡汤"——阅读资料，总计有300多篇，达30余万字。每一篇都是我认真选择的结果。每一篇我都是自己先阅读。开始时，单篇或装订成册放于阅览室供学生阅读，学生可以进行批注，更可以对批注进行批注。到高三的下期，基本上做到人手一份。两年坚持下来，效果很显著。我的基本构想是：

力图达到四个目的：

其一，调节学生心态。

其二，扩大学生视野。

其三，积累作文素材。

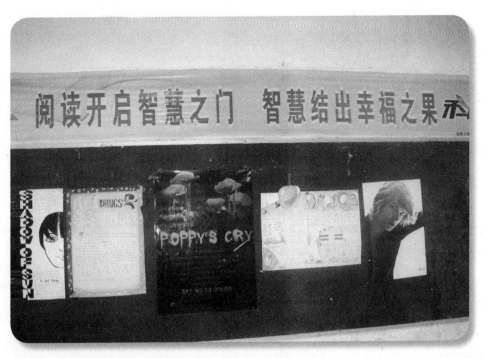

其四，知识拓展延伸。

选材符合四个要求：

其一，趣味性与知识性并重，侧重趣味性。

其二，内容多样，视角多维，侧重文史哲。

其三，篇幅短小，学生可在五分钟内读完。

其四，时文与经典并重，侧重精粹的时文。

工作的四个步骤：

其一，老师精选阅读材料。

其二，学生阅读（课内与课外结合，视情况而定，灵活处理）。

其三，学生作适当批注，书写阅读感受，交流阅读心得（有时间的话，在课内进行）。

其四，收集成册，学生利用课余，隔段时间，回头看看。

示例一：

陈寅恪为王国维纪念碑撰写碑文

【**背景**】清华大学第一教室楼北端后山之麓，有一座庄严肃穆的纪念碑，正面端书"海宁王静安先生纪念碑"，这是为纪念我国清末民初大学者王国维先生而建。

王国维（1877—1927），字静安，号观堂，浙江海宁人。16岁应海宁州试，补"博士弟子员"，26岁治哲学，后转文学，晚期专治卜辞（甲骨文），驰名中外。他对宋元戏曲史和卜辞的研究成果，被称为"空前绝业"。

1925年，王国维出任清华大学国学研究院导师，与梁启超、陈寅恪、赵元任等一起，培养了整整一代国学研究家，受到全校师生的一致推崇与爱戴。

1927年夏，王国维感于"世变"，纵身跃入湖中，结束了自己的生命。

1929年夏，清华国学院停办，该院师生为纪念这位杰出的学者，募款修造了这座纪念碑。碑文是陈寅恪教授所撰，语意深长，为一时之杰作。其文曰：

【碑文】士之读书治学，盖将以脱心志于俗谛之桎梏，真理因得以发扬。思想不自由，毋宁死耳。斯古今仁圣所同殉之精义，夫岂庸鄙之敢望。先生以一死见其独立自由之意志，非所论于一人之恩怨、一姓之兴亡。呜呼！树兹石于讲舍，系哀思而不忘。表哲人之奇节，诉真宰之茫茫。来世不可知者也，先生之著述，或有时而不章。先生之学说，或有时而可商。惟此独立之精神，自由之思想，历千万祀，与天壤而同久，共三光而永光。

【注解】陈寅恪，江西义宁（今修水县）人，1890年7月3日生于湖南长沙，1969年10月7日卒于广州，中国现代最负盛名的历史学家、古典文学研究家、语言学家。

【阅读感受】_____

_____

示例二：

上海戏剧学院65周年校庆，余秋雨写给学生们的一封信

同学们：

昨天是上海戏剧学院65周年校庆，傍晚时分我到校园里，看到一个景象，傻傻地站立了很久。

你们猜，我看到了什么？整座教学楼的外墙上，强烈的白光滚动打出所有毕业生的名字。每个名字占一层楼的高度，两扇窗的长度，慢慢地从大楼的西端走向大楼的东端。有音乐伴送，不响，也不轻，听起来，像是固执的梦幻，又像是柔软的悲怆。大楼前草坪上密密麻麻站满了人，多数是年轻的，也有年长的。天色渐渐暗了，大家已经互相看不清脸面，而大楼墙上滚动的名字却越来越明亮。草坪上放了一些摆着点心和饮品的长桌，但是谁也没有去动，也没有人说话，大家只是静静地抬头看着，像在观瞻一种让人屏息噤声的天文现象。

建校已经65年，这些名字中有很大一部分确实已经成了"天文现象"。但是谁都看出来了，如果删去这些名字，中国现代戏剧史、电影史和艺术史，都需要重写。这就难怪，写作了《国歌》的田汉先生平生还写

了另外两首歌：《毕业歌》和《上海戏剧学院校歌》。

昨夜的天气有点冷，大楼墙上滚动出再有名的名字，草坪上的人群也没有惊叫和欢呼。由于专业原因，这个校园对于出名从来就不会惊讶。当然，也是由于专业原因，某些系科的成绩不表现为出名。例如奥运会、亚运会开幕式、闭幕式的造型总设计、服装总设计、形象总设计、灯光总设计，几乎都是上海戏剧学院舞台美术系的毕业生。人们记不住他们的名字，却记住了那些气势恢宏的中国奇观。

昨夜我曾经轻声向左右两边询问：是谁想出了把全部毕业生的名字在教学大楼上滚动的点子？他们告诉我，是当今世界首屈一指的景观大师蔡国强。这个曾经让北京和上海的夜空一次次震撼中外的男子，也毕业于我们学院的舞台美术系。他几个月前回校，郑重地提出了这个建议。

突然，大楼墙上滚动出来的两个名字让我鼻子一酸。黎奕强，我二十五年前亲自从广西招来的学生，由于业绩优秀，毕业后已经升任为广州市文化局副局长和粤剧院院长，那次他忙到大年三十夜才驾车回老家过年，居然不小心与幼子一起陨落于悬崖绝壁。另一位是女学生黄见好，也是我亲自从广州招来的，毕业后以"伊妮"的笔名驰骋南国文坛，却不知何因突然失踪，二十年杳不可寻。时间隔了那么久，谁都忘了他们，但今天晚上，他们的名字那么鲜亮夺目地攀援在母校的高墙上缓缓移动。我想，这就是屈原写过的招魂典仪，云遮月掩，故园肃穆，他们回校了。有那么多同学的名字在旁扶持，有那么多学弟、学妹的目光在下仰望，他们回校了。仰望者中间，还有一位他们最熟悉的老师，我。在老师的眼睛里，谁也不会殒灭；在母校的记忆中，谁也不会失踪。

昨天晚上回校的人群中，我可算是资格最老的了。现在学院的院长是韩生教授，他的前任是荣广润教授，荣院长的前任是胡妙胜教授，而我，则是胡院长的前任，应该算是"老、老、老院长"了。因此，作为这封信收信人的你们，很多只能算是我"学生的学生"。昨天晚上我抬着头无数遍地看到了你们每一个人的名字，却没有太多看到你们本人。你们都忙，我当然不会责怪你们。凡是长辈，总会让后代的名字一次次爬行在黑夜的思念中而不需要回应，昨夜的"长辈"，就是那幢大楼。但是，我非常希望在校庆七十周年的那天晚上见到你们。时间还有五年，这五年你们会怎么样呢？请记住，这是一个最需要精神价值的时代，因此也是一个最需要真正艺术的时代，但是，恰恰又是最容易失去这一切的时代。周围有无数强大的力量逼迫你们似得反失，你们天天都会承受心灵的磨难和煎熬。对此，我要狠心说一句：你们宁肯去承受磨难和煎熬，也不要去混迹民粹文化和教条文化的大嬉闹。但愿到了五年后的那个晚上，当那么多名字再一次在大楼墙外滚动映出的时候，我们心中响起的音乐，不至于更加荒凉和悲怆。

我至今未曾上网，因此发出这封信也颇费转折。但是你们要找到我并不难，如果今后有什么事需要我帮助，请让我知道。

余秋雨
2010年12月2日

【阅读感受】＿＿＿＿＿＿＿＿＿＿＿＿＿＿＿＿＿＿＿＿＿＿＿

＿＿＿＿＿＿＿＿＿＿＿＿＿＿＿＿＿＿＿＿＿＿＿＿＿＿＿＿＿＿＿＿

我这样做后，班上其他学科的老师也根据学科特点，提供了不少"阅读资料"。"各位老师广泛搜集社会及学界讯息，精心编排各科阅读资料"（涂欢语），这极大地开拓了学生的视野，成为了他们学习过程中的重要支撑。这些阅读资料有形无形地对学生产生了重要的影响。更让人高兴的是，这些资料的阅读，并没有加重学生的学习负担，他们都是在"随便翻翻"中完成的。

许多老师来班上听课时，见到那些阅读资料，给予了高度的评价。

8. 教师节，让老师们切实高兴了一回

□周圣荣

现在的教师节，越来越"平淡"，这已是不争的事实。

可是，2011年的教师节，却让527班的几位科任老师切实地感动了一回。

9月10日教师节那天，课前或课后，每位老师都得到了学生最美好的祝福。每位老师都收到了一本"好老师证"，上面有不知从哪里弄到的照片，其中写的是"甜言蜜语"：教师的口头禅和平日的错字别音，学生的

个性签名……同时，还收到了一大堆的祝福语。

看得出来，每个学生都动起来了。看得出来，那些话都是发自心底的。上面的那些话，让老师看到了在学生心目中的"自己"，看到了自己在学生心目中的"地位"，看到自己的辛苦有了收获。我想，收到这些特别的礼物后，教师们在往后的工作中想"偷懒"都难成，除了"拼命"工作，别无他途。

收到礼物后，每位老师都乐得合不拢嘴。老师学生，笑成一堆，开心得不得了。

事实上，9月10日前，班上什么动静也没有，这么大的一个动作，他们竟没有走漏一点风声。保密工作做得如此好，这是不容易的。我知道，他们只想让自己的老师在这样特殊的一个日子里，切实地"乐"一回。到高三，还这么用"心"，真是难得！

在回忆这件事时，涂欢把它上升到了班级文化的高度。而且，她认为这是"趣"的文化。

527的文化，在我眼中，是关于"趣"的文化，学习与逗趣相伴而行，方能学得快乐。因而，高三末尾紧张的气氛里，我们脸色既未苍白亦未铁青，却是一种焕发斗志的光彩。我们的"趣文化"，又分"俗趣"和"雅趣"两种。所谓俗趣，除嬉闹玩笑、八卦娱乐与中学生别无二致之外，更有527独创的快乐——在教师节搜罗各科老师的年轻靓照，仿出八本好老师证，一堆甜蜜祝语后只为拍到老师大跌眼镜的惊讶表情；学生寄语中全面纠正老师搞笑别音，撒娇卖萌只为大家灿烂一笑。（涂欢《我们是向上的少年》）

早些天，我向几位任课老师索要教师节那天的资料，我想把那些文字输入电脑，也算是527班前行过程中的一种纪念吧。但是，由于搬办公室，英语李老师和地理吴老师的不知搁哪里了，暂时没收集到，其他几位老师的也不够完整了，甚为遗憾！

由下面的文字，可以清晰地看到，527班的学生对自己的老师十分的"爱"，师生关系特别的融洽。我想这是527班能克服困难，奋勇前行的关键。

亲其师，信其道，这是千真万确的教育格言。

（1）班主任兼语文周老师

致敬爱的周老师：

我们记得您那沾满粉末的双手

我们记得您那慈善的谆谆教导

我们记得您那新增的几根银发

寒来暑往

是您默默地给我们庇护，陪我们战斗

请接受我们最真诚的礼赞

请看见我们执著的笔耕不辍

敬爱的周老师

我们不懈地努力也许就是对您最好的报答

在2012年夏季

会当凌绝顶，一览众山小！

——527班全体同学敬上！

2011.9.10

我真的很开心也很荣幸能成为您的学生。3年的高中生活都在您尽心尽力的关怀下度过。高一的我没有做到静下心来搞学习，您却那么看重我，那么精心地培养我。高一的时候，您希望我能选择文科，可当时的我却固执己见，偏选了理科，直到高二的第一天，由于种种原因，我决心转文，您又那样宽容地接纳了我……

所有的感谢归结到了一句话，就是"周老师，谢谢您！"高三生活还没有结束，我们还要战斗。我们与您一条心，那便是：2012，我们必须做出成绩！

——陈颖媛

谢谢您每一次的关怀和叮嘱。或许有一天，等我们都长大，您也变成了周老头子的时候，我们还会记住您，记住您的仁爱，记住您带给我们的呵护与感悟。一直以来都是您带着我们一路向前。无论最后结果如何，我们一定全力以赴；无论走到哪里，我都永远是您的学生。

——曾曼妮

敬爱的周老师，我对您充满了敬佩与爱戴。高二年级，您的耐心教导让我深深感到了一位老师对学生的爱护。在您精心的呵护下，我们学会了成长，学会了感动和对老师无尽的感谢！当您说"静下心来搞学习"时，我们向前的航行有了明确的方向；当你说"527班没有一个差生"时，我们有了前行的动力；当您说到"你们都是我的宝贝"时，我们感到一位慈父对儿女们深切的关怀。在我心中，一直认为您是一颗永不熄灭的太阳，您发光发热，给予我们前行的动力和方向，用自己的燃烧来温暖我们，让我们一天天长大，直到开花结果的一天。花草是知道感恩的，他们受光热的爱终会长大，会永远记住那颗永不熄灭的太阳。

千言万语，只道一声感谢！

——李舒琪

周老师，坐在第一排离您更近，对您的谆谆教诲更是句句铭记于心。一次次感动，一句句刻骨铭心，一天天成长，一点点学会努力、感恩、理解、怜惜……其实，您教我的道理比父亲还多，和您待在一起的时光比母亲还多，在努力向上攀登的同时，也常想以后我远走高飞是否还能听您唠叨大大小小的道理。您是太阳，把我们这些星星都照亮了。您一丝不苟，尽心尽力，统筹兼顾的做事风格就这样潜移默化地影响了我，我原来是个风风火火、粗心莽撞的小丫头啊。千言万语道不尽我心中无限的感激，只能从心底道一句真挚的祝福，希望您工作顺心，生活舒心，全家开心！周老师，您辛苦了，多注意身体。其实您笑起来更好看！

——刘丽鹏

很感谢您陪我们一起熬过了一个个不平凡的日子。尽管有时候我们感到累，但您似乎更累。为了我们，您把应该陪伴自己孩子的时间都花在了我们身上，从早到晚一直守着我们，您辛苦了！

我一直觉得您是我从小到大遇到的班主任中最尽责的了，考虑问题很周全，很细致。尽管有时候您有点小啰嗦，但我知道这都是为527好。真的很感谢您一年以来对我们的付出，祝您节日快乐，天天开心！

——刘芳

这一年来谢谢您对我们无微不至的照顾和关怀，最后一年，我们一定能破茧成蝶！

——陈卓芮

您似乎从未离开过我们——您忙碌的脚步从未停下，您叨念的话语从未停下，您炽热的期望从未停下。作为语文老师，您不功利，重能力；作为班主任，您更像父亲一样，无声劳累。那么，我们会用汗水和成功，回报您给的一切！

——李曲芬

说实话啊，一看您黑黝黝的皮肤，鼻子上顶着眼镜，歪歪斜斜，挎着包的样子，我就特别想笑。当然，在不认识您之前，我是没这感觉的，我坐在窗户旁边，当感到身旁有个身影飘过时，就知道是您了。可抬头一看，却发现您的脚步是那样沉重，我想，您是太累了，我也希望您不要为我们担心太多，多给自己放假，多陪女儿和妻子，还要再多一个傻傻的笑容。记得刘一走的那天中午，我去送她，她爸爸突然说了一句："像你们周老师这种人现在还真难找了，你们要好好珍惜啊！"人生之路，且行且珍惜，您没有错过我们，我们也没错过您的爱，您的爱我们会永远珍藏……

——张笑雪

我想大家都有很多话对老师们说，特别是您，千言万语都无法诠释我们对您的爱；有时您站三十分钟，有时几个小时，话虽然多，但字句有力铿锵。很多次，您凝视着教室里的每个人，深思下的沉重，您从来都往肚里咽，黝黑的肤色下您憨实的笑容，让紧张的我倍感踏实！您一直与我们在一起，可能是自习课的后门边，可能是挂着电风扇的办公室里。您总是安静地在我们身后，给予我们强大的动力与拼搏的信心！您的每一句话，我都会记在心里，您的汗水与心血是我们努力的无限动力与支持！接下来的一年，请看我们的！！！感谢一路有您，且行且珍惜！

——邝琳雅

高中的艰辛，高考的残酷，您比我们看得更远，也许在此过程中，我们会有些怨言，但请相信，我们内心很尊敬您。在今天，您应该感到欣慰，我们正用您所教会我们的知识在表达对您的赞美之情，深深地来自心里。还有，我们在努力！

——陈佳

对您的付出，我们说不完；对您的感谢，不需要太华丽的语言。请坚信，不论我们表现怎样，我们内心尊重您；不论我们开始怎么样，我们最后会成功！因为，我们在努力着……

——宋云

感谢您陪伴我走过了每一步。这真的是一段很难熬的路……在我们最后的战役中，您的每字每句都铭记在心。让我无所畏惧，走向光明的未来！

——钟露茜

您说"高调做事，低调做人"，您说"学习就是要刻苦"，您说"注意安全"，您说"我们展望未来，把握现在"……这是一段辛苦而充实的时间，您带着我们踏实地走好每一步，我们不惧怕高考，我们不去想结果，因为您说"我们注重的是过程"。

后生可畏，焉知来者之不如今！铭记您的教导，把握现在，不后悔！

——蒲潇莎

每一次近距离审视您的容颜，或沉重，为那些懈怠的身影；或喜悦，为那些骄人的成绩；或担忧，为那些繁文缛节；或愉快，为那些点滴进步。您不像那些故作姿态的老师，总是以幽默的语言教导调剂我们紧张的学习生活。还记得您说过："如果这苹果好吃，我这个生产队长帮你们去拉。"朴素亲切，就像爸爸一样。是的，我们有缘，相聚今朝，我们奋勇，为了2012的鏖战！

——刘韬

一天中与您相处的时光最多，近三年来，最艰苦的日子是您一直在陪伴。有时您唠唠叨叨像慈母，有时您言语严厉像严父。不管怎样，您永远是我们最爱的人。

——李晶菁

感谢您一直陪伴在我们身边。无论刮风下雨，还是烈日炎炎，在您的带领下，我们依然阳光，痛并快乐着，低调是您的风格，也感染了我们要以低姿态对待人生。在您的呵护下，我们风雨无惧，一定能开出最灿烂的花儿。

——段幼娟

周老师，我知道您在我们身上付出了许多，您教会了我做人做事的道理。感谢您的信任，相信我能实现自己的理想！一日为师，终身为父，您是我们的家长！

——文彦淇

除了教学，您更多地教导我们要如何做人，做事，这是许多老师不曾有的。希望周老师越来越年轻，教师节快乐！

——张炫擎

周老师，教师节快乐！我一定牢记您的教导"静下心来搞学习"！也永远会记得您对527的付出。希望您永远开心，健康！

——赵玮琪

谢谢您对我们悉心的教导，我明白您为我们付出了许多，是您让我真正认识到学习的重要性，也正因为您的提醒，我才能"静下心来搞学习"，谢谢！

——陈欧鹏

教师节快乐！注意身体才是最重要的！只有这样才可以带领我们前进！笑口常开啊！

——雷嘉俊

没有您精心建设的这个班级，就没有我们今天这个温暖的大家庭；没有您努力为我们铺路，就没有我们大步迈进、一路向前的勇气与力量。周老师，祝您教师节快乐！

——申丽莎

如果不是遇见您，我又将会在哪里？我知道，一个人所掌握的知识永远是有限的，但对于知识和真理的追求是永无止境的！或许有一日，您传授的知识会在我们脑海中渐渐淡去，可永远不忘的，是您对事业的投入奉献，是您目光中的坚韧、执著，是您对我们无尽的关怀……

——何景

每一次，您的鼓励，您的肯定，您的鞭策，都深深刻在脑海里。您是支撑整个527坚定前进的精神支柱，而我们每个人的心愿就是让您所有的付出都值得，让您所有的辛苦都不会白费。

——陈婷

一路上有您的教导，我才不会迷失方向；一路上有您的关注，我才更加自信勇敢。奋斗在高考途中，您为我点燃希望的光芒，丰富我的心灵，增添我的智慧，谢谢您，愿您永远健康！愉快！幸福！

——曹梦真

每一次因考试成绩而感到迷茫时，您都会给我信心，让我继续坚持下去。您说过，人总是要拼一把的。我会努力的，拼一把，让自己有与别人竞争的资本。希望周老师能身体健康！心情愉悦！生活幸福！

——刘胤佐

我的成绩起伏不定，但周老师经常在考试后对我说，我的状态不错，要加油……虽然我想，老师可能是在安慰我吧，但心里还是会轻松一些！一直觉得周老师像个父亲，总是不厌其烦地一遍遍地提醒我们，注意安全，静下心来搞学习，这些我们甚至能背下来的话语，其实也是我们心里温暖的记忆……谢谢您的教诲与关心，希望您永远健康快乐！

——黄雨默

无论将您比作"严父"，还是比作"慈母"，都不能全部概括您对我们——527班全体的爱，因为您正是这两者的结合！

——何雯琦

周老师平时的神情严肃在憨憨笑容的对比下真是有点让人内心惶恐啊！好吧，我的形容词用得不是很恰当了。希望在周老师乐观态度感染下，大家快乐地去战斗！教师节快乐！

——涂欢

感谢天，感谢地，感谢命运让我们相遇，是缘分让我有幸能够在这三年里有您的陪伴。真的，有您，真好！

——侯霁

To最最最……亲爱的周老师：

感谢您对我的细心栽培，

感谢您在我失意时的耐心开导，

感谢您给我的一个又一个温暖的笑容，

感谢您为我指明前进的方向。

如果说世界上有一种情，超越了亲情，那就是老师对我们无微不至的关怀之情，对我们细心教导之情。

我真心祝福老师：万事如意！永远健康！天天开心过每一分钟！高高兴兴过每一天！

高三了，我一定会静下心来搞学习，努力，努力，再努力；学习，学习，再学习！I love you!

——曹梦真

有那么一天，周老师淌过了岁月的洪流，真的成了"周老头子"；

有那么一天，段妍芬也淌过了岁月的洪流，慢慢成了"段阿姨"；

但是，周老师仍是段妍芬的周老师，段妍芬仍是周老师的好学生！

——段妍芬

"我觉得同学们去搞下运动也蛮好……" "当别人浪费了时间，我们抓紧了时间，别人抓紧了时间，我们更一如既往地学习……"周老师，您的谆谆教诲如余音绕梁不绝于耳！

——刘韬

周老师，"蛮好！" "蛮好！" "要静下心来搞学习！" "要开心啊！"

附庸，附庸，我们是天子的附庸。即使，直到很久很久，您真的成了周老头子，我们还会是您最亲的人，永远为您加油！！

——谢钰琪

我们是您手中的风筝，在您的牵引下，我们越飞越高，越飞越远。一年后，您将我们放飞，但您没有失去我们，因为我们心里的风筝线随着我们的飞行而飘扬，我们将永远铭记您的教诲，我们永远牵挂您……

——余姿璇

天下皆知取之为取，而莫知与之为取。周老师，感谢您的给予，感谢您的付出！

——蒲潇莎

周老师平时都是板着脸的呢！不苟言笑的时候还真是令人胆战心惊的。可也是只要您笑一笑，我便觉得再大的困难也不算什么，高考的路还很漫长，可我从不畏惧，因为我知道前方有您的指引，还有其他老师的领跑。沉淀浮华，洗净黑色，明年的六月，鸣金的六月。

——段妍芬

（2）数学杨全发老师

数学是个奇妙的东西！您作为一位优秀的数学老师，以您特有的教学方式，让我对数学不再如此惧怕，每次考试，您那句"分子少我就高兴"很安慰人！同时，您给了我学好数学的动力，希望您永远健康！教师节快乐！

——宋云

"发哥"请允许我们这样称呼您……

总是见到您辛苦地为我们准备试卷，再以光速改完试卷，最后，无论多坏的试卷，您都笑着给我们讲冷笑话。

大家都感谢您！祝老师：教师节快乐！开天开心！身体健康！

——陈欧鹏

虽然您总是说我们这些文科生不愧是文科生，脑子转不快，但是其实您对我们还是十分耐心的，您总是孜孜不倦地在黑板上演算在您看来本是十分简单的运算。每次考完试，总是喜忧参半，您却不给我们施加过高的

汗流浃背的"发哥"背影

压力，用您的乐观感染着我们。

生活上，您总是特立独行。希望老师您能天天开心，继续保持自己的风格，将帅进行到底！

教师节快乐！老师您辛苦了！

————张炫擎

我不知道数学家和数学老师会有怎样的区别，或许对于您，它可以在一念之间。

对于身高您不用自嘲，因为"浓缩就是精华"，通常都是用于形容您这种知识渊博的人！

————陈佳

您可能不知道我，但没关系，我认得您就成。跟着您学数学有一年多了，我收获很多，尽管有时候数学成绩不尽如人意，但对于数学的学习我依然是充满希望，因为我相信自己的数学会学好，能够达到您的要求。

这一年里，跟着您最大的收获，是提高了对错题的重视程度。记得高二的第一次数学试卷评讲，您并不像其他老师一样重视分数，您倒教我们不要看重分数，而要去重视错题的价值，这让我意识到错误并不可怕，只要改正了，就不会被眼前的困难打倒。

杨老师，很感谢您教予我的这一宝贵经验，今后，在数学学习中，我会更加努力。

最后，祝愿杨老师每一天都充满活力，天天开心！健康快乐！

————刘芳

您的爱，太阳一般温暖，春风一般和煦，清泉一般甘甜；您的爱，比父爱更严峻，比母爱更细腻，比友爱更纯洁；您的爱，天下最伟大，最高洁。

在这个美好的日子里，送上诚挚的祝福：教师节快乐！

————李雯婷

虽然我们都知道您不习惯我们如此直抒胸臆的爱，但驻足回首，高二的一年里有太多太多您的音容笑貌，令我无法忘怀。每一个数学知识点都附上了您的语调、方法、幽默及拓展。常常在数学作业遇到瓶颈时知道您上课又会慷慨激昂地说："这（zè）都不会做啊！"

数学世界因为有了您，让我看到了及格的希望（好悲剧的高一历史啊），我相信我以后还可以考110、120、130、140……有您在，数学机会会无限大。老师您辛苦啦！

——刘丽鹏

人生就是不断爬坡的过程。人的一生，都必须不断超越，而不是在一两次考试之后停滞不前。我相信，如果用梦想和执著重新定义自变量，那么关于人生价值的函数，一定在（0，∞）上单调递增。

10后，我26岁。那时，我将带我的成果来见杨老师。

——527班数学总是不及格的钟南海

每当您展示高超的计算技法，每当您用充满希望的话语鼓励我们，每当您转身回眸一笑，每当您伏案桌前，奋笔疾书……一幕幕让人印象深刻又心生感慨，您如太阳，照亮每个明天。相信我们，定能奋战，金榜题名！

——刘韬

数学是我致命的弱点，但是有杨老师在，我还是挺有信心的，只要努力，就能成功！您永远是最棒的数学老师！

——唐叶欣

嘿嘿，说实话，其实高二刚开始时并不是那么喜欢您，甚至有点讨厌您。可后来却真的发现您是那样的风趣可爱，而且还很帅。您每次的典型动作，如摸头发、提裤子都会让我们忍俊不禁。其实我们是真的很喜欢您！

——张笑雪

首先，祝您教师节快乐！其次，我要谢谢您两年多的教导。虽然数学现在仍是我致命的弱点，但我相信，在您悉心的教导与我不懈的努力下，我一定不会让您失望的！虽然我们只有一年多的时间能"朝夕相处"，但是，不管是现在还是将来，我永远不会忘记您对于527这个家的付出。最后，我想说："我们永远爱您！"

——赵玮琪

无论是帅气的三分球，还是数学课上神采飞扬的讲解题目都令人无比着迷。杨老师是我见过的最帅气的数学老师。讲的课既风趣幽默，又深入浅出。

——曹梦真

最敬爱的"发哥"，请允许我这样称呼您：其实在很久很久之前，我只是久仰大名而从未见过您，直到某一次家长会，我才见到了一位精神抖擞，可爱可亲，英俊潇洒，帅到无敌的"家长"……真是一次尴尬的初遇！

当然，自那以后，我就从多角度、多方面开始认识您了。废话就不多说了，"发哥"必胜！

——段妍芬

一提笔，首先想到的是您近乎传奇的故事，很自然地产生了一种崇拜感和奋斗的热情。您敢为人先，孜孜不倦，幽默自信，就像是一个不断翻越名山大川的青年。您让我看到了人所拥有的潜能宝库。无论是青年还是壮年，潜能、创造人生的价值，都是必要的。这是我从您身上感悟的人生真理。在您的课堂，就像是在和数学交朋友。这种感觉，让我愈发觉得数学本身富有魅力，它能使人周密睿智，像您一样。那么，希望在与数学的交往中，实现数学成绩的指数增长。最后，祝健康快乐！教师节快乐！

——陈红惠

您说过："成绩诚可贵，问题价更高。"但是，我希望以后问题能越来越少，成绩能越来越好！

老实说，上您的课，一种自豪感油然而生，让我不努力都不行。跟您学了一年多的奥数，有时连一个简单的问题都想不出，真是觉得不好意思啊！

您总是说，现在的成绩不算什么。对，最重要的是高考的成绩，不鸣则已，一鸣惊人。

从现在开始，只剩下两百多个日夜了，数学不算什么，因为我有牛气冲天的杨老师，怕什么……

只希望您每天笑口常开，快快乐乐，我会让您看到我的努力……

——刘胤佐

我知道我的数学成绩并不好，甚至是不尽如人意的。但是，说实话，在您的培育之下，我第一次对数学有了如此大的兴趣，谢谢杨老师了。

别的说什么都没用，相信我，用成绩说话，用未来向您汇报。

——文彦淇

平时没机会跟您表白一些我内心的感受。此刻借教师节之际，除了祝愿您身体健康，节日快乐外，学生还想对您说：谢谢您！谢谢您那么看重我，关心我。刚来一中，我就听说您教书的伟绩（哈哈），所以得知您教高一527班数学时，我很激动。然而高一的我成绩平平，虽然这样，您仍关注我。当我选了文科之后，您又不断挖掘我的潜能……高三，有您在，会更好！

——陈颖媛

"发哥"这个称号是我们从高一就开始叫，却一直没当面这样称呼过您。

其实这个称号就反映了我们对您的感受：帅气、威猛又不乏亲切和可爱。

除了在数学上，您的悉心指导外，在球场上，您也一直很年轻、很帅气。

喜欢这样的您，喜欢这样的"发哥"。

——何雯琦

尽管每次考试之后，您都安慰我们，给予我们莫大的信心，但我也知道，我们还远远不够，所以我会努力，努力，再努力的！

祝：每年的教师节都开心！

越活越年轻！

愿您培养出更优秀的学生！

——陈昊嘉

还记得527的第一堂课，您说要领着我们将高考的胜利旗帜插到岳麓山上！您的一番鼓舞，点亮了我的梦想，给予了我莫大的勇气。数学这条路，尽管崎岖坎坷，但我却甘之如饴，因为我知道有您在前面带路，我们就会如期到达目的地。您教会我勇敢与乐观。接下来的日子，我们还将披荆斩棘，一路向前，在此，向您道一声："谢谢！"

——陈婷

多巧，多巧，让我成为了您的学生；多好，多好！让我能跟您学习了三年；多快乐，多快乐，我已步入了毕业的一年；多久，多久，我都不会忘记您的教导。

丈夫非无泪，不洒离别间；所志在功名，离别何足叹。我知道这并不是我们跟您一起的最后一个教师节，因为今后无论海角天涯，我们每一位学生都会一直想着曾经的老师与快乐。

今日乐相乐，别后莫相忘。三年的高中生活如同一把利刃，深深地刻入了我的骨头里，那是一段辛苦却不痛苦的日子，那是被拼搏的汗水所充溢的满足。

我永远忘不了您的自信与乐观，永远记得办公室总因为有您在而明亮和温暖，这些都会成为我在今后的人生道路上努力向前的勇气与力量。

您的幽默总会有智慧，我从您的生活和故事中明白了"后生可畏，焉知来者不如今？"

我们不畏惧高考，也不恐惧将来，人有所长。不论做什么，我们都会开着车来，接您去酒店，免费各地玩玩！我们以成为您的学生而自豪！

————蒲潇莎

感谢您长时间以来的辛勤教导，记得您曾问我："什么是数学？"我一时回答不上来。您说："数学就是关于数字的学问。"现在想来，我似乎是懂了。虽然我不具备您所说的数学素养，但我觉得自己不再是为了考试而学数学。谢谢您！

————段幼娟

"发哥"老师：神呐，我怕是再过几十年也没办法把数学学到您的那种境界了，老师耶，您是我的偶像！您乐观的态度，还有那笑话，我还要好好研究一下，学习学习！

还有，老师，您总是笑得像朵花一样的，这点也值得我们学习。祝：教师节快乐！生活充满阳光幸福！

————李叶

您教学水平超一流，长得又帅，上您的数学课真是一大享受啊！

————肖融

原命题：数学成绩好的同学是杨老师教的（姑且认为这是一个命题）。

进入高二就一直怀疑这命题的正确性（因为自己作为杨老师的学生数学成绩不好）。看到杨老师心里有点小害怕，虽然老师的教学风格一直很亲切。而现在，终于找回一点自信了。虽然资质欠佳，开窍较晚，还是可以改变条件，促成进步的。在杨老师的笑脸背后，可是有些"发哥"的威严的，与周老师不相上下。

回归正题，祝老师教师节快乐！即使看到我们悲惨的数学成绩，也要一直乐观呀！

——涂欢

还记得高一时，您给我们上的第一堂数学课——一整节课没有讲任何数学知识，却仿佛与我们聊天一般，用幽默的语言先让我们认识了杨老师。自那以后，每一节数学课都充满着您幽默生动的语言。我也渐渐认识到数学是有魅力的，学数学是快乐的。

时间一晃到了高三，大家都听了一到两年的"杨式数学课"，已经习惯了每节数学课都有笑声相伴，习惯了小测验后发现您用最快的速度改完试卷，也习惯了那句"分数诚可贵，问题价更高"，它让我们成绩理想时也关注缺陷，失利时也能正视自己的错误，真的很感谢，您在我们的成长道路上付出的辛劳。

今天，就是我们在高中生涯为您庆祝的第三个教师节，祝愿上课幽默、工作辛劳、为我们担任成长路上重要指引者的杨老师：节日快乐！

——黄雨默

可爱又激动，幽默又灵动
令人生恨的数学题目竟变得生动可爱
没有死套公式，没有题海战术
有的只是令人振奋的自信
有的只是令人期待的感动
年轻的杨老师，请永远快乐……

——李曲芬

其实每次都想做得更好，亲爱的杨老师，身为您的课代表，这一年来深蒙您的关照与悉心教导，感激万分。呵，尽管从没捧上过一次令您引以为傲的成绩，尽管经常错误不断状况连连，令您皱眉不已。这个课代表在他人看来也许有些名不副实——没有灵泛的大脑，没有起到班级领头羊的作用。但是，因为要"越挫越勇"啊，才会如此"厚脸皮"地坚持；因为不服输啊，才会选择迎难而上。

　　您自信、大气，同样也感染我，让我明白：既然不聪明，就要拥有勤奋的心；既然离梦想还有距离，那就要去奋起直追，争取希望。

　　去年的这个时候，我在讲台上给您磕了一个重重的响头，换来了我们与您一年的朝夕相处。今天在这里，我同样代表全班向您表达我们对您的感谢。大家为了同一目标汇聚527班，尽管接下来的一年，会是布满荆棘的一年，但有您来带我们披荆斩棘，我们又充满了希望。

——您的课代表侯霁

　　感谢您三年来的悉心教导。在您的陪伴下，我们度过了一个丰富多彩的高中阶段，也学习到了许多的数学知识。趁着教师节，想对您说句：您辛苦了！愿几年后，我们不辜负您的期望，成功归来！

——李晶菁

　　说些心里话，在漫漫的求学路上，能够遇见您，能够享受和回味充满幽默气息的课堂，我是如此幸运又是如此幸福。昨天还是坐在教室里幻想未来的青春少年，而今，我将要到达成功的彼岸。这路上，有您的教导，有您的乐观精神激励我，有您在办公室努力工作的背影感动着我。这路上我会带着温暖和感激，一步步踏实而坚定地走。感谢您！这一辈子我都愿意做您的学生，不管以后是否远走高飞。感谢您，请您一定要在我们此时此刻所在的地点等待我们带着您的期望和我们的辉煌满载而归。

——钟露茜

　　在我眼里，您总是充满活力，不知疲倦地为我们付出。

　　您真的是对我影响最深的数学老师。听您上课，我开始慢慢喜欢数学，真正面对数学，学会坚强地面对一切。每一次考完试，看着自己的分数真的会很伤心，会有不甘心，听着您对我们的安慰真的很暖心，让我重新站起来面对前方的挑战。不管怎样，我会努力！

　　您笑起来很亲切！也希望您能注意身体！

——侯燕晖

　　我非常喜欢数学，非常喜欢您！您是我见过的能力最强的数学老师！您高超的教学水平和低调的作风为我们诠释了一个最优秀的老师应具备的品质！您对学术的那份执著，令人深深折服，这种精神值得我们用一生去学习！

——黄冠凯

从高一见到您，就觉得您是位有趣的老师。您很认真地对我们说过，学生也可以选择老师，于是我"斗胆"报了奥赛班。您用独到的见解来分析当前和今后的局势，可以说是一个高深的人。在课余，您漂亮的三分球和娴熟的羽毛球技术，让我们师生同乐！课堂上，轻松又不失紧张，您总说给我们"表演"，那么最后一年，就请看我们的！加油！

——邝琳雅

数学成绩总是不太理想啊！太对不起您了。我一定会更加努力的！也好歹跟您这么久了，这不搞上去不行啊！Go！Go！Go！

——雷嘉俊

您是星星，照亮着我们的前行。很幸运能成为您的学生，很欣赏您身上那股霸气、自信、洒脱、无所畏惧。谢谢您，您对我孩子般的呵护，我们深深懂得。祝您天天开心！身体棒棒！我们会让您为我们骄傲的！

——曾曼妮

夏令营的时候就开始被您教了。我记得我坐在第一排正中间，您每节课都盯得我心里发毛，哈哈……那时候，我就在想，我糟糕的数学是不是就有救了呢……事实证明……唉，我现在还在订正不及格的数学试卷……好吧！这不是主要矛盾，数学还是要学的，而且一定要学好！

好吧，虽然我不是杨老师喜欢的灵泛（方言，即聪明）型，但是我接受您的教导快三个年头了，对您还是很感激的！嘻嘻！

您对我转得不够快的脑筋还得多多包涵！高三这道高深莫测的解析几何题一定要本着又好又快的态度解它！哈哈！

最后回归正题，祝您教师节快乐！爱您的哟！

——陈卓芮

（3）政治罗金妹老师

致敬爱的罗老师：

一年前的那天上午，您踏着阳光走进教室。您的脚步声咚咚如音乐般

回响，您脸上和眼睛里的笑容，淡淡的，却如冬日里绒绒的阳光，满满地洒进了我们的心里。

您的笑浮现在眼前，纸质的书页也仿佛有了温度；您温柔笃定的眼神总能抚平我们心中的焦躁不安；您用飞扬的声调述说的那些生活中的故事，不仅让一个个知识点顿时跳跃生动起来，更让我们知道了如何生存，让不谙世事的我们，也能触到现实的一角。

我们爱您在讲台上挥洒自如，爱您在讲台下为我们指点迷津，爱您在课后对我们耳提面命。您对我们的高期待、严要求，我们都能铭记；您对我们的批评和指出的缺点，我们都能理解，我们会一次比一次做得更好。爱之深，责之切，世界上有哪位母亲对儿女不像您对我们这样呢？

一年后的那一天，我们即将离开。或许时光飞逝，岁月易老，但请您记住，我们对您的这份情永不流逝，永不衰老。

老师，您是我们心中最绚丽的彩虹，我们敬您！更爱您！

527班全体学生

于2011年9月10日告白

致敬爱的罗老师：

如果说人生是一个巨大的万花筒，每转一下便有不同的风景，那么遇见您，便是我另一种风景的开始。

您的课堂，是一种风景。简洁明约的知识点概括，妙趣横生的生活故事（每次有想睡的同学，一到"罗老师"讲故事时，居然"噌"地一下把腰杆挺笔直了），很少有像您一样爱在课堂上聊"八卦"的老师，但这样一来，学生和老师的距离却被拉得很近很近，我也能够了解到一个立体的"罗老师"（话说，罗老师的八卦永远是最抢手的）。

您的服装，是一种风景。好吧，罗老师，容我提出一个困惑大家很久的问题：您家的衣柜有多大啊？记得曾经有一段时间，大家热衷的话题：猜猜罗老师今天衣服的颜色（可惜我只有一次猜中）。不过不管怎么搭配，罗老师都很"靓"呢（绝对不是谄媚，绝对不是拍……）

当然，罗老师给我的最大的财富是一颗积极乐观的心和打不死的"小强"精神。

罗老师必胜！

楚楚姐姐必胜！

——段妍芬

献给最最最……真诚、善良、可爱的罗老师：

忘不了您上课时的全情投入，

忘不了您对我们的谆谆教导，

忘不了您深入浅出地带我们明白一个又一个深奥的哲学道理，

忘不了您和"楚楚"姐姐鲜活动人的趣事。

如果说世界上有一种情，超越了亲情、友情。那就是老师对我们无微不至的关怀之情，对我们的细心教导之情。我真心祝福老师：

万事如意！

永远健康！

越来越白！

天天都可以穿新衣服！

永远happy！

——曹梦真

（4）历史何春红老师

致敬爱的何老师：

青葱岁月，我们怀抱着对往昔的美妙遐想

曾几何时，您走进了我们的生活里

您大踏步地行走在我们前方

划出时光的隧道

拨开历史的迷津

您渊博的知识使我们钦佩

您开朗的笑容更令我们坚信，欢心面对明天才是人生的真谛

鸣金的六月铭刻的高三永远的师恩

刻在木板上的名字未必不朽

刻在石头上的名字未必永垂千古

而刻在我们心灵深处的您的名字

将真正永存

我们感谢老师的无私奉献

更感谢您对我们无微不至的关怀之情

真诚祝愿您：身体健康！万事如意！天天开心！永远幸福！

——527班全体同学敬上

在课堂上侃侃而谈的春红姐，总是满脸笑容的春红姐，吸引我认真听历史的春红姐，不经意间知道我们秘密的春红姐，被认为最理解我们的春红姐，人气爆高的春红姐，我最爱您了！非常感谢您的教育！教师节快乐！

——陈欧鹏

印象最深刻的是您可掬的笑容，耳边时常回荡着您一进教室就说的"同学们好！"这句话，经常使我从小疲倦中醒来，让我感受到了一个生动活泼的慈爱，您用它所向披靡，温暖了我前行的道路！感谢您的微笑和教导！

——李舒琪

在您的课堂上，历史是鲜活的，不知道怎么形容在您的感染下那一种独特的课堂感受。今之视昔，会觉得人生很奇妙。因为您，让我愈加珍惜

校园的一切。博学、理性、敬业、可爱，支持春红姐！

——陈红惠

最喜爱的就是春红姐的历史课，因为可以了解到很多教科书上没有的东西呢！……

——许佩瑶

春红姐，喜欢你的快乐，喜欢你的笑容，喜欢你的激情与热血……

一切一切都喜欢。

支持，支持！

——谢钰琪

何老师，您是一位非常洋气的老师，我们常常被您的快乐所感染。您的教学水平超一流哟。爱您！

——肖融

我想当历史的高材生……

老师，我在第十三期校刊《瞳》上发表了关于春秋战国诸子的文章啊，万里长征第一步，我会继续努力的。

——钟南海

努力呀！努力呀！历史课代表居然从来没有考过NO.1。奋斗吧！王安石变法，罗斯福新政，斯大林体制，全都把你们秒杀！

——曹梦真

何老师，你似乎有一种魔力，让笑容常挂在嘴角，让历史充满趣味，让我们都深深地喜欢着你……

——陈婷

潮女何老师，飞车何老师，爱笑何老师，可靠何老师！最后——我爱何老师！

——文彦淇

老师，我又来了。老师，我真的很喜欢您的笑容，特别是在引述史料时，您可以把一段枯燥乏味的文字变得鲜活有趣，让我觉得历史居然这样有趣。您的笑容很有特色，每一次我想到您的笑容，我都会觉得温暖，很幸福。多谢您教我们历史，让我的历史学习充满着乐趣。我还很佩服您的敬业，对于工作您总是一丝不苟，并且十分热爱着您的工作，总是能够找到自己的快乐。老师，我从您身上学到了很多，这些东西或许会影响我一生。老师，真的很感谢您！衷心地希望幸福伴您一生，永远快乐！永远充满激情和活力。何老师，我爱您！

——刘芳

亲和力是一个好老师成功的武器，在您的感染下，历史变得生动，我敬佩您，祝您节日快乐！

——唐叶欣

何老师，好喜欢您的个性：率真，活力十足，虽然我对历史不太感冒，我对您的敬爱却丝毫不减。祝愿您开心过每一天！

——段幼娟

讲台上的滔滔不绝，对史料信手拈来，融会贯通，自成体系，又在不经意间流露出您的坦率、真诚和可爱的笑容。何老师，我爱您！

——张炫擎

我真的很喜欢您的笑容，真的很亲切，听您讲课真的是一种享受，快乐地学习着，印象最深刻的是您进门的第一句话"同学们好"。真心地希望您每天都好！加油！

——侯燕晖

何老师，您是我见过的最有活力、最有感染力、最有爱心，也是最和善的老师！希望您每一天都要一如既往地开心！

——申丽莎

哈哈！对何老师还有什么好说的呢！太帅了！我们527的"三朵金花"都无可挑剔！让我们本着又好又快，效率就是生命的原则，携手走过高中最后一个春夏秋冬！爱你！

——陈卓芮

谁说历史就是深沉乏味？在您的课上，我分明听到的是动人的故事，是满腔的热情！可爱的何老师，请永远带上可爱的笑，请永远有一颗年轻的心……

——李曲芬

嘿，何老师，觉得您还真年轻，似乎什么时候看到您，您都带着那种能够鼓动旁人的笑容，空气似乎都被您震得哗哗地摇，您上课是那么生动有趣，线索又特别明晰，感觉上您的课非常有意思。祝愿您在以后的时光能够越来越年轻，越活越开心！

——张笑雪

上了这么多年的历史课，您是我遇到的第一个如此有激情、有笑容授课的老师，给人新鲜的感觉，希望您的脸上笑容常在，心中温暖常在！

——宋云

郴州一中，527班，有我们美丽的何老师，有趣的历史，快乐的时光。何老师，

地理吴爱国老师和学生在一起

你是育花的园丁；何老师，你是知识的传播者，你为我们点燃青春的火焰。我们为明天奋勇向前！

——蒲潇莎

在山的那边，海的那边，有一个何老师，她美丽又善良，她温柔又可爱，美丽的何老师，善良的何老师！

——钟露茜

你的笑总是充满感染性，你的每一堂课总是具有深刻性，希望一年后我们的历史能够取得很好的成绩，希望我的成功能成为你的骄傲！

——陈佳

您对我们的爱，太阳一般温暖，春风一般和煦，清泉一般甘甜，沐浴在您的爱的光辉下，我们茁壮成长，更将加欣欣向荣。我们以此来回报您辛勤的付出！

——李雯婷

何老师，您就像个爱笑的大朋友，让我们在课堂上享受历史，观摩古今。有了您的陪伴，时间总觉得太短了！感谢您的关心与呵护；527的每个人都在心底里烙印下您的笑容，那么可亲可敬！接下来的一年，让我们携手共进！

——邝琳雅

您的热情，就像一把火，燃烧了整个历史课！我太喜欢您的历史课了，让我们一起笑对人生！

——黄冠凯

第一眼，就被您点亮；第二眼就被您的笑容打动；再一听，您春风一般的嗓音，您红色的热情，就将我俘获；再一想，您已在我心中！

亲爱的春红老师，我愿随您，穿梭古今，并在您的悉心教导下，走向光明的未来。亲爱的老师，您是我心中不灭的光，所有希望都为您点亮！

——余姿璇

何老师，您就是一个特别开朗，特别热情，特别有活力，特别幽默的乐观主义者。不仅仅在学习方面，在对人生的态度方面，您也给了我很深的影响！

祝您越活越年轻，越活越漂亮！

——张洁

一看到您脸上的笑容，就能感受到从您身上传递过来的温暖和希望。恨自己成绩不能立刻冲上云霄，让您对我学习的担心少一点，每天开心多一点！但我也相信，有您生动有趣的课堂，加上我们自己的努力，一定没问题！祝您教师节快乐！

——黄雨默

每次上历史课，都有您的笑容点燃课堂的气氛，跟何老师混，高考so easy啦！

——刘胤佐

何老师的热情、开朗总是能够感染我们，让我们精神倍增！最后送给美丽的何老师一句："春红，春红，你最红！"

——陈颖媛

时而霸气，时而温柔，很爱很爱你，永远是你的粉丝，你永远是闪闪的红星……

——曾曼妮

感谢天，感谢地，感谢命运让我们相遇。自从有了你，生命变得好美丽……啊！春红姐，你是电，你是光，你是唯一的神话！

——侯霁

何老师，面色红润，身体倍棒；何老师笑眯眯的，乐观，开朗；何老师活力十足，像打了鸡血似的。好吧，这都是大家私下里议论的话。这样评价，是相当的准确吧！革命尚未成功，愿何老师手举旗帜，带领我们向前进！革命热情无敌！

——涂欢

何老师，您的课很有感染力，经常使人热血沸腾，而且我也在欢乐的气氛中学到了很多，最令人难忘的当是您的笑啦！亲切、温暖，愿您能一直这样笑如春风，也许在几十年后，我们能通过您的笑认出您！

——陈昊嘉

何老师讲历史，还原给我的总是一个不一样的历史（其实老师很喜欢纠正我们的偏见呢，譬如北洋军阀政府……）这种原有历史观被推翻的感觉真好，能够看到一个真实历史的感觉真好！

何老师最棒！527最棒！

——最忠实的fans段妍芬

春红姐，您的课永远都是那么有趣，您每天都是那么的充满激情，魅力四射，我们最爱您了！愿您每天最红，人气一路飙升！

——李晶菁

何老师，当那天某同学问我"红红在你们班吗？"我就知道您比想象中还要受欢迎！每次您风风火火走进教室，在夏天，这是一阵凉风；在冬天，这是一股暖流啊！希望您天天保持着美的容颜，越来越有活力，相信在2012，我们一定会有最火爆的战绩！

——刘韬

何老师，告诉您一个秘密，上面那个泄密的是刘丽鹏（外号芭比）。其实，我最喜欢的，也是您那极具代表性的笑声。每次一听到您的笑声，都让我充满战斗力！在您这个激情圣斗士的带领下，我也成了一个小小激情圣斗士！我相信，属于我们的张力将"永世长存"！永远爱你！

——赵玮琪

2012年的教师节，527班的老师们，也是快乐的。他们收到了来自各地的学生们的祝福短信，特别是收到了他们精心制作的专题片《殊途同归Ⅲ》。因为，短信太多，没时间一一回复，10月12日晚，我利用晚值班的机会，写了下面的文字，让何景转发到他们的"群"里：

亲爱的527班同学们：时隔几月，已是"物"非"人"亦非了。一段不短的时间了，脑海中仍是你们的身影，言行举止还不能适应现在的工作环境，可能周老头子真的"老"了。今年的教师节，老周仍然快乐，原因主要是收到了何景带来的你们对母校及老师的真诚祝福，还有那一条条温馨的祝贺短信，特别是那不一样的《殊途同归Ⅲ》。那片子，我是看了一次又一次，似乎永远也看不够，真的是太精彩了。所有的短信，我都认真读了，那些或短或长的文字，让我倍感欣慰和愉快，仿佛你们仍旧坐于一教五楼的一隅，在认真地"搞学习"。可是，放眼一望，你们却都已天南海北，展翅高飞了。所有的短信，我都没来得及回，也没那么多时间回，在此，我一并表示感谢了！

亲爱的527班同学们：今晚坐在办公室值班，想着你们。除了上面的话之外，我还想对你们说，你们都是"大"学生了，一人在外，一定注意安全！无论遇到多大的困难，一定要挺住！希望你们能像以往一样兄弟姐妹般互助！希望你们无论是事业还是学业抑或生活，仍旧是"有所为，有所不为，每天都离梦想近一点"！你们一定会学有所获，做有所成的，你们的快乐也是我的快乐。周老头子真诚地为你们祝福！为你们祈祷！愿527永远是一处温馨的港湾！

9. 与学生共同探讨校训，其乐融融

□周圣荣

2010年下期，学生高二时，我做过的最有趣的事情之一，就是与学生共同探讨校训。至今想来，仍是其乐融融。

位于英东田径场东侧的校训碑，与婆娑的古樟相互映衬，生机盎然，是学校最重要的"景点"之一。学生们每天走进校园，最先映入眼帘的就是它。坐进教室，抬头一望，除了国旗，就是"砺学力行"的校训。

来一中工作近10年了，我一直对学校"砺学力行"的校训颇感兴趣。我认为，它的教育内涵丰富，在很大程度上代表着郴州市一中这所百年老校的教育理念。由此，我一直有对它进行探究的兴趣。

语文学习的内涵、外延与生活的内涵、外延是相同的。语文学习如此，数学、英语、物理、化学、生物、政治、历史、地理等学科又何尝不是这样，只不过没有语文学习那么明显罢了。作为语文老师，当班主任有着得天独厚的优势，很多时候都可以把语文教学与班级管理有机结合，真正做到两者相融，两全其美。

为此，我以"砺学力行"校训为话题搞了一次研究性学习，让学生跟我一起去研究探讨。视角不同，经验有异，这样一做既可加深对校训的理解，又可以丰富校训的内涵，一定是有趣有味有获的。

经过一段时间的合作探讨，我们真也发掘出了不少的东西，让我深受启发。最后我综合自己和学生的"研究成果"，以《润物无声　育彼新苗——市一中特色校训文化写意》为题，写了一篇短文在《郴州日报》上

发表。班上的学生看后，尽管署的是我的名字，但是，大多学生都能从中看到自己的"研究成果"。他们的那种兴奋，是我这个为师者完全可以感知的。（文章附后）

2010年下期和2011年上期，我还兼任着理科实验班530（1）班的语文课，该班的同学也积极参与了此项对"砺学力行"校训进行研究的活动。

在527班学习方式的引导过程中，我一直鼓励学生进行合作学习。我认

为，学生之间的合作，学生之间的相互交流，是非常重要的。同时，师生之间的合作，更是魅力无限，更可以做到教学相长，共同发展。除此之外，合作学习的方式，还可以进一步拓展，如学生与家长之间的合作等等。在目前的情况下，这些都是可以做得到的，也一定会是行之有效的。

附

润物无声　育彼新苗

——市一中特色校训文化写意

校园文化是学校的核心，校训是校园文化的精髓。

前些天，我搞了个突然袭击，把几个学生请进办公室，以学校的校训是什么询问他们。"砺学力行"，学生们均脱口而出，没一个出错。这让我这个为师者甚感欣慰。校训如此的深入人心，这激起了我对它进行探究的浓厚兴趣。

在市一中，每间教室前的黑板上方均悬有"砺学力行"的校训。进

入校门，映入眼帘的便是校训碑。润物无声，"砺学力行"的精气神每天都在关照着一中的师生。每有外来参观者，也必会于校训碑前驻足欣赏，甚至拍照留念。校训文化成为了市一中特色校园文化中的一道亮丽风景。近段时间，通过资料与网络，我遍搜各大中小学的校训，比较之中，深感"砺学力行"这四字校训，不仅在郴州市内的学校，就是放眼全国，也应属上乘！这无疑是市一中校园文化的一大亮点。

始建于1906年的市一中，校训文化源远流长。早在1919年，当时湖南督军谭延闿给学校前三名毕业生分别题写条幅，学校定其所书"诚实勤奋"四字为校训，悬于礼堂正上方，新中国成立前一直沿用。新中国成立后学校以毛泽东主席的"身体好、学习好、工作好"为校训，培养了一大批革命和建设人才。1960年，学校就被确定为"湖南省重点中学"。十一届三中全会后，根据改革开放的要求，以"三育并重、严谨勤奋、团结活泼、求实创新"为校训，学校进入了振兴和发展时期。1993年学校被评为湖南省实验中学。进入20世纪90年代，学校在九十华诞之际，在回顾总结办学经验的基础上，把校训提炼为"砺学力行"，并对其内涵进行了挖掘。砺学：树立为报效祖国、献身人民而学习的志向；砥砺学习意志，磨炼学习毅力，切磋琢磨，学而不厌，乐学不倦，锲而不舍，勇于攀登。力行：坚持真理，修正错误；注重实践，讲求实效，不尚空谈，身体力行；学会动脑、动口、动手，提高解决实际问题的能力。校训的变化，反映办学思想的变化，反映教育价值的取向，也反映着时代的变迁。进入新世纪后，一中人对"砺学、力行"校训的内涵又有了更深的理解，更感受到其深刻的魅力。

砺学：砺，从石，厉声。学，学问。校训中选用此字，文化底蕴深厚。俗语：宝剑锋从磨砺出，梅花香自苦寒来；《荀子·劝学》：金就砺则利；《史通·品藻》：砥节砺行，终始无瑕。《孔子家语·子路初见》："子路曰：'南山有竹，不揉自直，斩而用之，达于犀革。以此言之，何学之有？'孔子曰：'括而羽之，镞而砺之，其入之不亦深乎？'"此二字，谆谆告诫学子，砥砺德行，琢磨学问，砺志强能，成就大业。

力行：实践出真知，亘古不变。此二字，道出求知求真之规律。《荀子·修身》：不闻不若闻之，闻之不若见之，见之不若知之，知之不若行之。

屈原《离骚》：路漫漫其修远兮，吾将上下而求索。《中庸》：博学之，审问之，慎思之，明辨之，笃行之。梁绍壬（清）《两般秋雨庵随笔》：读万卷书，行万里路。陆游《冬夜读书示子聿》：纸上得来终觉浅，绝知此事要躬行。王夫之：力行而后知之真。陶行知：要解放孩子的头脑、双手、脚、空间、时间，使他们充分得到自由的生活，从自由的生活中得到真正的教育。此二字，谆谆告诫学子，勤于实践，求真务实，开阔眼界，达志成才。

此中真义，市一中学子们也有着自己的理解与感触。

砺者，磨石也。剑之锋芒，砺致其然；玉藏于石，磨之方现。砺学者，自强不息，厚德载物也。力者，强也。靖拉弓，广射石，以力称于世而成其伟业。力行者，以绝知之姿，躬行之态，行于天地以觅真知，以生命之短丈量真理之长。欲致成者，必砺学而力行。

——卢颢（高530班学生）

校训有三美：结构美，动宾搭配，如椽之笔，给人拼搏奋斗、锐意进取之感。音韵美，仄平仄平，朗朗上口，给人以矢志不移，坚定追求之感。意蕴美，磨砺雕琢，身体力行，以真理为师，以实践为友。

——刘丽鹏（高527班学生）

如果说生命是一把披荆斩棘的"刀"，那么挫折就是一块不可缺少的"砺石"，为了使生命的"刀"更加锋利，就要勇敢面对挫折的磨砺。砺学力行，历经风雨，终见彩虹。

——陈卓芮（高527班学生）

在我看来，砺学力行四字中"砺学"两字，就是告诫一中学子，砥砺德行，默默治学，戒骄戒躁，用板凳安坐十年冷的精神宁静治学，把学问做到一丝不苟，坚如磐石。而"力行"二字则告诫我们时刻不忘在现实生活中开展实践，笃行不辍，学以致用，心系天下，至死不渝。不经砺学，我们必将行则得惑，不仗力行，我们唯见大道于梦中。

——张阳福（高530班学生）

砺，磨砺也；力，努力也。砺学，就是学习要有决心、勇气、恒心和毅力；力学，就是学习要付诸实践。

——何雯琦（高527班学生）

砺学，是一句警言，是一种学习方式，更是一种态度，一种不辞辛苦、迎难而上的态度。磨砺后的石头才能成玉，磨砺后的人方能成才。力行，就是要尽全力去做事，去学

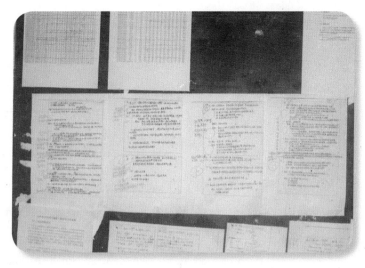

习。这二字不只是针对学生，也是对老师、对教育的期许。

——王璇（高530班学生）

静读上述言语，让人感到兴奋，充溢希望与激情。由此，也可见一中"砺学力行"校训影响之深远。本学期开学典礼上，曾广清校长以《砺学力行，厚德睿思》为题的讲话中，向同学们提出10点建议（高中阶段做好10件事），殷切期望一中学子们厚德睿思，务实苦干，凸显个性，争创一流，把自己塑造成未来社会的顶梁柱，成为更完善、更成功，精神世界更为丰富的人。这是学校走内涵发展之路，以文化育人的最好实践。"砺学力行"校训，不是凭空想象出来的，也非生搬硬套移植借鉴来的，是一中人对百余年办学经验的总结，也是一代又一代一中人汗水与智慧的结晶。我们相信，经过不懈的探索和实践，一定能让它渗透到校园的每个角落，内化为师生们做人为学处事的品格，学校一定会成为有灵魂、有魅力、有凝聚力和感召力的精神家园。（《郴州日报》2010年12月7日）

10. 妈妈，鸭肉可以一餐吃完

□周圣荣

考前的两次家长会上，尽管我都认真地强调家长保持平常心，不必

对小孩搞特殊照顾，平常怎么个生活习惯，考前就怎样，不要轻易改变。但是，从四月份开始，为了让小孩有更多的时间冲刺备考，往学校送饭送菜送水果的家长越来越多。可怜天下父母心，我也无法多说，只能顺其自然，这成了考前一道特别的风景。

一天下午，陈颖媛的父母特地从桂阳带来一大盆煮熟的鸭肉，让她改善改善生活。学生没下课，他们在我办公室待了一会儿，肉香四溢。这样的菜，学生们称之为"爱心菜"。

下课后，他们把菜送给了陈颖媛。

"爸妈，你们回去吧！我吃饭去了！"接过大盆鸭肉，陈颖媛准备往食堂走。

"等会吧，这是一整只鸭，你一餐吃不完的。我们等会，你吃不完的，我们带回去。""不用了，吃得完。"陈颖媛回答得很干脆。

"这么一大盆鸭肉，你一餐吃得完？"陈颖媛的父母十分的不解。

"吃得完。同学们一起吃。"陈颖媛很高兴地为父母解了疑。

陈颖媛的父母终于明白了，陈颖媛是把父母的"爱心鸭肉"与同学共享，这点鸭肉还不够呢！陈颖媛的父母走后，她还热情邀请我和没有离开办公室的杨老师去共享"爱心鸭肉"。

这样的事，在527班，绝对不是特例。

陈颖媛是这样的，其他同学父母送来的"爱心食物"大多都是这样的结局。这是527班独特的饮食文化风景。当然，这不是一天形成的。

"晚饭总是很丰盛，大家有说有笑地把各自妈妈做的爱心菜聚集在一起，这样每天晚上都像在吃大宴一样。总会有人时不时地带来一箱家乡的水果分发给大家。不管是谁的生日，都会贴心地在每一张课桌上放上一根棒棒糖。分享成为了我们心中的一条不变的道德律。"（陈卓芮《那些光阴里的故事》）

这样的盛宴，到了最后，几乎天天都要上演。

"论及身后支撑，527的家长必定当仁不让。桃子、杨梅、西瓜、橙

子、冰淇淋、牛排——寒冬酷暑，总有他们一盒盒、一袋袋搬进教室，亲切温暖中齐分享。"（涂欢《我们是向上的少年》）

家长乐此不疲，学生尽情分享。到了后来，家长送水果来，只是往隔壁阅览室一放，便走人了，只在事后一个电话告知自己的子女，带了什么到学校，便完事了。学生们"逼"着家长们变得"无私"了。

在527班，生活如此，学习更是这样，这成了一道更美的风景。

"数学帝"、"文综王子"、"文综公主"、全能同学不吝赐教，草稿纸上列出解法一、解法二、解法三；狂刷文综卷的最末岁月里，小组共同改卷、订正、讨论、知识延伸，527的八个小组，组组都能享誉'黄金组合'的称号。"（涂欢《我们是向上的少年》）

（学生们）"组成自己的学习小组。没有攀比，没有自私，没有掩饰，可以尽情地倾吐对压力的控诉；总是能分享杂志上好笑的段子笑得趴在桌子上；可以你教我数学，我教你英语，她教我们政史地；可以互相修改作文，解答错题，共同进步……"（陈卓芮《那些光阴里的故事》）

"正是在老师的倡议下，学习小组成了527文化的靓丽风景：日复一日，在你发言我反驳、你解释我补充的过程中，我们总能将标准答案变得更加充盈；当然有时也会碰到大家都无法解答的难题，可是每个人不懂的地方或者理解和引申的方向又有不同，在询问老师得到讲解之后，总能获得除这道题目之外更多的知识。人多，果然力量大。在今后的学习与工作生涯中，我们更会懂得团结他人的力量，助自己也助他人学到更多。"
（蒲潇莎《感悟527》）

"教室里，大家互相讨论，互相帮助，尽管是借小小的一张纸巾，对急需的人来说，也如雪中送炭。口头上说'借'，实际上是'给'，因为大家都是毫不犹豫地把东西送出去，没想过要对方还。久而久之，彼此之间有了默契，借东西时，居然凭一个眼神就知道是什么东西。一来二往，加深了彼此的了解。讨论问题时，尽管有时会争得面红耳赤，但是，最后一定是我们得出了更好解决方案后所洋溢的笑意。"（段幼娟《青春，青蓝》）

……

学生们在提到生活、学习中的这些事情时，都是浸透着深切的情感的。

527班的学生，同大多班级一样，大多是独生子女。娇惯、自私、占有欲强、独立生活能力差、不合群、不团结、纪律差、受不了挫折、心理承受力差等独生子女所拥有的特征，在他们身上也或多或少地存在着。我明白，这些都是班级管理难点，都是学习工作的"天敌"。

为此，班级文化建设中，从点滴做起，我特别重视"共享"文化的建设。久而久之，学生更团结了，关系更和睦了，互助更多了，集体荣誉感更强了。也正因此，班级的学习活动、体育活动、大扫小扫、集合集会等，总会让人感觉，他们亲如家人，配合得十分默契，而且卓有成效。到了后来，班上的事基本上都不用管了，我只起到了提醒的作用。高三的后期，我是越来越"闲"，我有了更多的时间读点书，想点问题，干着自己喜欢的事。

到了高三最后一段备考冲刺时间，527班越来越像个大家庭。同学们之间的关系越来越融洽，大家每天来到班上，脚步是轻松的，心情是愉悦的，尽管他们深知，在高考的征程中，有着残酷的竞争。这一点，我这个与他们"朝夕相处"的班主任，完全可以深切地感知得到。

527，梦想起航的地方

教育是神圣而崇高的。

教育是育人的事业。

教育的伟大使命是让人们从无知走向睿智，从幼稚走向成熟。

教育的最高境界是形成自我教育的人格。

……

教育的理想是为了一切的人

——无论是城市的还是乡村的，

富贵的还是贫贱的，

聪慧的还是笨拙的；

教育的理想是为了人的一切

——无论是品德的还是人格的，

生理的还是心理的，

智力的还是情感的。

——朱永新《我的教育理想》

教育的主体是学生，没有了学生，教育也就丧失了意义。

教育的成功，体现在学生的成功。作为高中，学生的成功，不仅仅体现在考了高分，排了好名次，录取到了名牌大学，更体现在他们心灵的成长：品行端正、乐观自信、坚强进取、善解人意、敢于表达、富有理想、

富有个性等等。

　　而这所有的一切都离不开学校、社会以及家庭的教育。在班级授课制度下，班级的教育显得异常的重要。什么样的班级，就会有什么样的学生。优秀的班级，应该有优秀的班级文化，优秀的班级文化对于学生的心灵成长具有不可替代的作用。

　　在这一编中，收集了部分学生对527班的"认识"，有个性的，也有共性的。从中可以看出他们在527班的成长印迹，也反映着527班的"闪光点"。

1. 我们是向上的少年

□涂欢

　　"少年负壮气，奋烈自有时。"——李白《少年行》

　　两年前，背负誓言，新生的527学那项羽勾践，修破釜沉舟、卧薪尝胆的苦行；两年后，破秦关、吞勾吴，揽了一身壮气的少年，堪有"春风得意马蹄疾"的成绩。今时今日，做此番结语，虽遗憾难免，但能做到无愧无悔，便也对得住此前种种——奋发向上，汗水打拼。

　　一路行来，凭着好的支撑，渐渐酝酿出好的文化，好的精神；踞天时地利，拼出一番人和，凝聚成527这个集体，我们终究没有辜负这三个"好"字。

（1）好的支撑

　　私下细想，一路走来，若非承着多方呵护——学校护航，老师提携，家长关爱，未必会有今日种种，不能言其尽。

　　分得五楼一角，清晨则有大树绿荫滔滔，书声琅琅，心旷神怡之感，黄昏则有晚霞入窗，橙色流光，暖意熏人，可谓尽享天泽；辟得邻室做读书阅览，就餐嬉戏，也算占尽地利。又得诸多老师指点教诲——班主任周老师总揽规划，如行文谋篇布局，助527一路顺遂；数学老师旁侧敲打、身后助力，两厢不误；兼文综老师俯身亲切，授业解惑。各位老师广泛搜集社会及学界讯息，精心编排各科阅读资料，未尝不是一番创举，开阔视野是为一，此后奠基是为二。

论及身后支撑，527的家长必定当仁不让。桃子、杨梅、西瓜、橙子、冰淇淋、牛排——寒冬酷暑，总有他们一盒盒一袋袋搬进教室，亲切温暖中齐分享。

前述种种，都是527向上的强大支撑力！

（2）好的文化

提及"好的文化"，并非是我王婆自夸，却是借了曾校长所言，为了细细琢磨点点论证，遂在此着墨铺开。

527的文化，在我眼中，是关于"趣"的文化，学习与逗趣相伴而行，方能学得快乐。因而，高三末尾紧张的气氛里，我们脸色既未苍白亦未铁青，却是一种焕发斗志的光彩。我们的"趣文化"，又分"俗趣"和"雅趣"两种。所谓俗趣，除嬉闹玩笑、八卦娱乐与其他中学生别无二致之外，更有527独创的快乐——在教师节搜罗各科老师的年轻靓照，仿出八本

好老师证，一堆甜蜜祝语后只为拍到老师大跌眼镜的惊讶表情；学生寄语中全面纠正老师搞笑别音，撒娇卖萌只为大家灿烂一笑。论俗趣能俗的恰到好处，527自是当仁不让。再说雅趣，不是平心静气品茶、谈诗、弈棋，却是栽培植物、视频制作。527的花坛里，迎风飘扬的可不只是迎春花，还有花生苗、苹果苗、仙人掌茎叶嫩绿，更有鸡蛋般大小的西瓜憨圆可爱。每日课间，入走廊看看它们，记录西瓜藤蔓攀爬的长度，又毫不留情咔嚓剪断，宣言"顶端优势——为了小西瓜的成长"。再说527自制电影——《殊途同归》，制作精细，别出心裁，忆起首映时，欢笑泪水一同袭来，莫不是一番雅趣。

趣事桩桩，都是527积极向上的班级文化！

（3）好的精神

虽说"精神"二字庄重，但用在527身上，也并不觉得过分。综述527的好精神，依旧不离传统四字"团结"、"奋斗"。

说团结，不论篮球赛女生强大的助威声，不论两届运动会凭借优势突出的团体分夺得第三、第四的名次，不论体操比赛齐心努力为争得荣誉，此时要论的，是527学习上的团结——下课铃响时大半同学争分夺秒狂奔食堂；数位同学一齐杀向文综办公室，和老师争论同一个问题；一份网上打印下来的文综卷传遍半个班级；"数学帝"、"文综王子"、"文综公主"、全能同学不吝赐教，草稿纸上列出解法一、解法二、解法三；狂刷文综卷的最末岁月里，小组共同改卷、订正、讨论、知识延伸，527的八个小组，组组都能享誉"黄金组合"的称号。

一番论述，便知"团结"在527的字典里，是活动中的汗水相融，亦是学习上的智慧共享。而奋斗，世间辛苦求学者大抵如此——夏日挥汗如雨仍旧如磐石沉稳不离座位，冬日手足冰凉依然挥笔疾书笔记工整，暗夜里教室默默自习的身影，清晨中琅琅读书的声音，如此种种，不再赘述。

（4）结语

三个"好"字论完，总结亦近尾声。支撑、文化和精神——527的骨肉和灵魂，独一无二，静放光彩。

公元某某年，我们初相见。又过多少年，我们仍怀念，怀念我们的好支撑、好文化、好精神，以及那时的我们，是一群向上的少年！

2. 527，最特别的存在

□ 陈婷

郴州市一中527班，这个一直被外界关注的班级，究竟有怎样的特别之处，使他们在众多方面都散发着耀眼光芒？记者有幸采访到527班的同学，现在让我们一起走进527。（Q：记者。A：527班学生。）

Q：作为527的一分子，527对你的意义是什么？

A：527，早就超越了一种普通班级的含义。在我的心里，527就好像一支军队，老师们是指挥官，同学们是我的战友，我们一起迎战高考，一起为了梦想拼搏。它让我成长，给我很多温暖和感动，让我觉得自己不是一个人在战斗。

Q：许多人说527有一种独特的氛围和精神，你如何理解？

A：我可以列举一下周老师给527的寄语：

行胜于言；

埋头苦干；

伟大是熬出来的；

破釜沉舟，百二秦关终属楚；卧薪尝胆，三千越甲可吞吴；

有所为，有所不为，每天离梦想近一点。

……

以上几条足以说明527属于行动派，而且是敢想敢做、思路清晰的行动派。

并且，527是一个凝聚力很强的集体，在学习上同学们大方地分享交流，生活上互帮互助，集体活动中团结协作。所以，即使在别人认为的黑色高三，527依然迸发绚烂色彩。527好像有一种魔法，让这个集体中的人，都发自内心的快乐。

Q：此次高考527取得了不错的成绩，你认为有哪些原因？

A：其一，从高二组班开始，527就备受学校关注，得到了很多支持：最好的师资，帮我们解决了很多后顾之忧。学校的支持让我们觉得被信任、被认可、被看好，这是一种有力的鼓励。

其二，527一路走来，最辛苦的是这六位老师，感谢他们对527的付出，也借此机会谈谈我对几位老师的印象吧。

周天子（我一直觉得这个称呼霸气十足）周老师"统治"着我们一群小屁孩，带着我们一点点成长，为我们拟定计划，规划方向，高二该做些什么，高三专攻哪些方面，最后冲刺怎么办……他就像一个镇定自若的指挥官带着我们冲锋陷阵。但周老师有时候也像妈妈一样唠唠叨叨，叮嘱我们不要谈恋爱，在宿舍不要点蜡烛（现在都用小台灯），冬天用热水袋要注意安全……点滴小事的关怀足见老师的良苦用心。这三年，周老师，时时鞭策我，鼓励我，为我指明方向，给了我很多宝贵的建议，遇见这样的老师是我的幸运。

发哥，是我三年的数学老师。高一、高二，我的数学成绩一直惨不忍睹，几次写数学写到泪奔。自己半天解不出的题同学一分钟看出思路，感觉无限挫败。相信很多文科生有和我相似的经历。但是感谢杨老师一直以来的不抛弃、不放弃，把我们一群不着道的文科生带上路。进入高三，经过一番苦拼，我的数学终于渐入佳境。（在此温馨提示，高三前的暑假是补弱科的最好也是最后时机。）杨老师的自信和乐观深深感染了我，别看他平时嘻嘻哈哈地逗我们玩，认真的时候还真是很帅呢。

湘玲姐，李老师真的是气质美女啊！喜欢她纯正的英语口音，深入浅出的语法讲解，解答题目时的耐心与细心……英语课上给我们很多自由发挥的空间，演英语话剧，做海报，食物拼图……让我们在快乐中学习英语。

"妹姐"，罗老师我好几次都想叫她一声"妈妈"。她教我们很多为人处世的道理，对我们事无巨细的关怀，不厌其烦地一次次重复重点，纠正我们的错误。有时候一激动还在课堂上破音。真的难为罗老师了，这两年嗓子都哑了好几次。

春红姐，进教室前大手一挥"同学们好"，永远是这么活力四射。别人认为枯燥无味的历史经何老师加工就变得鲜活有趣。跌宕起伏的历史故事，有血有肉的历史人物，让我对历史充满了好奇与兴趣。

老吴，爱抽烟嗓门大的吴老师，高二以来他的头发一点点变白。地理课上，不标准的普通话让全班人犯傻；大嗓门叫醒睡觉的同学；旁征博引的地理知识；信手拈来的精确数据……偶尔还被其他两位文综老师当苦力使唤却心甘情愿。

这两年来，六位老师任劳任怨地为527付出。不辞辛苦地为527制作系列训练，找阅读资料，出试卷……我们有很多自己的资料和知识储备，而不是市面上的教辅，我想这是527制胜的法宝。同学与老师之间教学相长，亦师亦友的关系让我们一起进步。老师们，有句话一直想对你们说："你们是伯乐，我们希望能成为你们的千里马。"

其三，527也有很多值得借鉴的学习方法：独立的阅览室，对文科生来说阅读的重要性不言而喻，当然读什么书更重要；具有很强针对性的系列训练，补弱势增强项；小组讨论式学习，大家互相争辩讨论，分享经验和想法；最重要的，527的自习课较多，给我们时间整理和吸收，这是又一次的提高。当然，每个同学对自己理想坚持不懈的努力是成功的关键原因。

Q：在527有哪些美好的回忆？

A：在527的每一天都是美好的，那些一起为理想奋斗的日子是最珍贵的记忆。广播体操比赛失利后虽然愤愤不平却也坦然面对；运动会上的齐心协力，整个田径场都听得到我们班的加油声，总分第三的成绩让别人对这个只有9个男生的文科班刮目相看；2011年5月27日看《殊途同归》时全班掉眼泪；最后的一个夏天在走廊上种西瓜、种花生、养仙人掌，还有一起蹭饭吃的日子……527给了我太多温暖和感动，它让我惊叹集体的力量，感谢青春的馈赠。

Q：527的同学即将踏上各自的大学旅途，请谈谈你的毕业感受吧！

A：看着527的毕业照，大家笑靥如花，如此纯真的笑容将深深地刻在我脑海里。莎士比亚说："时间会刺破青春的华美精致，会把平行线刻上美人的额角；它会吞噬稀世珍宝，天生丽质，没有什么能逃过它横扫的镰刀。"我想，他说得很对，但是有一样东西，却不会被它的镰刀收割，那就是我们527的情谊。十年、二十年之后，我们一定还可以拍一张一模一样的照片。我毫不怀疑。希望每一个同学都可以实现自己最初的梦想，保留那一份纯真。

感谢527，如此特别的存在。感谢青春，纵有遗憾，并无后悔！

3. 那些光阴里的故事

□陈卓芮

毕业一月有余，如今的我们已经如同尘埃落定，散落在了祖国各地：北京、上海、广州、武汉、长沙、长春、海南、成都、兰州……在每个地方继续着自己的故事。但是，无论沧海桑田抑或是白驹过隙，无论我们未来的方向有多么不同，我们都有一个相同的起点——527班。

谈起527，千头万绪而不知从何谈起，这个班给予我的人生经历似乎远远多过我过去所经历的十几年光阴，太多太多成长的故事发生在这里，那些或快乐，或悲伤，或失望，或抑郁而平淡得不知所踪的回忆，使我的高中生涯看起来是那么充实，感慨是那么的多……

苦——那些年奋斗过的痕迹

升高二的时候，当我知道自己进了同学们口口相传的527班，心里虽然激动，却没有从此松了一口气。的确如我所料，接下来我迎接到的就是前所未有的挑战。

还记得那时候，自己一个人抱着一摞资料跨越大半个空荡的校园，穿过空荡荡的一、二、三、四楼来到教室，在岁月的飒飒风声里，在落满光阴的角落中，奋笔疾书，那些或红或黑的笔迹真的像是从心底里淌出来的血，凝聚了生命的全部。

还记得在烈日炎炎的晌午，在大雪纷飞的清晨，在大雨瓢泼的午后，我们像特务一样无声息地飘进教室，却没有一个人持续地怀揣着怨念与不满，唰唰唰，教室里除了翻书的声音，再无其他。

还记得那时候，一群人分散在五楼的每个安静的角落，每天早晨扯着嗓子在走廊上背书，雨落下来，书页都浸得透湿，书本上花花绿绿的划记深深地在背面刻上印痕。就算如此，每天还是会在睡眼蒙眬地来到学校后发现教室里早已几乎坐满，在满满的罪恶感的笼罩下开始新的一天。

还记得那时候，整天为了写不出的数学题而发愁，有一次甚至在老师办公室哭哭啼啼了一下午，撺出了一筐盛满眼泪鼻涕的纸团。每天哭了又写，写了又哭，皱着眉头，咬着笔头，可是同学们却连一点悲伤的神情都没有显现出来，也许，大家都是独立而伪装坚强的孤单斗士，很默契地将眼泪流回心底，脸上却保持昂扬的微笑。

还记得那时候，被巨大的对未知的担忧所掩埋，坐在靠窗的位置，累了就抬起头来望望窗外的云波诡谲，暗夜沉沉，晚霞满天，闷热午后……也会被一张写着难看分数的答卷或是不知从哪里涌出来的巨大的挫败感逼得晚自习中途偷偷溜去操场跑上几圈，塞着耳机放着些励志歌咬着牙掠过跑道，也会什么也不想地在操场中央寂寞地走着，望着教学楼白晃晃得刺眼的排排灯光。有时也会干脆摆出一幅瑜伽的模样盘腿坐下来冥想，直到第一节晚自习下课铃响才迈着沉重的步子走回教室。原来我还一直以为只有我一个人有逃避的心理，等到毕业了以后才知道，原来大家都干过这样的事……始终盘踞满满的年级前二十而从未被超越的我们在同年级中光鲜的背后藏着多少辛酸。

还记得那时候，我们和六科老师一起奋斗在战斗一线。还记得作为语文老师的周老师让我们呕心沥血绞尽脑汁搜罗的那些字音字形成语释义，密密麻麻地堆满了我一本几百页的笔记本。同时，作为班主任的他更是用父亲般的严厉加母亲般的细致照顾了我们两年。还记得杨老师给我们写过的那些古怪的智力测验题、奥赛题、单元测试题、天考周考月考段考题塞满了我三个文件盒。还记得吴老师每天上班时间都在办公室，耐心地为我们每一个人讲题，有时候同一道题会被无数个人问，可是他丝毫没有半点懈怠和厌烦。还记得何老师给我们印发的无数历史卷子，和那些用各种不同的关注角度整理的历史表格。还记得罗老师每天都会沉郁顿挫地怀揣出一种哀其不幸、怒其不争的态度痛骂我们为什么还是对教材不熟练。还记得高考前一个礼拜我每天刷四百道英语单选题再跑去李老师办公室把错题问个天昏地暗、日月无光……老师是这世界上最无私的职业，因为他们宁愿把自己所有的知识倾囊相授，他们就像是梯子，架着我们去采摘我们各自梦想中的星辰。

乐——那些年度过的快乐时光

527，是一个很会苦中作乐的大家庭。在各种搞笑气息、生活气息、家庭气息、乐观气息、外向气息的弥漫下，我们总能在这苦闷的学习生活里获得奋斗下去的勇气。

还记得那时候，晚饭总是很丰盛，大家有说有笑地把各自妈妈做的爱心菜聚集在一起，这样每天晚上都像在吃大宴一样。总会有人时不时地带来一箱家乡的水果分发给大家。不管是谁的生日，都会贴心地在每一张课桌上放上一根棒棒糖。分享成为了我们心中的一条不变的道德律。

还记得那时候，班上总有那么一些人，甘愿牺牲自己的个人形象，在茶余饭后表演一番，耍宝把大家逗乐。还记得晚自习以后还想再继续打起精神学习，于是，大家一起大吼《最炫民族风》，在一阵大笑过后继续奋斗题海。

还记得那时候，虽然我们班男女比例严重失调，被视为各种体育活动的"重在参与者"，但是每一届运动会我们都会很努力地参加，全班到场为每一个参加的同学呐喊助威，那声音响彻整个操场。就这样，我们以一次年级第二、一次年级第三的成绩和无比团结的班级形象让全年级的同学由衷地赞叹。还记得在篮球比赛时，我们的加油声甚至让坐在教室里自习的同学们都听见了。而偷偷在教室里举办运动会的庆功会的时候，尽管每人只有一小杯饮料和一块饼干，可是我们却因为浓浓的团结的滋养而感到了一种由衷的满足。

还记得那时候，走廊的花坛里毫无预兆地长出了一根西瓜藤，成了全班人的宝贝，大家一起照顾着"西瓜妹妹"。我们下了课也不会再赖在桌子上，而是走出来，欣赏、呵护这一抹高三最后的压抑里难得的生命的嫩绿，每天为它又长长了多少厘米，又发现了新的小西瓜等一系列的动态而津津乐道。到最后，在我们收获了自己高中年华的果实的同时，我们的小西瓜藤也结出了好多小西瓜。

还记得那时候，班上订了很多杂志报纸，闲来无事就翻翻，再在上面写写画画，各种评论，或戏谑或严肃，百家争鸣。

还记得那个时候，周围遇到了一些相当好的同道中人，组成自己的学习小组。没有攀比，没有自私，没有掩饰，可以尽情地倾吐对压力的控诉；总是能分享杂志上好笑的段子笑得趴在桌子上；可以你教我数学，我教你英语，她教我们政史地；可以互相修改作文，解答错题，共同进步……

在我看来，527之所以在我们的脑海里能成为美好的回忆，之所以能让文科的学弟学妹们看到生的曙光，让老师父母和我们大家都收获了回报，是因为我们有着一般的班级所没有的一些东西：家的感觉，集体荣誉感，层出不穷的学习制度……但最重要的是我们都拥有一颗向上的心。有了这样一种信念，我们忍受了长久埋在土壤地下的黑暗，有了一起奋斗的坚持，每天默默地吸收养料，终于等来了破土的一天。

去年，在学校绽放烟花的时候，我们静静地坐在教室里自习，因为我们深深地知道，我们的未来就像大雾迷茫的道路，前途未卜。今年，我们一中文科终于以自己多年的努力，让一中的烟花傲然绽放在郴州上空，这烟花，终于是为我们，而绚烂。

4. 享受成长，享受527

□余姿璇

我常想着，我与527的缘分大概在三年前踏进门口的一刻就注定了吧。而三年来的起起伏伏、喜喜忧忧到现在都化作一抹温柔填入心中，被我不时拿出来细细品味、深深思考。渐渐地，527由一串数字升华为一分力量、一种精神。我从中收获良多，无论是学习上抑或是生活里。

在与老师、同学的探索中，我体悟到学习的灵魂——主动。我喜欢上讲台询问内容和方法的细节，常常和同学在老师周围形成包围圈。直至两师会晤，大家才会心而笑，一一散开。我也享受每周一次与四个女孩儿揪着文综卷子，针尖对锋芒，留下的却是一次次的更默契、更准确、更深入。人与人的交流必将碰撞出思维的火花，这需要大家各向前迈出一步。主动学习，化解过程中的枯燥与艰苦，带来乐趣与高效率，可称为最佳方法。这样的方法我应铭记于心，它对我的大学乃至社会工作必将大有裨益。

　　我也认识到，最重要的学习态度是自信与坚持。没有自信，习惯于仰望四周，容易迷失了自己的方向；没有坚持，节奏紊乱，时常会陷入泥淖。这是从无数次的看书、听讲、作业经验中得来。我也不会忘记，在"每日一讲"中，我面对着全班勇敢表达自己的心声，那是自信的出演；在近40度的三伏和降至0度的三九，大家仍端坐于教室自习，读书声琅琅，只有翻页落笔音，那是坚持的力量。

　　在学习过程中，我有着许多的感动与感激。老师一次次传道解惑，同学将他们的精华分享，校长与其他师长给予关注与建议，爸爸妈妈更是我们的坚强后盾。还有我自己，也不停地自我鼓励。而在日常生活中，这些感动与感激延续着，无处不在。

　　还记得高二时的"一中杯"吗？我们的"班宝"男将高矮胖瘦全部上

了场，面对凶猛的理科班男生，他们奋力抢球尽力奔跑竭力投篮。周围的女同胞们也全丢了"淑女风范"，合手倾身纵情嘶吼着："527加油！527加油！"那声音穿越了空间，穿透了每个人的心灵，我们赢了！

还记得我的那次放弃吗？那是527文科班组建不久后，面对一些同学的抱怨与不配合，我身心俱疲，直接进了班主任办公室，说："周老师，我不想干卫生委员这个工作了。"周老师说声好，就沉默了。下午，他竟为此开了班会。开头的那句话我记得清楚："余姿璇上午和我说了这事后我一整天都心不在焉。"我就埋下头哭了，只觉委屈。何人能理解我的辛苦与不易呢？他接着又表达对我的信任与支持，委婉地批评了同学们。我何德何能？真是矛盾。我还是继续干下去了，搞卫生这事从此非常顺利了，我们班也受表扬。这件事让我印象最深的除了自己的难过还有老师同学们事后的态度。老师时常来了解我的困难，同学们搞卫生时也展现笑颜，耐心接受我的"吹毛求疵"，还调侃着"全心全意为卫生工作服务"。有此可敬的老师与可爱的同学，我又何其幸运！

我还记得跑1500米时耳边声声的"加油！超过她！"，在这样的鼓励下我得第二名；我还记得食堂里阅览室里家长送的"爱心餐"以及分享食物时的欢声笑语；我还记得星空下一排的人在回家路上谈运动、明星与未来，豪情万丈……

我知道，这份回忆的快乐将永藏心中，527独有的活力与积极、激情与拼搏全将化作力量与精神融入我的血骨中，伴随我走过人生的春夏秋冬。

愿527班友谊长存！

5. 十八岁的天空

□陈红惠

十八岁的天空，充满着理想与希望。我们一路走来……

巾帼之营——四〇二

四〇二，是高二时我们班的女生寝室。因为人多，查寝室的老师还特意提醒过我们要保持好内务。好在寝室里有几个"卫生标兵"做榜样，优秀内务栏里总能看到我们寝室的名字。

十一个女孩凑在一间寝室，热闹是自然的。夏天，晚自习后，大家洗着衣服，水流声与谈话声相扣，倒也聊解闷热；喜欢关注T台的，也会"人来疯"般三五成群地表演时装秀；知识储备足的，也会拿出摘录本，用那种鲜为人知的问题来做问答；有人要参加学校举行的活动，大家便都当起了评委；西瓜上市的时候，每天都会有人买些西瓜，全寝室的人凑在一起吃得稀里哗啦……

但人多也带来了麻烦，因为只有两间浴室，供水时间又固定在下午放学后，为了赶在晚自习之前的这一个多小时内吃完晚餐又洗完澡，从下课铃响，我们每个便开始狂奔，几分钟内完成从教学楼五楼到宿舍四楼，马不停蹄，因而练就了短跑神功。在校运动会的接力赛上，我们寝室的女生也一显身手呢！想起那段疯狂追逐的经历，感觉还是很温馨的。

别开生面的脱口秀

因为班主任是语文老师，他的课也按我们班的特点而量身打造了一番。最特别的应属课前那几分钟的演讲了。演讲者按学号顺序来排，当天演讲的同学会事先写一句警言在黑板的一侧，与其演讲内容相呼应。我们将它抄写下来，思考着，期待着。直到演讲者站上讲台，大家报以热烈的掌声，然后饶有兴趣地欣赏聆听。有脱了稿侃侃而谈的，也有拿着精心准备的稿子朗读的。四十八个人共作了几百次的演讲，内容有人生哲思，自然与社会，感恩亲友，以及备战高考。这些警句，如今看来已不仅是作文素材的积累，更是对共同奋斗的时光的见证。翻看笔记本上的这些话，想起相关的人和事，想起演讲时的场景，还有自己的感悟，这何尝不是人生的一笔财富呢？

化整为零，交流提升

高考前为缓解压力，我们常会开一些关于高考的玩笑。比如："六月八号考完文综，大家不要忘了来教室。""干什么？""对选择题答案啊，然后讨论错题。不懂的再问老师。"你可能会说，这算什么玩笑，但我们知道玩笑来由的人就会觉得这个是玩笑。

因为进入高三，文综套题多，选择题也多，老师若统一讲解会很费时，效率低。因而老师将我们四十人分为八个团队，文综一考完，课代表会在黑板上写下选择题答案，各个团队解决队内成员的问题，在交流讨论中需要老师讲解的问题，交由老师在课堂上集中讲解。这样，老师和我们都节省了时间，效果也不错。后来，我们私下里又组建了两个小团队，利用自习时间，举一反三地组织语数外三门学科的考试与讨论，以增加训练强度，确保齐头并进，以决胜高考。

正所谓，有志者，事竟成；苦心人，天不负。我们最终也交上了一份满意的高考答卷。

对于五二七，我自豪、骄傲、感激和感动。就像毕业留影上那四十八张"露齿"的笑脸给人带来的直观感受一样，我们由衷的高兴。十八岁，带着五二七，带着五二七给予我的一切，我真的毕业了，长大了。再相会，永远的五二七。

6. 永远爱你，最好的527……

□曹梦真

依然记得两年前一个明媚的上午，在拥挤的人群中，我心怀忐忑地看见了自己的名字出现在527班的名单中。是的，就是527班，一个最优秀的文科班集体。

走过匆匆的、忙碌的、不平凡的高三，心中感慨万千。记得高考最后一门考试结束后，下起了小雨，我和吴老师，还有几位同学在一起聊天，内容已记不清楚，只记得是很轻松、很愉快地聊天。走出校门的那一刻，忽然发现我的中学生活结束了，十二年的漫漫求学路也和我说再见了。再也不能聆听老师的谆谆教诲，再也不能在课间和同学们嬉戏打闹，再也不能经历试卷满天飞舞的哀嚎……我想，在未来疲惫的时候，我会深深地怀念充实、愉悦、美好的高中生活。

感恩老师

因为老师的鼓励，我才能勇往直前；因为老师的付出，我才能更加坚持；因为老师们的指引，我对未来才更加充满信心。是的，有了他们，我才能一路走来，才能在美丽的杭州享受精彩的大学生活。

考完高考后，有一天，我回到了第一教学楼，踏上台阶，首先看见的是文综办公室。在这里，我曾经看着何老师、吴老师、罗老师忙碌的身影，听着他们的谆谆教导，感受到他们永远无私的操劳和奉献。曾经因我历史基础知识不熟练，何老师一次又一次摇头叹息："课本知识不熟练"，于是我在上学的路上还在背诵历史课文。曾经因在考试中容易题出错，而受到吴老师的教导："从这里就可以看出，你欠缺哪方面的知识"，于是我可以花上一个晚自习疯狂地做同一类型的地理题目。曾经因政治计算题难以过关，而多次追着罗老师问问题，一个问题反复问几遍是常有的事情。走在空旷的楼梯上，似乎还可以看见自己下课后，以百米冲刺的速度冲进文综办公室的身影。

继续往上来到四楼，这里是英语老师李老师的办公室。现在，我还一直记得李老师明媚的微笑。无论我一次问多少英语问题，有时候甚至是一次就有二十几道问题，她一直都非常有耐心地教导我。而英语课的话剧表演和海报设计绝对是高中刻苦学习之余的搞笑时间，课堂上不再是安静无声，欢快的笑声充满着整个教室。再往上走就是五楼办公室，这是班主任周老师和数学老师杨老师的办公室。周老师是一位是非常负责的老师，他无时不在想着如何才能让我们有一个更好的学习环境，一直关心着我们的身体健康，反复强调，安全最重要，学习是第二。他的话语现在还时时响彻在耳边，激励着我不断追求更高的目标。周老师不仅关注我们的学习，更关注我们的生活点滴。同学之间的矛盾，最近的天气情况，家里的生活条件，尽一切可能为我们营造一个单纯的学习和生活环境。杨老师是数学老师，数学一般都是文科生的弱点，很多同学甚至对它产生恐惧的心理。杨老师非常有方法，首先告诉我们的并不是数学知识，而是努力破除我们对数学的畏难情绪。甚至还专门整理了智力测验的题目，希望可以提升我们的智商。数不尽的数学试卷，都是他辛苦找来的。此外，杨老师是一位非常勤奋的老师，说起来也有些惭愧，在大多数的时间里，杨老师不是到得比我早，就是和我同时到教室。放假的时候，我来学校自习也总是能看见杨老师在办公室里积极准备教学资料的身影。

还有许多老师值得我感谢，夏校长对我们班的严格要求不断提升着我们的战斗力，曾校长在考试之前的话极大地鼓舞了我们的士气，刘老师帮助我们获得了许多优越的学习条件……

在527的日子里，忙碌却快乐无比

高三的清晨重复着同样的故事，早起赶往学校，匆匆买好早餐，奔进校园。教学楼前几个大字依旧夺人眼球，每读一次都会有热血沸腾的感觉"不苦不累高三无味，不拼不搏一生白活"。跑步进教室，却发现有许多同学已经开始大声早读。而早餐买好了也只是放在一边，赶忙拿出课本，开始了将近一个小时的背记历程。等上第一节课的老师走进教室，同学们才缓慢地停下来。课堂上，我们保持绝对的安静，认认真真，所有人都抬起头盯着老师，生怕自己漏掉老师所讲的每一个知识点。第一节下课后，可以说是固定的早餐时间，只见同学们埋头努力吃着早餐，偶尔还会议论议论今天早餐的味道如何。第二节课后，我会箭一般地冲出去，抓紧这十五分钟问老师问题，一般情况下，是和好几个同学赛跑，先到先问，谁也不甘落后。第三节课后，一般是去操场做广播操。但是我现在还记得，有一次班上许多同学为了争取多一点的学习时间而逃避做操，结果全班被罚跑步的情景。同学们就是这样刻苦，不放过一分一秒努力读书。上午的放学铃声响起，仍会有一部分同学留在教室里，继续自习半个小时。而我一般情况下是按时回家，但我喜欢在回家的路上背背知识点，听听英语听力。午餐后，我喜欢睡午觉，为即将到来的下午学习准备好充足的精力。

当自己全身心投入某件事情的时候会发现时间过得飞快，下午的放学铃声响起，527班所独有的风景再次出现，在食堂吃晚餐的同学立刻丢下手中的书和笔，夺路狂奔，只见以段妍芬、涂欢为首的食堂党冲在所有高三学生的最前面，一边跑还要一边呼朋引伴，迅速打好饭菜开始狼吞虎咽。在这里，我很感谢我的饭友——刘胤佐同学，谢谢他每次都帮我打好汤，虽然打汤的水平远不如刘丽鹏和张笑雪。虽然食堂的饭菜一般，但是我们还有刘芳家的腌鱼，钟南海家的牛排……感谢大家的分享，这些美味使527班的食堂晚餐永远不会缺少欢声笑语。

轻松却迅速，晚餐一般是在20分钟内解决，其中包括来回教室的时间，而速度快的原因只有一个——节约更多的时间用来读书。晚饭后，又到了527特有的晚读时间，我曾经有过连续读书一个半小时的经历，读完后，确实有些疲惫，但是非常充实。整间教室充满了琅琅书声，英语、历史、地理、政治……你方唱罢，我方登场，同学们或坐或站，或大声或默默。习惯不同，但神情却同样严肃，认真。一旦到了六点半晚自习的时间，同学们便停止读书开始安静地自习，中间真的实现了无缝对接。第一节晚自习下课后，有的同学会去操场跑步，抓紧时间锻炼身体。而我喜欢吃一个水果，然后，开始跳绳，让自己僵硬了一天的身体活动活动。等第二节课上课铃一响，就会继续自习。自习的时候非常关键，我喜欢全神投入的感觉，绝不会吃东西、聊天，耽误自己学习不说，还影响周围同学的学习。晚自习下课的铃声一响，我就会和几个同路的同学回家，在路上聊天，讲笑话，说一说最近自己遇到的囧事，然后，一起哈哈大笑。这应该是一天之中最轻松的时刻，没有试卷，没有考试，没有高考，只是天南海北的聊天。但是我们必须知道，还有相当一部分同学十分刻苦，一直会留到教室熄灯的时候才走。

学习的效果如何，最需要考试检验。虽然不断地告诉自己考试的分数不重要，错题才是最重要的。可是每当周老师手拿成绩单步入教室，依旧可以感觉到心跳加速，班上的气氛骤然紧张。周老师每次会先把前二十名的同学名字念一遍，然后是各科的第一名，再感叹一句，每一次的排名变动都很大，最后，鼓励我们胜不骄、败不馁。每次的情形大体一样。一次考试的结束往往意味着下一次考试的开始，大部分同学的心态都是很好的，听完上次考试成绩后，就开始投入新的学习阶段。

学校在离高考还剩一百天的时候举行了誓师大会，现在想想似乎还发生在昨天。开完会后，每位同学都收到了一本免费的杂志，杂志的背面有一张高考百日倒计时的日历，同学们大都将杂志扔了，唯独留下这一张日历，贴在课桌上，每过完一天就把那一天的日期划掉。说实话，划日期也是惊心动魄的。我曾经有一段时间不敢看这张日历，因为时间实在是太快了，好像上一次看的时候还剩下八十几天，怎么没过多久就只剩下六十几天。

实际上，每一位有上进心的同学都会认为时间不够，时间太快了。总是觉得自己比别人少学了一个小时，甚至是少学了一天。有这样想法的同学很好，如果身处于有这样想法的一个集体就更好了。在527，许多同学都有这样的危机感，于是越来越多的同学放弃了周六唯一一个晚上的休息时间，也放弃了星期天下午的半天休息，更放弃了端午节、中秋节这些与家人团聚的日子。人是会被影响的。我很喜欢看漫画和小说，连高三的时候也总是心里痒痒的。可是在我看小说时，其他同学努力学习的背影总是浮现在眼前。于是，我也背上书包，带着辅导书奔向教室，将自己的休息时间交给高考复习。

离高考还有一个月的时候，大部分同学的吃饭问题都由爸爸妈妈送饭解决。最热闹的一定是晚餐的时候，七八位同学将自己的饭盒拼在一起，你吃我的菜，我吃你的菜，时不时还开一些小玩笑，整间教室充满了欢声笑语。最后的日子没有暗无天日的苦闷，也许因为自己是幸运的，拥有激情四射的老师，乐观开朗的同学。在学习的时候，我可以专心致志；在娱乐的时候，我可以放声大笑。快高考之前，神曲——《最炫民族风》，在班上流行起来，527班的同学都是极具娱乐精神的，决定将它定为班歌。感谢何景同学在晚自习后放起快进版的《最炫民族风》，令神曲"神"的程度更上一层楼，听到的同学都会忍俊不禁，这为一天紧张的学习带来很好的放松效果。

考场上，我们班是绝对的主角，看排名表，一般只注意有几个同学不是我们班的。如果你认为我们只会读书那就大错特错了。运动会的成绩仅次于两个体育特长班。唱歌比赛、演讲比赛、知识竞答都有我们的身影。团委、学生会、广播站……各种学生组织都可以体现出我们强大的社交能力。最能突出我们班特色的当属527微电影——《殊途同归》，毕业时已经推出了第二部，据说还会有第三部，里面记录着在527的青春岁月，我无论看多少次都不会感到疲倦。

仼时光匆匆流去，我对527的老师、同学们的真情永不变。

如果要为这一份情谊加一个期限，那么我希望是一万年。

永远爱你，最好的527……

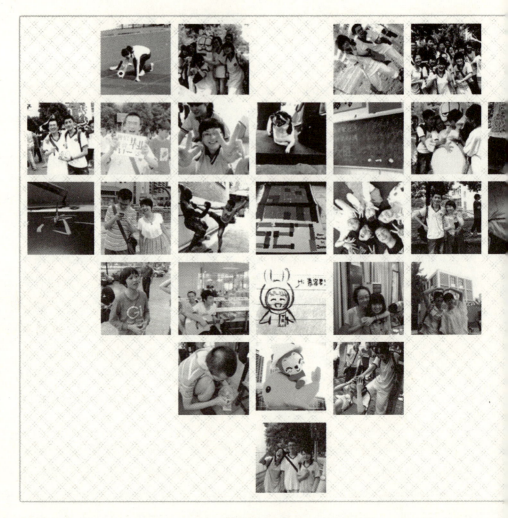

7. 单纯一点

□许珮瑶

塔可夫斯基说："生活中最有力的人，就是那些直到死的那一刻都保持着孩子般单纯信念的人。"

——题记

回首在527的两年里，单纯一点，实在是最好的心态。

熟悉我的人都知道，我并不是一个十足的好学生。成绩不够好，其实也是因为一开始我不够单纯吧。在高二，我看漫画写小说，把学习放在第二位，逃避自己的弱势科目数学，在上课的时候打盹。早自习迟到，晚自习早退，得过且过。当然，做鸵鸟的下场很惨烈。看着自己日益下降的分数，却不以为然。

直到高三，我的梦境被残酷地击破。我急躁，我失眠，却苦于不知道如何摆脱，曾经一度厌学。那个冬天，我过得很难熬。尤其是自主招生的失败，让我清楚地看到了我的差距，我再也无法自欺欺人，再也没有退路。

寒假里，我重温了一遍《莫斯科保卫战》，告诉自己，你已经无路可退。

寒假过后很快就是新的学期，最后的学期。我抛却天真，变得冷酷而无情。我开始拒绝和朋友同行。我开始习惯于在晚上12点以后睡觉。我开始借同学的试卷分析自己的失误，一遍又一遍观摩班上佼佼者的作业和笔记，并且使尽全力向他们靠齐。我不再在早自习迟到，不再在晚上10点之前离开教室，走在路上都拿着单词本。我专门拿出一个本子把自己的时间安排得满满当当，我扔掉所有的漫画，再也不去看自己的小说，买回了一本本参考书和试卷。

我把一些句子和文章抄在自己的笔记本上。当我想要休息，笔记本说："即使现在对手也不停地翻动书页。"当我想要睡觉时，笔记本提醒我："此时打盹你将做梦，此时学习你将圆梦。"当我丧气时，笔记本鼓励我："为时已晚恰恰是最早的时候。"当我疲惫的时候，我也会停下来翻开笔记本看看前辈们的故事，看他们奋斗，看他们挣扎，我也会拿出自己的试卷，默算与理想大学的差距。

钟南海说，高三是孤独的旅程。但实际上，如果是我一个人，我肯定做不到。

我有很多好老师，他们耐心地解答我的疑问，带领着我在题海中跋涉。我有一个优秀的班主任，他不爱计较我的迟到，但是他却为我们527争得了先机。周老师从高二就开始加快进度，时值金融危机，正是"弯道超车"概念满天飞的时候，而我们就趁着其他人在高二放松的时候疯狂前进，这使得我们在高三最后整整多出了一个学期的复习时间。而我的觉醒和飞跃也正是发生在这个堪称完全自主的学期。

有了前三个学期打下的坚实基础和老师们培养的良好素质，我很快就找到自己的优点和缺点。比如文综，是可以发扬的优点，比如数学，是要重点突破的弱势科目。说到这里就不能不提在最后一个学期给予我最大帮助的联盟。先是文综联盟，我们在学校每周两次的高强度文综训练之外自行组织了两次文综考试，用的是何景辛苦找来的非常优秀的模拟卷和高考真题，我们自己进行了高考全真模拟，一样是两个半小时，一样是标准答题卡。考完之后，拿出标准答案，按高考改卷的方法进行交换阅卷，在批改试卷的同时也看到了别人的答题思路，而在稍后的讨论中更能结合全联盟的思考，探索出最好的解题思路和答题方式。这样的训练不仅使我们提前适应了高考，而且也开拓了我们的视野。可以说，在高考之前，我们已经见过了各式各样的怪题偏题。这也是我在高考中心情平静的重要原因。

以上的一切，都说明527的奇迹不是偶然，我的也不是。有很多人说我是传说中的黑马，有很多人说我超常发挥，但是一起奋斗过的盟友们了解我的付出。一分耕耘一分收获，如果不是我最后抛弃了一切杂念，真正做到了心无旁骛，也就是标题所说的单纯一点。如果不是高二时打下了良好基础。如果不是在527这样一个纯洁的班集体，我想，不会有我这篇文章吧。

单纯一点，再单纯一点，静下心来，搞学习，这就是高考的秘诀，没有捷径。

8. 相聚，是为了更好的分离

□刘韬

我只是这茫茫人海的一位过客，你不必知晓我将前往何处，但你必须清楚我来自何方。

——题记

（一）我们飒爽英姿，因为我们是527人

得知要代表年级参加体操比赛，我感到身体每个细胞都充盈着兴奋，望着同学们的神情，我知道我们不会怀疑自己到底行不行，因为一种强大

的责任感正指引我们走向成功!

当这一天终于到来，当广播响起"下面上场的是527班"，我的心跳开始加快，我听见全场的尖叫欢呼，仿佛全世界都在仰视我们。很快，我们身着清爽的校服出现在赛场，我们一步步向主席台走去，也向成功迈进!

一曲音乐结束，全场再次响起雷鸣般的掌声，有那么一刹那，我真想狂奔一圈并大喊527赢了!可是我没有，因为我们是527人。我们训练有素，任何时候都是别人的榜样!

结果令人屏息，却也有些许遗憾，誓要登顶的我们与头彩擦肩而过，可是，我不会忘记每一个训练的日子，我不会忘记体育委员一次又一次教导不熟悉动作的同学，我更不会忘记大家团结一致的决心!

那么，无论名次是多少，都不重要了，不是么?

（二）我们滔滔不绝，因为我们是527人

回想每一次语文课，就像品读一篇篇美文，每一次开头都那么出人意料。

我一共进行了三次课前演讲，尽管和朋友抱怨过准备演讲稿多么费神，但心里更多的是喜悦，喜在又多一次锻炼文笔的机会，悦在又多一次登上展现自己的舞台。

当我站在讲台上滔滔不绝时，脚会不由自主地颤抖，发音也不那么标准，可我却不会泄气，我看到同学们一双双注视的眼睛，我看到老师一次次按掉来电认真倾听，那一刻，我多么幸福!

他们在倾听我，他们在鼓励我，他们在肯定我!

希望527的课前警言一直传递下去，警示每一个人每一天慎言慎行。

希望多年后，老师能脱口而出每个人的每日警言。

(三) 我们奇思妙想，因为我们是527人

康乃馨，贺卡，"春蚕到死丝方尽，蜡炬成灰泪始干"……教师节这些传统的戏码配不上奇思妙想的527人。

我想起班长兴奋地回来，"我搞到老师们的早年照片了!"我们像一群诡计得逞的小顽皮，聚在一起哈哈大笑。紧接着，我们开始写给老师的

话，一个传一个，那么认真，谁也不愿意敷衍。

这一字一句，我相信比机械的祝老师节日快乐要亲切千倍万倍。

当我看见老师们看见好老师证上自己略显青涩的照片哈哈大笑，当老师们笑着看过大家的话鸡皮疙瘩掉了一地，当老师们像父母一样盼我们成才的时候，我明白我们给的不仅仅是祝福、惊喜、欢乐，更是感动、满足与自豪!

（四）我们情深意长，因为我们是527人

当大屏幕播放《殊途同归》，我很惊喜。从某种意义来说，我参演了生平第一部电影，哈哈，多么自豪!可是放到尾声，我却和同桌一样潸然泪下。

这是一种熟悉的眼泪，为527流的眼泪。

脑海里回放曾经的点点滴滴。

那一次，班主任搬回来两箱苹果作为体操比赛的奖励，"如果大家吃得好，我这个后勤队长就再去买!"听着班主任的话，捧着分给我的苹果，咬一口，我从来没吃过这样好滋味的苹果!

那一次，班长搬来一箱鲜桃，说是LMJ送来给我们的。

那一次，ZNH背来几个麻袋，一个座位一个座位地发脐橙。

那一次，CMZ的爸爸带来冰淇淋给我们解暑。

那一次，晚自习几个同学带来花露水驱蚊，整个暑假留给我的是六神的香气。

那几次，同学过生日全班发零食……

一个朋友跟我说，好羡慕你们班，这么多东西一起吃!

我笑笑，因为我们是527人啊!我们是一家人啊!

（五）我们不屈不挠，因为我们是527人

文科班女多男少并不稀奇，而我们班的九大金刚个个阳光多才，每每回看我和九大金刚的合影，我总是忍不住笑起来。

我不知道九大金刚记不记得"一中杯"，是的，多少人等着看我们笑话。可是结果又怎么样呢?我们绝不会退缩!我们不是一群书呆子!我们能文能

武，奋勇直前!

九大金刚霸气迎战，就算会输战术，但绝不输气场!

一场又一场，我们比得艰辛，但震彻球场的"527加油！"已是最好的回报!我近乎疯狂地吼叫着加油，因为我知道每一分赢得都不容易。

暮色将近，裁判一声口哨，我们大比分输给对手，但是没有一个人敢否定。我们没有因为无法组队而弃权的那一刻起，就已经是赢家!

我们不是九个人在比，是整个527在挥汗如雨!

（六）尾声

昨晚，我好像做了一个很长的梦。

我梦见班外的迎春花开得正盛，历史老师曾经说的，每一届，花开得最好的班考得也最好。

我梦见班宝小西瓜长得很大很大，班主任说，大家停下笔来，快来尝尝!

我梦见小组长说，你怎么迟到啊，快拿好文综卷子到隔壁来讨论!

我梦见窦超来我们班了，说我在北京等着你们。

我梦见我发现班主任来拍照了，赶紧偷偷理了理头发。

我梦见校长来我们班给我们鼓劲加油，我们的掌声把全年级同学吸引来了。

我梦见班主任拿着发烫的成绩单，开始报名次。

我梦见别的同学又说，刚刚要吃早餐，被你们班的早读声吓一跳。

……

然后我醒了，好像意犹未尽。

一看钟，啊，已经八点了!

拉开窗帘，阳光正好，是啊，我已经毕业了啊。

我再也不需要早起赶到五楼去早读了。

我再也不需要打电话告诉班主任我不去晚自习了。

我再也不需要在大扫除时用小抹布用力地擦窗户了。

我再也不需要吃完晚饭和理科生抢自习室背书了。

我再也不需要进行每周527周练了。

我再也不需要冲向办公室问题目了。

……

可是，人生不就是这样吗，走走停停，来来去去。

每一段年华都是一次旅程，旖旎消残，但心已留痕。

我们相聚在527，精雕细琢，就是为了在这个六月骄傲地踏上未来的路！

岁月已去，不忘那些青春燃烧闪耀的点滴。

岁月已去，不忘严谨认真的周天子，

不忘自信智慧的发哥，

不忘优雅从容的湘玲姐，

不忘开朗乐观的春红姐，

不忘泼辣直爽的"妹姐"，

不忘幽默憨厚的爱国哥。

岁月已去，不忘1234527！

9. 春在寒梅落尽时

□邝琳雅

曾经你我，曾经感慨，曾经抱怨，曾经欢乐，如今只剩满腔留恋……

一中留给我们太多说不尽道不完的故事。

我相信，我们留给一中的也远不止是一张红榜的记忆。

踱步绿荫小道，似乎还能感受到几个月前备考的身影与我擦肩而过，如今身着蓝蓝校服的日子渐行渐远了。

放眼红白操场，军训校运会历历在目，汗水和泪水汇在一块的时光已经驻留身后，奔跑如风的我们正青春激扬。

还有无数你我他，昨日的欢笑、惆怅或是热泪，已然定格。明天，我们就要奔向各自的未来，天南地北，我们后会有期。

回溯3年前自己那张懵懂的面孔，对于生疏的环境竟然有些不知所措。记得自己参加学生会面试时的胆怯，卫生大扫除时的蛮劲，感慨万千的考试。记得窗前苦读的同学，夜里挑灯的室友，孜孜不倦的导师。还记得教室里抵不住炎炎夏日的风扇，挡不住冬日里北风的门窗。还记得琅琅书声的早晨，橘色路灯的深夜。还记得小卖部的饼干泡面和投币式奶茶，食堂2楼的菜总比1楼要好吃，宿舍的高歌和人工闹钟，校外思源里最新一期的《读者》、《意林》和校外饭馆的学生餐……

毅然决然地选择文科并且有幸步入527这个大家庭里，我依然记得父亲的那句话"修行在个人"，以及周老的一番话，意味深长。最让我吃惊的是周老用了一上午时间让同学们相互熟识，自己却一人独坐。接下来的两年里，我渐渐觉得周老可敬可爱，正如他当初对我所说的"别看我平时挺严的，其实我是个挺可爱的人。"酱色肤色的他总会挂着笑意，不论是班级处于高压状态还是顶峰时期，周老总会针对不同时期进行特别部署或是在深思熟虑后召开班级会议。他的很多话已经烙印在49个人的心坎上了，但是现在却很难听见这贴心的话、这温和声音了。

"有所为，有所不为，每天离梦想近一点"，相对于豪言壮志，周老更青睐每天的行动和捕捉细微之处，并且时刻叮嘱我们的安全问题甚至是生活起居，周老视我们为孩子、待我们为儿女之心无须言语，从眼神中便知。

在周老的大方向"领导"下，各科老师全力以赴，527师生团队里，在外人看来是份荣耀和幸运，在我看来更多的是感动和感激。因为我们收获的是一份沉甸甸的真情，是一段难忘的成长经历，是对意志力的磨炼，是对信念的坚守。527的很多日子，是让人终生难忘的。

2010. 11. 11

纪念527在第一次校运会荣获年级总分第三名。

这个仅有9名男生的文科班竟爆发了自己的小宇宙！赛场上拉拉队加油声响彻篮球场上空，我们坚持不懈拼尽全力。接力赛、袋鼠跳、田径赛、集体跳绳，种种项目都有我们的身影，飘荡于校园的527的呐喊声足以证明我们能行！团结就是力量！

2011. 05. 27

纪念527《殊途同归 I 》首映。这是属于我们的独家记忆。这一天，我们聚在一块，用我们的方式回忆过去的时光。

2011. 07

学业水平测试后，大家又投入紧张有序的复习中，在旋转楼梯自习几日后又搬到了高三的最后阵营即第一栋教学楼5楼的最东边。不久后，将隔壁教室"收入囊中"变成了阅览室，在书刊报纸中我们更能熟知外界的动静，也不失为学习之余的放松。黑板上每日一更新的语录传统渐渐淡化。这是周老为了腾出更多时间和空间来让我们自由支配。于是在高三下学期，527的身影已然分布在5楼6个教室。

2011. 11. 03

纪念527第二次校运会后在校训碑前集体留影。

阔别一年的我们在赛场上不输前一年的风采，南海在操场上响亮地喊出527口号"人心齐泰山移1234527！"拉拉队的脚步紧随运动健儿，携手助威，527的精神在这片绿茵草地上发芽成长……

在校训碑"励学力行"前，每个人都明白其中的深意。

2012. 01

位于实验楼2楼最西边，我们"寒窗"苦读。埋头苦读才是学者的姿态，争分夺秒才是赢家的秘诀。我似乎能听到雪落在铁树上的声音；我似乎能看见同学们小心翼翼踩着融雪的路来上晚自习；我似乎正抱着一摞书走夜路还担心遇上野猫。但这些也只能是怀念了。

2012. 02. 05

高三下学期是紧张的，从每月两次大考到每周一次大考，尽管周老师说这都是"练习"。这种生活，在别人看来会很辛苦，但也是只有身在其中的人才能真正地苦中作乐，并且让其自然而然地成为习惯。对于这种学习强度的适应，让我们觉得每天都是充实又踏实，同时也是种难得的历练机遇！正值南方雨季的2月到4月里，阴雨并没有成为干扰，反倒是让人感觉凉爽和清新。"信心比黄金更重要！"杨老师字句铿锵。"让我们直面现实，让我们忠于理想，直到最后的胜利！"南海掷地有声。

2012. 06. 07—06. 08

高考期间，属于我们的独家记忆。

2012. 06. 26

重回校园，杨老师在黑板上写下对联：

上联：汇一中邃密群科；下联：居八方友谊长存，

横批：集大成得智慧。

没有任何华丽的辞藻，此时此刻，我心中只有万千感慨：

感谢三年来的高中经历，感谢父母和老师的付出，感谢同学们的关心。我想高中毕业我收获了太多无形的财富，步入大学只是人生的小小转折。海阔凭鱼跃，天高任鸟飞。春在寒梅落尽时，阳光总在风雨后。不管曾经的我们多么青涩，经历过多少曲折起伏，只有为梦想努力，只有敢为人先，才能拥有命运在握的明天！

因为信念，我们相识相知。

因为坚持，我们走在一起。

因为有你有我，527铭记于心。

天下没有不散的宴席，但愿人长久，千里共婵娟。

不说再见，我们后会有期！

10. 我在527

□段妍芬

当老师欣喜地告诉我今年全市文科前十名有九人在我们班上时，我的思绪一下便被拉回英语考试结束后的那个下午：日光柔和，所有的心思与负担在那一刻放下，奋力拼搏的三年，汗泪交加的六月，我的高中生涯就这样谢幕。

回忆起高中的生活，太多东西值得珍惜和怀恋。尤其是527，在这个班集体里，我们一路奔走，留下一串串脚印，一滴滴泪水……

选择，做好每一步

曾经有位重大的学姐来到班上交流，她说过的一句话让我记忆犹新：

选择好，才是最关键的。大学毕业后，在找工作与考研间，她毅然选择考研。尽管她的许多同学都选择了参加工作，但她觉得自己年纪还小，她有时间，有精力，更重要的是她不想留下遗憾。今天她已经是北师大的研究生了，回想起当初面临的艰难抉择，她深有感触。

我想，我理解这种勇气，因为类似的选择我也经历过。比如在分科时，尽管父母力劝我填理科，我还是郑重地写下了文科；又比如在自招的浪潮袭来全校时，我放弃了众多高校，选择了华南师大。我读文科，是因为我相信自己，且勇于尝试；参加华南师大的自主招生，也是在考虑了众多因素及自身的实力后，做出的选择。这些选择，或有背水一战的孤勇，但更多的是冷静分析后的结果。

人生有很多选择，把握好每一个选择，才不至于一步错，步步错。

坚守，奇迹就会发生

去年的这个时候，窗外烟火灿烂，窗内人心凉如水。文实的学长学姐在征战高考战场时失利，阴影笼罩在一中文科头上，亲眼目睹过学长学姐们失意表情的同学，沉重地告诉我们他永远也忘不了他们紧咬牙关，憋住满眶泪水的模样，有谁能忘记呢？可我们没有被击垮，纵使前路迷茫，只有咬牙前行，才可能成功。

一中校运会上，只有9个男生的527班凭着这份坚持和信仰拿到了第三名；校篮球赛上，我们也是凭借这样的勇气坚持到最后一秒，成功晋级。这类许多老师可能不以为然的集体活动带给我们的是不断增强的抗打击能力和不断提高的团体意识。这种精神在高三的最后一个月里发挥了巨大的作用：有苦有累，可我们绝不放弃！

正因为相信，所以我们坚守；正因为坚守，所以我们成功。

老师，亮在前方的一盏灯

建班伊始，班主任就对我们这个新团体有了许多建设性的规划。在学习方面，老师争取条件，为我们开辟了一个阅览室，并购置了大量书刊杂志。阅览室就是我们的小天地，在学习之余可以放松身心，开阔视野。高二时，语文课上，周老师安排了课前五分钟的演讲时间，由每人推荐一句话并写好讲稿，当堂演讲。每人每天一句名言，再配上精彩的演说，大大地丰富了我们的精神世界，且个人的自信度和演说能力也在不断提高。在班主任的组织下，各科任老师在百忙中抽出时间为我们精心挑选阅读资料，鼓励我们扩大阅读量，成为一个博学广识的人。在班级管理方面，班主任采取的是"放羊式管理"。他既没有给出硬性的职责规定，也不会要求管理者事事到位。他只是在一旁指导我们，怎样花最少的时间和精力把事情办得最好，怎样在工作与学习之间找到平衡。

众多的新颖制度培养了我们良好的学习和生活习惯，而与老师间的融洽关系更是不断鞭策着我们前进。每一个老师都有自己的优点，每一个老师在我们心中也是独一无二的。正是因为这份相互爱护的独特心意，我们才能尽情施展自己的能力。

后记：我在527两年，时间不长也不短，然而两年间我学到的东西，太多；得到的东西，也太珍贵。高中时光，如火如电；青葱岁月，悠悠难忘。

11. 离阳光最近的地方

□黄雨默

（一）

无数次在清晨与许多陌生同学一同走进教学楼，但我知道他们都会在我身后停住脚步，因为我们的教室在顶楼，与四五间空教室和几株迎春花相伴，走廊上鲜有喧闹，朗朗书声唤醒朝阳，开启我们每一个早晨。

我不会忘记那个曾有49颗灵动的心追寻梦想的教室，位于顶楼的527教室是所有文科班里离阳光最近的地方，也是大家结束长期黑暗中的压抑和摸索，最终走上闪耀新起点的地方。

（二）

文理分科后我为能留在这个熟悉的班级中学习而感到庆幸，新老师们的课程严谨且内容广博，从一开始就不曾放松对我们的要求；在连续高强度的上课和练习的过程中，新同学很快便互相接纳并融入集体。文科班527是特别的，她的教室在顶楼；她每周末都安排了至少两科的强化训练；她的平均成绩在年级永远遥遥领先；她的男女比例接近一比五，却是篮球赛与运动会的积极参赛分子，在别处绝对找不到更勇于拼搏的运动员和更卖力的拉拉队。

这就是我们可爱的班级。

我并没有从一开始就跟进，相反在由死记到活用的转化过程中，我付出了一次考试不及格的代价，周末文综强化训练在我眼中也一度是翻不过的王屋太行。只是每次看见那些埋头做题的背影，纸笔摩擦的沙沙声传入耳中，似无声流入心底的清泉具有沉静心灵的力量。这氛围让人为置身其中却无所事事而惭愧，让我不甘成为这集体中跟不上脚步的成员，从而有了前进的决心和勇气。

无论结果如何，这个集体成就了我。从高二开始就没有停息过的不断练习让我们在学考中取得超乎想象的好成绩，为高考打下坚实的基础，而那时咬牙做完所有练习的痛苦感觉却如雾气般淡化消散，为我们存放喜悦留出空间。

看，527就是这样一个勤奋的班级。

（三）

明媚的阳光与炽热的空气，教学楼前林荫道与斑驳的树影，还有走廊边大丛茂盛的迎春花枝，无声地迎接我们搬入新教室，进入高三学期。

教室仍然在顶楼，只是周围只有透明墙与空教室，感受不到从前被外班同学包围时的喧嚣，东北角的我们竟像处在一个幽深的世外桃源，平时同学之间相互交谈打闹，自娱自乐，走廊也能变成运动场，小花坛可以当菜园，隔壁教室更是被改造成图书馆+自习室，无论学习多紧张，我们都是快乐的。

体育刘典林老师和学生在一起

刚进高三的我们

水平依然有待提高，并不如我们自我感觉的那样好，但老师们为了维护我们的良好心态没有明说实情，而选择了直接"下手整治"。新一轮的强化训练轰轰烈烈地展开，白天考试，晚上自习，刚知晓旧成绩，新试卷就接踵而来，几乎没有空隙留给哀叹或欢喜。除了查漏补缺外，长时间考下来我们更是练就金刚般的意志，什么样的考试来临都不会在我们平静的心中带来起伏。当然说白了便是麻木，但这让我们披荆斩棘百毒不侵的麻木，未尝不是一种好心态。

　　顶着炎热干燥的夏日大家学习得热火朝天，而这时我的单科成绩还不太稳定，文综依旧是我的心头之痛，本想平分精力在每个学科上，但花在文综上的时间似乎永远不够，经常停留在中等偏下水平，再明显不过的软肋。不知是第几次面对又一个不上不下的分数时，我终于下决心花上一段时间全心和文综过招，不管我曾多么不想面对它，这回却不见成效决不放松。正好刚发下来几套文综试卷，我便将我接下来近一个星期的晚自习全部投在这些试卷上，每天的新任务绝不延迟。这样的短期练习虽然没有让成绩大幅提高，但全心的练习与思考减轻了我对文综的恐惧，让我渐渐燃起战胜这门弱项的勇气。所幸的是对文综的"偏心"没有影响到其他的科目，高三的上学期我的成绩渐渐稳定，我的心态也更加从容。

　　唯一的遗憾是，我始终没有勇气将疑难向老师多问，对语文作文上的缺陷也不敢正视，否则，结果或许会不一样吧……

　　已经不记得强化训练到底有多少，何时开始又何时结束，难度是一直上升，还是随时间而变动过？只记得我们按部就班一天天完成着练习复习，开始习惯每一天都相似的日子。冬天悄悄来临，我们又带上书本和热水壶暂时搬去了另一个教室，那里更宽敞且更安静，白天已无嘈杂，在夜晚，明亮的教室被窗内的寒意与窗外的黑暗包裹，宁静而又孤独。但是，我们是快乐的，只要你参观我们广播操比赛和运动会现场，观看我们运动会庆功会的录像，再看看同学们在走廊上跳绳和嬉闹，这些都能向你证明，这个处于教学楼东北角的班级中每天做大量功课的学生们是快乐的，生活充实并且心怀希望。冬天的太阳藏在云朵后，却也溜进我们心中发热发光。

　　春风轻轻拂过校园，教学楼的迎春花悄悄开了，一朵两朵生长绽放，小小的黄花后来几乎盖满了从楼下看好似绿瀑的枝条，老师说这是好兆头；同学随意埋下的西瓜籽竟发了芽，长出长长的青绿藤条，得到大家的关注与呵护。自然的馈赠亦成为生机与快乐的源泉。

但后来教室里同学的数量似乎随着温度的上升而减少，一个，两个，三个……有一天我抬头便毫无障碍地看到了坐在本列的第一位同学，此时教室里只有二十几个人，其他的同学分布在其他的几个空教室自习，除了上课很少回来……

后来大家课间很少再走动，一直一直坐在教室里埋头看书……

后来我们按高考时间表每天考试，上课时间越来越少……

这时我真正地感觉到了孤独，以及身在深海般的压抑。

但我明白这就是我们为高考而必须忍受的。所以什么都没多说，拿上书本继续未完成的任务……

（四）

527为高考付出的远不止这些，正因为这样，才能创造辉煌吧。

因此尽管我最后带着遗憾，但我仍要说527成功了。我们走出了阴暗的甬道，迎来了灿烂的阳光，这是个离阳光最近的地方。

还记得一位同学在黑板上写道："君乘车，我戴笠，他日相逢下车揖；君担簦，我跨马，他日相逢为君下。"

最后要对同学们说，希望未来再相逢时，我们都是快乐的。

12. 高三宣言：直到最后的胜利！

□逼仄黄昏（钟南海）

让我们面对现实，让我们忠于理想。

——切·格瓦拉

引

这是我语文课上的演讲（527传统，语文课前按学号上台发言，内容不限）。吊诡的是，第二天我们突然搬到一教五楼"藏"了起来，之后同学的讲话不了了之。这，算我走运吧。

我一直想警醒文科师生。壮士断腕，亡羊补牢，必须在痛定思痛之后，和光同尘之前。千万别高高捧起自己，真正成功前，所有吹捧都只是增加重力势能，以便从高空跌落后粉身碎骨。

一中是矛盾的。有人砺学力行，将校训碑作为人生里程碑；而更多的，或尤人怨天，宛如枯井里的贞子，或自暴自弃，将年少深埋苏母墓下。青春，可以孤独，绝不能荒芜。否则，荒废一生。

高三已满月。不久前，当我在2011届文实班门口，目睹一双双通红的泪眼和眼中不甘时，我开始断绝一切不劳而获的幻想。

我不相信上课看小说的人，能考过专心致志的人；我不相信动不动表决心秀成绩的人，不是在假模假式做表面工作；我不相信只会抄板书誊答案而从不重复与总结的人，学习效率能高过用心体会的人；我不相信上课睡觉下课游荡，右手手机左手MP4，挑吃挑穿听不进劝的人，能用这种"特立独行"赢得残酷的竞争；我不相信上课卿卿我我、恩恩爱爱，下课懒懒散散、无所事事，手里转着钢笔，心里念着美女的人，不是尸位素餐，瓦釜雷鸣。录取通知书永远不会白送给手捧杂志漫画的人、来得最迟溜得最早的人、在乎发型衣着身材长相远远超过在乎每天进步的人；富于尊严的未来永远不会眷顾没有实力却叫得最起的人、晚自习请假在家玩电脑却谎称自己生病的人、明知落后却从不寻求突破的人。高考是血腥的，一切事后声辩只是软弱的借口，一切伤痛一切眼泪全都无人关注无人喝彩。故，它绝不会容忍一群肥硕的井底之蛙，绝不会青睐金X力西X参生命X号和各式补习班（如果吃金X力能上大学，请让我每天吃1桶），绝不会让对痴想作弊、复读、打工的人有机可乘，也绝不会给平常数学不及格的差生一个超常发挥的幸运日，让他们灵光乍现高考数学一百五。

以上种种，都能与此对应，其中也包括我。请原谅我的直白，但目前，若妄言527能全班上重本，纯粹是做梦！我们总容易被短暂快乐冲昏头脑，谁都不同程度麻痹自己："我可是在文科实验527呢，老周说我可以打650。哈哈，老子天下无敌！"但当我们真正跳出眼下这口"井"，就会发现，我们的骄傲是如此卑贱——

我们面临的，是一中文科连续6年越趄不前的现实，前辈悲剧性的结尾仍横陈你我眼前。相反，当与湘北同学联系时，我总会在深深的羞愧和自责中放下电话。他们无一例外向我炫耀某某班平均分640如何如何，听筒这边的我脸由红转青，由青转黑……

或许，高考真有奇迹。可奇迹不可能落在平凡的527头上。所有奇迹，都不是突然发生的，只是迈入奇迹的最后那步最令人关注而已。当你落后时，千言万事，定要落在如何做得眼前事。这样你才知道前后人几何，才不会在数学60分时妄言130，才不会在总分不到六百时狂吼当中国高考状元。

那天清华的窦超学长来班里，有同学问我，为什么没有问窦超问题，没有请教他学习经验。原因之一是我清楚，窦超隐瞒了自己三年的创痛，而只把结果无限放大。这种结果对光说不做之人，只有流涎水梦一梦的份。而另外的原因，是我需要时间，从他提供的海量信息中提炼出对我真正有效的那部分。现在的我尚无能力，也无资格解构他的话，但我还是想把我的一些观念，结合己身实际广而告之，希望对大家有启发。

第一，要实现理想，就必须做你感到无聊甚至恐惧的事。对我而言，这句话经过合并同类项后，只剩两字：数学。我完全继承了老爸数学高考6分的天赋。做题、对答案、写试卷、更正试卷、补笔记、做错题本、背公式定理……我都要以魂兮归来哀江南的胸怀强坐桌前，咬牙切齿定计划、发毒誓。更糟的是，我基础奇差、效率奇低，大神20几秒解决的题，我把南墙撞成哭墙都难想出来。但，我牢记我的目标。虽仍遥不可及，可我已为此恶心两年，再来一年也没啥大不了，反正我脸皮天下最厚！很多人的经历告诉我，数学素养和文学素养一样，都不是天生的。能把无聊的事做得有激情，能把豪言壮语变成每天具体的纲目来实施，我有理由相信：这种人不可能有过不去的坎！

第二，绝不放弃希望。昨天29对我说："人大分数线643分，投档645分，怎么办？"我能理解她的忧虑。我之前最高620分，两次高三十二校联考都才530分多一点。超过前人并突破自己是绝对痛苦的，唯一的狭路仅一条——补弱科。高一以来我数学平均分不过80分，及格线都没到。老妈几次三番让我上补习班，我不屑一顾，因为明显这还没踏实做几道题来得有用。我的确痛恨现下的自己：无论身体还是心理，我这半成品都近似残次品；多少人削尖脑袋想考RUC，而我100%是其中数学最差的那个……但这些我都不怕。对于悲观主义者，理想这家伙危机四伏，只能缩短生命；

但你若忠于你的理想，就别屈从于眼前的困难，因为当你强大时，你会让它屈服于你。我罗列过接下40周将临的各种挑战：散光度数突破700度，咽炎、胃炎、中耳炎、鼻炎各种炎（还好没有脑炎），孤独，焦虑，畏惧，嫉妒，数学不及格，文综不拔尖，长时间原地踏步到竭蹶趋步，患得患失，埋怨指责父母，甚至看不到未来……这一切都是高三学子必须经历的，是注定降临的病态竞争。不过，我坚信自己，因为我有足够强大的后盾面对厄挫。这其中包括老师、父母、家庭成员——当然，最重要的家庭成员，还是你们。现在，我，已经准备好了。

第三，绝不放过机会。我曾有过参加考古夏令营的契机，但在种种阻挠下，还是被迫放弃。那之后我意识到，再也不能放任任何机会逃走，我输不起。（数学奥赛？固然极佳，但我无能为力。）为缓解数学这颗定时炸弹的威力，我选择了自主招生。寒假伊始，我就着手温习高一以来的自招数学题。虽然只粗略过了遍，留下些印象，但至少我确定了难度，初步掌握了一套迥异的话语系统。我在学生会两年，从招新、采访、校刊排版到各类活动策划，我积累了很多经验。上学期初，我这种爱怯场的人，硬着头皮准备演讲，结果却也出乎意料。学习之余，我也阅读过许多高校的简章，访问过人大招生网，并在向班里提供材料的同时，为自己准备另一些资料。（在此特别鸣谢我的母亲，不仅为班里做了很多工作，默默打印装订材料，还包容了我的所有缺点。）目前这些看起来很没用，但现在起，我们要冲刺自主招生了：复习数学、提高英语；准备自述材料，委托家长老师获取信息；积蓄实力，使自己成为准大学生；备齐证件证明证书，耐心等待，忽略成败。

第四，学会向前看，向他人学习。每天清晨，当我呼吸新鲜的汽车尾气狂奔时，我常看见19的自行车冲锋舟般忽倏而过。跑进教室，早早读书的同桌20一脸奸笑："你又来得比我晚啊！"下课想起身活动时，我会顺着20手指的方向，看见01、02、13、15、21，她们安静地奋笔疾书，甚至有时可以坐着读一整天。中午在校自习，我会看见不辍笔耕的12、32、44；晚自习前，我会看见埋头背书的08、09；当我自习累了，头抬起来就像要从脖子上掉下来时，我眼中总会浮现出李明键的身影。如果是他，他会抓紧所有时间刷题，晚自习奋战到群火熄灭。还有拥有极好学习习惯的

04，持之以恒的30，成绩一直名列前茅稳步向前的03、05、06，进步飞快的24、26、27、28、29、47……只有时常关注比自己做得好的人，我才不会浪费生命在我一定会后悔的地方上。只有当我面对现实时，我才能明确目标，并超越现实。

最后，总结吧。信念和理想，永远只能在脚下、在手心，而非在耳际、在嘴边。纯粹的理想主义者和尘世永远格格不入——生活中，他们是那样沉默、孤僻或另类，吃饭速度为常人十倍。可一旦他们坚持到底取得胜利时，又如此耀眼。我们对理想的忠诚，绝不仅是理想本身，还有理想背后大无畏的追求，那种如中世纪骑士般藐视失败而拼死向前的浪漫行为。现在，所有荣誉和痛楚一笔勾销，重新开始。我要用7天之后的高三首次月考作本金，用"奋斗"和"不放弃"作利息，慢慢开始资本原始积累，力争跑赢CPI，并一点点巩固充实自己的防线。当自信之能量注入"实干"这一燃烧自信的蒸汽机时，无论谁都能发挥出沛然莫之能御的逆天之力。失败越多，距离成功也就越近——当我在失败中一次次诞生出全新的自己时，我定不会愧对今日的宣言：

"让我们面对现实，

让我们忠于理想——

直到最后的胜利！"

527：能战胜我的，不是别人，只有自己。

尾声

高三过半。上届的遗憾与下届的期盼，让我们坚强面对。一教五楼的角落里，我们悄悄坚守，期待云开月明的那天。

所幸，情况总算好转。我坐到了前排，在同桌的影响下，我的数学稳定下来。许多人有了各自明确的未来，知行合一，成效卓著。谁笑到最后，谁笑得最贼，若用极高的增长率挑战对手庞大的实力基数，则胜负之理，或未易量。

多说无益。最后，我用我与01合作的对联作结，与君共勉：

自强不息

立学者应砺学学海无涯切磋琢磨方磨杵成针；

独行人须笃行行峰有径艰难困苦必苦尽甘来。

作者介绍：

逼仄黄昏，三尺微命，一介书生。在隔壁瞳家常驻，这次很荣幸回到麦田。顺便声明，以上文字，仅为个人观点。君子之道，行远自迩，登高自卑。焚膏继晷，一路向北，无须言，做自己。

谢谢。

13. 一个班级的宣言

□文彦淇

大家都知道，从今天下午开始，我们将面临两个强大的"敌人"，我们明知道我们无论如何无法战胜他们，甚至可以肯定今天下午将有一场"屠杀"，可我们为什么还要打呢？因为我们是527的战士，我们有9个血气方刚的大丈夫，有40个气势磅礴的烈女子。人活一口气，树活一层皮，佛争一炷香。这口气不是面子，是骨气，是不屈骨气。我们从内心上绝对是不愿屈服的，我们的尊严让我们必须战斗，直到最后一刻。我们的心让我们永不停息直到它停止跳动，我们的灵魂让我们勇往直前直到它烟消云散。让热血在我们的身体中汹涌澎湃，让我们全身的每一个毛孔都散发出无畏的光辉。与其在逃跑式投降中被敌人侮辱和嘲笑后虐杀，不如在沙场上抛头颅洒热血。要让敌人在战胜我们后仍心存恐惧与敬畏。那才不愧对上帝赋予我们纯洁不屈的灵魂。

大家都能看到天气的恶劣，敌人的强大和我们的实力不济，但实力不济却不是软弱，我们的9名男生愿意坚持不懈地在场上飞奔、跳跃、投篮、抢球，而站在9名男生身后的坚强后盾，是40朵铿锵玫瑰，你们用尖叫、呐喊、加油鼓劲来激励场上拼搏着的男生。我们49名527班战士的身上流着相同的血液，那是527班的热血。没有任何一个集体会像我们一样无比地团结，没有任何一个集体会像我们一样充满斗志，没有任何一个集体会像我们一样，每个人都如此渴望与大家一道拼搏向上，我们是最坚不可摧的集体。

从今天下午开始将是我们的表演，楼下的球场就是我们的舞台。登上舞台我们要亮相，完成比赛我们要谢幕，打要打得拼命，输要输得精彩。我们不光要自己对自己有信心，更要让全校尊重我们527班。要让所有人知道，527班不仅是一群只会读书成绩好的家伙，我们是一中最团结、精神面貌最好的集体，我们就像一家人，坚不可摧，势不可挡。

我们要涌动全身的细胞，让全身的热血沸腾，让每一个毛孔渗透出勇敢的呐喊，我们无所畏惧，因为我们是有49名伟大的战士组成的527班。

14. 忆高三

□陈昊嘉

记得刚从二教搬到一教的时候，心里想着还有一年才高考。可谁知，一年，这说长不长，说短不短的时间，就在三点一线重复的日子里飞快地流走了。而现在想起那段日子，心里就像打翻了五味瓶一样复杂，甜的、苦的，尽上心头。

（1）忆苦

不苦不累，高三无味。若说高三不苦，纯属瞎话。而高三的苦，又分很多：有身体上的累，有心中的苦，有想放弃却不能的煎熬，还要经历寒冬酷暑……

还记得那个炎热的夏天，每天中午去学校便是我最难受的时候。不清醒的脑子，带着身体机械性地走向教室，感觉要倒在路上。但我没有埋怨，我知道这是我必须承受的磨砺，我只希望这炎热快些过去。而当天气慢慢变凉时，我才惊觉，酷暑就这样过去了，离高考又近了。

酷暑只有中午让我难受，而整个冬天都是我难受的时候。因为怕冷，手脚冰凉。虽然有热水袋，但因为考试，无法将手放入袋中，也无法去充电，所以到最后依旧是冷。因此，我是热切地希望冬天快点过去，可又不希望时间过得这么快。因为冬天一过，就是高中最紧张的时候了。

最让我备受煎熬的，是3月份至4月份。这段时间，精神状态一直都不好，总想睡觉，加上几次考试成绩不理想，在教室里总是硬撑着不让自己睡。为了不让自己想起糟糕的成绩，不让自己因为现状而害怕高考失败，就更死命地学习，不敢睡，不敢浪费在学校的时间。心里总是不住地着急，然后又不断地安慰自己，不要太悲观，要相信自己。就这样到了5月，到了让我反而从容的5月。

（2）飞逝的5月

到了5月，班里基本停课。每天基本上是在自习中度过。我每天都在看做过的卷子，有不懂的题目就去问老师，觉得收获很多，基本上把我以前似懂非懂的概念都弄清楚了。其实最后的一个月我变化很大，平常我不爱问问题，因为觉得没什么要问的。但最后发现，有很多东西往深了想就有自己难以解释的地方，而且有些以前听老师讲的，当时是听懂了，现在自己来看就又有些模糊，说明自己并未完全掌握。并且在问老师问题时，听到有些成绩较好的同学问的问题，也并不是很深奥，有些我也能解释。我又明白了，他们就是这样不放过一个疑点，哪怕非常简单，因此他们能牢固掌握基础，从而以不变应万变。所以，我也鼓起勇气问问题，不再闷头学习。

在改变自己学习方式的同时，也在改变自己的心态和作息时间。到了5月，我不知从哪多了份自信，相信自己不差，能取得好成绩。而且认为有好的精神状态，就会有好的发挥。所以，每天坚持11点多就睡觉，不再拖时间晚睡。同时，心里也很期待5月中旬的最后一次月考。如果是以往的考试，我会害怕，害怕考不好。可这一次豁出去了，什么也不怕，反而希望考试快点到了。考完了试，不像以往认为没考好，怕出成绩，倒觉得自己考得不错，希望快出成绩。大概就是这样积极的心态，为我的高考打了一针强心剂。

5月就是在看题目、问题目中飞走。看似枯燥，但却是最充实的日子，不虚度光阴的感觉，真好。

（3）离别

6月是毕业的月份，而对于高三的学子来说，6月，能在一起学习的日子屈指可数，心情也甚是复杂。

进入6月，我真希望高考快点到来，因为终于要解放了，不用再这么紧张了，12年的学习就是求这一日。可又不想它来得那么快，因为不舍，舍不得同学，舍不得老师，舍不得在527这个教室度过的日子，舍不得在学校留下的点滴。

在要放假回家自习的前一天，老师，包括校长都到教室来向我们说考前的话。那时，心里很酸，甚至悄悄流了眼泪。我并不是一个多愁善感的人，但真的不喜离别，可却无法逃避，只能去珍惜在一起的时光。校长和老师都表达了他们对我们的肯定和期望，我们能回报他们的，也就是考好高考。我们做到了。

曲终人散，天各一方，但愿离别的眼泪预示着重聚后灿烂的笑容。

（4）思甜

其实高三的甜，包含在高三的苦里，苦中作乐。

还记得高三的那个教师节，把老师们唬得一愣一愣，我们的脸上，老师的脸上都洋溢着笑容，这是甜；运动会，我们努力拼搏，尽管体操比赛没拿第一，但团体总分第四仍使我们自豪，在庆功会上，我们放肆地笑，这是甜；一次次考试，离目标越来越近，这是甜；课间，大家肆无忌惮地开着玩笑，爽朗的笑声，有活力的教室，这是甜……现在，能感受到高考后的甜，也是要经历高三的苦才领悟得到。

真的，高三很苦，可并不缺少甜头。甜苦相伴，这才是生活。

高三已经过去，虽怀念，却不想重来；虽有遗憾，却并不后悔。高三的辛酸艰苦，是一份宝贵的财富，让我能更坦荡地去面对未知的旅途。

15. 关于我们，关于527

□ 宋云

毕业数月，再提笔，回想527，脑海里涌现的是一幕一幕熟悉的画面，仿佛还是昨天，仿佛伸手可及。

2010年，作为文科生的我，很幸运地留在了527，我知道，这里会有很多优秀的老师以及同学陪伴我走过这一段高中生涯。的确，刚开学就没让我失望。

527最开始的记忆是"一中杯"——我们的篮球赛。对此我记忆犹新。

说实话，我们对这一支从527为数不多的男生中挑出来的队伍，信心真的不足。然而，真正到了赛场，我们才体会到重要的不是输赢，而是我们的团结一致。为他们加油打气，帮助他们把压力化为动力，对他们说参与就好，尽力就好。一场篮球赛，让我们收获珍贵的友情和无限的感动！

然后又是等待已久的运动会。在女生人数占绝对优势的班上，运动场上不乏527的身影，我们拿的奖也不计其数！而一旁的拉拉队也成了一道亮丽的风景线，真让人感叹一句：小小的身躯能迸发惊人的力量。最后，我们用令人满意的成绩向大家展示了527的团结。直至运动会结束，这件事还常常被罗老师提及。

说到老师，他们该是527的同学们最该感谢的人。沉稳负责的周老师，和蔼可亲的杨老师，博学可爱的吴老师，优雅可亲的李老师，认真负责的罗老师，还有快乐教学的何老师……我们从老师那里学习知识，更在学习如何做人。他们每一个人身上所拥有的美好品质都是我们应该永远珍惜的财富。所以在这里，我要衷心地对老师们说声：谢谢！

当然了，我不会忘了和我并肩作战的亲爱的同学们！他们当中总有成绩名列前茅的人做你的榜样，总有善良可爱的人给你鼓励，总有默默努力的人给你方向……对于他们，我相信，高考结束，友情不会结束。谢谢你们，让527充满生机与活力，让我的人生更加丰富！我会永远记得这些爱和感动！

一个结束往往是另一个开始，527的每一个人都会带着对这个集体美好的回忆走向崭新的未来。就让梦想照进现实，来年我们再聚！

16. 527的"静"与"动"

□张洁

也许是一种缘分，高二的我选择了文科，并进入了527班。这是我人生一个重要的转折点，在这个优秀的班集体，我真正领悟到一种"团结向上"的精神。

527班组建时，恰逢一中的风雨变幻，但这对于我们班来讲是一种幸运，文科受到学校的空前重视，各种好的资源不断进入我们班。与此同时，527班的老师和同学也承受着空前压力，自进入527班的那一刻起，我们便肩负着来自学校和自我的双重使命。

527班有的不只是独立学习的精神，更有一种集体学习的精神。在各种拼命十三妹聚集的527班，所有人都奋发向上，竞争相当激烈，但大家一方面关注自己的学习成绩，另一方面又尽自己的力量去帮助周围的同学。笔记互通有无不说，自己潜心研究的学习诀窍也对外开放。我们既喜欢独立思考，又喜欢集体讨论问题，不管什么时候，同学之间总会耐心解答。学习中每当我感到身心疲惫时，抬头看见那一个个奋笔疾书的身影，我顿时精神倍增。我想也正是因为大家相互关照和扶持，每个人在学习上才会倾尽全力，在2012年的高考上创下佳绩。正如校长所说的，"团结互助"已经成为527班一种文化特色。生活中也是如此，有福同享，高三时大家将自己的饭菜拼凑成一桌丰盛的晚餐的情景让我很是感动。

重点班成绩突出无可厚非，但我们527班有的不只是成绩。成为全校获得流动红旗最多的班不说，"一中杯"篮球赛、广播体操比赛和校运会上的突出表现更是获得全校师生的一致认可。我们班也继承了一般文科班的缺点——男生少。全班49人，男生仅9个。想想我们篮球赛挺进前8强，校运会成绩排在年级第三和第四名，我们班还真是奇葩。我用"意料之外，情理之中"来形容我们取得的成绩。"意料之外"是基于我们班的一切不利条件，"情理之中"是基于全班的齐心协力。场上运动员们努力奔走跳跃，场下的拉拉队们喊加油喊到喉咙嘶哑，整个赛场都可以听到527班拼命的声音，被同学们的这种拼命劲给震撼住了，轮到我跑800米时，我几乎是抱着必死的决心，为我们班争取到了1分。

用"静如处子，动如脱兔"来形容527班的同学再贴切不过了。从小方面来说，"静"是指头脑的构思过程，"动"是指将思考结果写下来的情景。从大方面来说，"静"是指学习上特别沉得住气，"动"是指课后活跃的动作神态。连楼下班级的学生也不禁感慨：你们班的同学看起来很快乐又很活泼。是的，我们是快乐的，我们生活在一个人才集聚、随时可以制造快乐的班级。我原本是一个非常文静内向的女孩子，但通过两年和大家的相处，我变得更加幽默、外向和乐观了。作为领头羊性质的班集体，我们有责任做好一切。但我想，527班的同学们并没有刻意去在乎外界的目光和荣誉，大家只是本能地以自己的方式尽力去做，并且坚持不懈，自然而然地赢得了外界的认可。

曾经，我后悔过选择文科，但是被分在527班，我从未后悔过。我永远也不会忘记曾进入到一个这么美好的班级，非常感谢大家陪我度过这两年的光阴！

17. 527班，FOREVER

□唐叶欣

毕业了，但是527班的点点滴滴却历历在目，让我难以忘怀。

（一）那间教室

走进高三教学楼，总有一群人用最快的速度向顶楼飞奔而去，顶楼风景独好，空气清新又安静。左转最里端的那间教室就是我们可爱的527，推门而入，49张课桌分列整齐，课桌旁的凳子上堆着高高的高三复习资料，显得如此充实。教室旁的阅览室里摆放着各种学习书籍，下课后大家会在此拓展自己。在这里，蕴藏着我们三年的回忆。

（二）那些老师

在我看来，527的老师无疑是最优秀的。首先说周老师，您既是一名出色的语文老师，也是一名勤劳的班主任，三年的付出您是最多的，想必现在的您也是最幸福的。在课堂上，您总是给予我们许多机会展示自己，让我们参与每日警言，参加各种活动。从中我们既学到了知识，又锻炼了自己。而对于像我这样容易怯场的学生，更是一个突破。我想真诚地说，周老师，谢谢您。数学老师杨老师也是陪伴我三年的好师长，他幽默，上课活跃，他总能让作为文科生的我们战胜对数学的恐惧，我想说谢谢您。英语老师李老师有着一种知性与优雅，我的英语高一高二是不理想的，可是跟着老师一步步走来，高三有了大的进步，终于实现了目标。李老师，谢谢您。还有地理老师吴老师的单纯与博学，历史老师何老师的微笑与温和，政治老师罗老师的果断与干练，无不让我们敬佩。每一次文综练习，他们一直坚持准备，我很感动，谢谢你们。我永远忘不了你们上课时的投入。

（三）那些同学

在一般人的眼里，文科生永远是坐在教室里愣头愣脑地读书，然而我们却不是，527的我们既是安静的，也是活泼的，更是快乐的。课堂上认认真真地学，下课后开开心心地玩。曾听说我们班与上届文实班有一个最大的区别，就是文实班一下课在做眼保健操，527的女生是在外面发疯。我不禁一笑，确实如此，即使在高三最紧张的日子，下课也是愉悦的。文彦淇会在走廊练羽毛球，宋云、张洁和我会去操场散步，张笑雪刘丽鹏会打打闹闹，钟南海会站在门口大喊："我是刘胤佐，我要考北大。"我们也是团结的，作为一个紧缺男生的文科班，运动会永远是理科生特长生的天下。我们知道要有一个好成绩是很难的，因此我们只能全力以赴。在人家休息时，我们在树下练习跳绳，用编织袋练习袋鼠跳。与其说我们后来前三的名次是运气，不如说是多了一分准备。我们之间没有高三残酷的竞争，大家互帮互助，成立学习小组，共同探讨试卷错误，在互补中使全班整体实力大大上升。我也从中学会了合作与付出，在此，我要谢谢你们。

能进入我们527这个大集体的每个人都是荣幸的。高中的确有高考的压力，学习的负担，不过现在看来，那些经历过的都是一种值得怀念的幸福，我们再也无法重新拥有。不会再有那么一间教室给你高三的充实，不会再有那么一群老师给你真挚的关怀，不会再有那么一群同学和你并肩作战。三年对于人生是短暂的，而这段回忆将是漫长的，它值得我们用一辈子去铭记。

再见，我辉煌的一中。

再见，我熟悉的教室。

再见，我敬佩的老师。

再见，我可爱的同学。

未来的无数三年等着我们，为了理想，我们也将努力奋斗。

527，你是我永远的骄傲。

18. 搞学习、百家饭、运动会
——527的生活点滴

□陈欧鹏

（1）静下心来搞学习要耐得住寂寞

从高二分班至高考结束，这句从周老师口中说出来的话始终伴随着我们走到最后的胜利。人是难免躁动的，尤其是在直面全球最大的考试、人生最大一次转折点——"高考"的时候。这时，有人不厌其烦地在耳边播送这句话，尤显重要，尤能安抚不安，警惕松懈，激励每一个人坚定自己的意志，继续奋斗。

十几年的在校学习，让所有人都认识

到，学习是一个人的事，而高中阶段更是一部艰苦卓绝的个人奋斗史。在527班，学习更为深刻的内涵便是合作。在一个拥有40名女生、9位男生的文科班，两年下来基本处于零矛盾的状态；在所有其他学校其他班级由内到外的竞争愈演愈烈时，这个班还在以个体向集体捐献资料、以个人与个人的交流解答疑惑、以文字和声音勉励身边同学的方式，共同进步。

（2）课前演讲运动会百家饭

　　每节语文课前，都有5—10分钟的个人演讲，以一句名言（可以是自己的，也可以是别人的）展开，阐述自己的理解和深层次的思考。由最开始的简单回答理解，到后来的认真准备和大篇文章，课前演讲变得正式而有趣。如此自然的过渡，我们自觉遵守规则，只因我们有自己的思想，我们愿意分享。这样的思想交流，不仅积累了作文素材，还锻炼了每一个人的胆量和演讲的能力，对短期面临的高考和未来进入社会，均有莫大帮助。

　　527班，其实是一个神话。高二的"一中杯"篮球赛，仅有9名男生的我们并不被看好，我们自己也信心不足——一名男生因身体原因不能剧烈运动，三名男生对篮球不太在行，剩下五名男生需要不间断地打完整场比赛，即使没有一点意外，但体力能支撑吗？在忐忑不安中，在其他班看戏的眼神中，所有男生竭尽所能，所有女生充当拉拉队，我们赢了一场又一场的比赛！正如球员们所说，在场上只听见我们班女生的加油声，就想着一定会胜利，胜利是全班一起努力的成果！正如老师同学们所说，整个校园里都回荡着527班女生的加油声欢呼声尖叫声！我们赢得了所有人的认同，我们的每一场比赛赛场边都站满了人，别班的同学用钦佩、赞赏、鼓励的眼神，见证着我们的奇迹！奇迹还在延续，接下来的运动会上，整个操场都是527班的身影，加油的、比赛的，引起所有人的侧目。最终我们赢得了仅次于体育特长班的团体总分，令所有人目瞪口呆！所有人都告诉我，527班，才是一个真正的集体！我们证明了，团结就是力量！

　　高三紧张的学习中，527班萦绕着温馨的气息。每天下午放学后，家长们提着饭盒陆陆续续到来，所有的菜都集中到拼凑起来的桌子上，同学们围着桌子享受各色美食，这样的"盛宴"，就是我们的"百家饭"，里面是满满的爱。

　　紧张的学习中，有做不完的试卷，有每周一次的检测，更有谈天说地的笑语声，有互相勉励帮助的话语声，有勤恳认真的教导声，有美味多元的"百家饭"，有黑暗中热烈奔放的"最炫民族风"……高三，痛苦，但更多的是快乐与幸福。

（3）最后的胜利感恩

高考过去，离别到来，那一天，加菲猫带来的欢乐，冲淡了离别的愁绪，毕业照上，我们笑得最开心，"我们终于毕业了"！

成绩公布，验收527班成果的时候到来，总算没有辜负老师的期望，总体成绩十分可观。感谢老师，那一堆堆的资料试卷是老师的心血，每日晚自习在办公室细心解答问题的样子还深深印在我的脑海中，我们的成功是6位老师和全体同学一起努力的结果，谢谢！

还记得教师节那天的"好老师证"吗？我们很认真地找来照片，那是我们最真诚的感谢！看见老师惊喜的笑容，那是我们最大的骄傲！

为了梦想，痛不痛苦都不重要了，欢乐与泪水本来就相伴相随。

高考只是开始，未来还是未知。离别算什么，我们，永不相忘。

19. 浮沉

□张炫攀

怀着对高中的憧憬，我从懵懂无知步入充满未知的高中生活，接受那份惊喜：一中与众不同的教学方法——独立思考，自主学习。越是"放任自流"，越激发我们进一步探索的热情。

然而，在一开始的分班考试中，我就败下阵来。但是，我并没多想，和很多同学一样，爱打扮，爱户外活动，爱唱KTV。即使是那次分班考试前，我仍然在电脑前面流连。加上一中的课余活动特别丰富多彩：篮球比赛、运动会、元旦晚会，人声鼎沸，足以让人一时眼花缭乱。我以为日子会一直这样下去，不算成功也不算失败地默默度过。直到高二分到527。风采各异的老师，个性张扬的同学，兼容并包的气象使得我不得不重新审视自我：我有什么优势呢？思考的结果是我得开始学会把自己的姿态放低，渐渐地我发现要学习的人和事是很多的。

当时光的浮华褪去，有一次，周老师跟我认真地谈了一次话，他对我的学习提出了一个奋斗目标，力争成绩达到班级15名左右。周老师帮我第一次把奋斗目标具体化，15名这个名次不高也不低，一个通过努力有可能达到的名次。谈话之后，我对学习有了前所未有的严肃感，在心里我更为老师对自己有这份期待而暗喜。可是，当把目标和想法付诸实践时才真正感觉到困难，感觉到自己的渺小。在527班，我才更为深切地感觉到学习是自己的事，少有老师会为同学没写完作业而训你，但他们亦不会因此改变教学进度，一切尽在不言中，留给你的是你得学会对自己负责，自己反思。我抛弃了先前的抱怨和苦恼，开始学会自我掌控，合理安排有限的学习时间，学会了主动向老师请教问题，而不是等老师全盘讲解。

高三的学习任务是繁重的。计划常常赶不上变化，为此，我常常陷入痛苦之中：一面是自己的计划和安排，一面又是各科老师的进度和要求；一面是补救弱科的迫切，一面又是对某些科目的偏爱。在不断的挣扎中我感悟到：放下自己，绝对服从才是最实际的解决方法。高三的考试难以数计，月考、周考、模拟考，几乎让人崩溃。但是，友情为这样的沉闷撕开了一道口子，使光明和温暖能够投射进来。人生难得一知己，在奋斗的路上能有一个陪你、懂你、愿意坦诚以待的朋友，是人一辈子都值得珍惜的宝贵的财富。记得最后一次摸底考试后，我自己都不愿去看成绩，只知道肯定是不好。但是，考完之后，家长没问，老师也没说。慢慢地，我说服了自己，这考试真的没什么，只不过是一次模拟考，并不是真正的高考。视野决定高度，当人过于热烈的追求某一件事的时候未必是好事。其实环顾周遭，值得我们把握的东西很多，亲情、友情，形形色色的感情都会带来奇妙的化学反应，使紧绷的神经舒缓，使得心境更为开阔。高三的生活是紧张的也是快乐的！

高考完后，我整整花了好几天的时间来收拾三年来的书本和试卷，无意中发现一封没有寄出的信，那是写给自己的信。从信中可知，曾经的我一度困难重重，一夜又一夜的失眠，在梦里因为计算高考倒计时而恍然惊起。所有的这些，再回头看时，我发现，当时的痛苦在现在看来已经不算什么，至少已经不成为揪心的事。

欲得高三之幸福，必先经历高三之痛苦。虽然现在的我还不够好，但是经历高三所留给我的精神财富，一定会让我在今后的路上多一份沉淀和坚定。现在，我又怀着新的憧憬和向往，走在前往海大的路上。

20. 梦开始的地方
——我与我的527

□ 申丽莎

你是否遇到过一个真正优秀的好老师，他把你当做一块璞玉、一颗原钻，只要假以智慧磨炼，就可以发出耀眼的光辉？

你是否遇到过一群真正情同手足的好同学，陪你流泪陪你欢笑，陪你走过一路的坎坷艰辛，陪你走过流金的青春年华？

你是否遇到过一个真正优秀的班级，它把你看做它的宝藏，它的荣耀，它永恒的记忆？

郴州一中527班，我的梦想从这里起航。

（一）

2010年夏，结束了高一噩梦的我，走进了527班。

高一，从第一考场跌到第十一考场，在数理化中挣扎绝望，丧失了内心仅剩的一丝自信与骄傲。我记得在进入527班的第一天，每个人都写了一篇关于自己的作文。我把我的绝望与失落之情全部写在里面，还有我对文科、对前途的迷茫。

两年后的今天，我带着一份怀念与感激的心情，重新看这篇文字。

那一刻，我相信了宿命。上天注定我在这里重生。

从进班时的第32名，到如今的第5名，一路走来，风雨弥漫，苦乐交织。

无数个清晨，我的脚步声唤醒了沉睡的一教。足音跫然，伴随着激昂响亮的广播操音乐，开始了崭新的一天。

无数个中午，我趴在课桌上午睡，宿舍里的床永远是空着的。冬天砭骨的寒风，夏天火辣的烈日，还有趴在桌上后疼痛的脊椎，它们都见证了我的奋斗与坚持。

无数个深夜，我在一片漆黑的校园中奔跑，在操场上一遍又一遍地默念心中的梦想，释放积蓄已久的压力，流着泪告诉自己，坚持坚持再坚持。

……

还好，这一路有他们相伴，527班的49名战士们。

还好，这一路有他们指引，527班的7位老师们。

还好，这一路，我比任何时候都更强大，更坚不可摧。

曾经有铺天盖地的试卷与作业压迫着我们的呼吸，我挺过来了。

曾经有糟糕的成绩让我愤怒绝望痛哭，我挺过来了。

曾经无数次迷失在这灰暗的日子里，我挺过来了。

曾经无数次准备放弃准备堕落沉沦，我挺过来了！

……

周遭突然变得宁静了。

明净的窗外碧绿青翠的景色，最右边靠窗摆满书本座位，永远干干净净的黑板和讲台，贴满作文地图答案的墙壁，隔壁整洁温馨的图书室，门前长长的西瓜藤蔓和上面可爱的小西瓜，48张温暖的笑脸……

回望过去，没有泪水，没有伤痕，温馨宁静的场景，印在心底，悄无声息，却已成永恒。

也许，我们都只是一个过客，527班，只是我们人生旅途中的一个驿站。

但，我们曾经拥有，曾经付出，曾经奋斗，527班，就是我们一生的财富。

527，你改变了我生命的轨迹，创造出我人生的奇迹。

（二）

"你是否注意到，有些人在身边风一般的穿行？他们的速度激起生活的音浪，他们的奔跑划破生命的阴霾。他们的奔跑会让你明白，什么叫做分秒必争，什么叫做青春飞扬。他们的汗水在阳光下旋转起舞，折射出热情和希望的光芒。当他们奔跑，志得意满，横亘的太平洋也仿佛如一洼浅水，提足便一跃而过。终点就在前方，它的名字叫理想。"

2012年的4月，我写下这段话，纪念我们奔跑的青春。

奔跑，527班鲜明的文化之一。在紧张昏暗沉闷的高考前夕，奔跑，似乎有了自我救赎的意味。在我们的意志快要崩溃时，我们奔跑，穿越人群，穿越炼狱，奋力奔向即将到达的彼岸。

这仅仅是伟大的527班级文化的一个片段。

两场运动会，一场篮球赛，我们以难以置信的成绩宣告着我们的坚不可摧。加油声响彻校园，运动员的英姿点燃赛场，团结的光芒照亮了527。

话剧演出，海报制作，教师节上绝佳的创意，数不清的活动彰显着我们伟大的创造力，向所有人证明，527的同学们不仅仅只会读书，我们都是独特的创造者。创造的光芒照亮了527。

早晨书声琅琅，放学后活力爆棚奔向食堂，每个月流动红旗固定不变属于我们班，太多太多的事情标榜着527的与众不同，特立独行。辉煌的成绩是最好的见证。独立的光芒照亮了527。

两年，700多个日夜，527只坚持一个信念——做自己。

这是一份独特的班级文化，这是一种深刻影响着每一个人的伟大力量。

两年前，我尚是懵懂幼稚。两年后，我已经学会自信自强。

527，你塑造着我们心的形状，你教会我们何为坦荡，你让我们永远年轻，永远热泪盈眶。

（三）

难忘527，在这两年的时光里给予我太多太多。难忘527，我的世界在这里完成了艰辛却华丽的蜕变。

从1号到49号，每一个人都是那么耀眼的星星，让我难以忘怀。没有我们互相的支持帮助，没有我们互相的真心关怀，就没有我们的成长，也没有527的成长。

汇一中邃密群科，居八方友谊长存。

共勉，527。

尾声

离开527，不知不觉已经有了两个月了。

春去秋来，老师们将迎来一批又一批新生，送走一批又一批的毕业生。我们也会渐渐淡忘曾经在527班时飞扬的青春赞歌。每一个人的记忆终将被时间腐蚀，只剩下527残缺的影子。

可我希望，在岁月更替、世事轮转之后，我们还记得527曾经教给我们的坚韧不屈，沉稳自信。

我希望，在耄耋之年，我们还记得我们曾经流泪，曾经欢笑，记得我们热烈似火的青春年华。

我希望，十年后，二十年后，当我们相见，还能像以前那样，谈天说笑，心手相连。

夜空深邃，暗香浮动，一曲唱罢，缓缓落幕。

我站在舞台中央，亲手把这份记忆种下，从此它将万古长青，永不褪色。

527，在昨天，在梦里，在未来……

21. 我与527

□李雯婷

迄今为止，我已度过了18个年头，大大小小的倒霉事遇到过不少，但最幸运的却莫过于进入了527班。这种幸运，并不仅体现在学习成绩上，还体现在情感上。

我从不否认我并非一个热爱学习的人，但同时我也是一个好胜心极强的人。在527这个班集体中，每个人都很努力，没有一个是在混日子的。自然，受其感染，我也就坚持好好学习，天天向上了。若非如此，我的成绩是绝不会进步如此快的。我必须感谢，是527这个环境造就了我，虽然过程很艰辛，但总归是值得的。

527之于我，更像是一个家一样的存在。老师关注的不仅是学生的成绩，更多的是身体上和心理上的健康。同学们之间也并不仅存在着学习上的竞争，更多的是玩闹嬉笑，学习生活上的互帮互助。即使是在最艰苦的日子里，每个人的脸上仍洋溢着笑容。我忘不了，高二的"一中杯"，连替补都没有的我们班的篮球队，却不屈不挠地战胜了两支强队，场上的男生奋力拼搏，场下的女生呐喊助威；我忘不了，运动会上，800米、1000米赛场上我们班的同学们奔跑的身影：跑道上是运动员，操场上是加油鼓劲的同学，从这头跑到那头，只为一句"加油"，整个运动场上响彻的只有我们班的声音，最终我们获得了总分第三的好成绩（第一、二名是体育特长班）；我忘不了，5月的校园内百花齐放：桔井楼前的杜鹃、宿舍前的山茶、雕塑旁的玫瑰、图书馆后的满天星，趁着短暂的下课时间，我拖着同桌逛遍了整个校园，只为记住那美丽的花影，摘过一朵小玫瑰……放在桌前，就觉得充满生机；还有高考战场上，照毕业照的校园，歌厅里，遍布我们的身影。那么多那么多难忘的事情，存在在527这个班级中。

现在是8月，却觉得已经离那段拼搏的日子很远了，远到我都已经开始用怀念这个字眼。终于，一切尘埃落定，我又要开始新的征程了，虽然结果并不尽如人意，但我尽力了，也就没有遗憾。

虽然很舍不得，但是再见了，我亲爱的527，永远的527……

22. 每一株草都会开花

□ 何景

在527班的光景，应该是我成年之前最充实且快乐的，每天在相同中又有微小的变化，那不是压力，也不是外界的刺激，而是人在成长、在进步的表现。一路走来，除了老师的关照，这个班级给我最深刻的印象是其独有的氛围和文化。时代造就人，文化熏陶人，环境改变人，或许是这个集体中每个"小我"的共同努力，造就了这个"大我"一种特别的精神和力量。

（1）团结紧张严肃活泼

"我是不能退缩的，要是我都退缩了，别的老师都会退缩。所以我要带领那些老师一起上阵。"

"人心齐，泰山移，1234527！"

任课老师的团结是正确决策制定和实施的有力保证。班主任不辞辛苦奔赴多所全省各大名校参访借鉴，为的就是尽可能地处理好细节；年级组长亲自赶往河北衡水中学一探究竟为的也是复制成功模式、开创高考新局面；任课老师互相协调课时、抱团去打印室抢印资料为的仍是为了取得丰收、扭转一中在外界理强文弱的印象。老师们的步调一致同样至关重要，所有的复习进度都有指标，虽然有些科目一拖再拖，并未按照原计划完成，但是也算是比较快速地完成了任务，这为后来的高强度训练打下基础、赢得时间。坚强的领导核心，周全的集体决策是确保大方向正确、教学秩序有条不紊、学生接受强度适宜的关键所在。

同学之间互相帮助、取长补短也是取得这般成绩的重要因素之一。同学之间的问问题和探讨很容易演变成闲谈，这需要学生自身的自制力和高素质来控制。当然，即使真的在互相学习，也很容易被老师误解成讲小话或者是聚众聊天。因此，这还需要老师有开放包容的心态。每个高中学生的时间都是比较紧迫的，因此我们班单科特别突出或者全科都全面开花的同学就备受其他同学的青睐。为了尽可能少地占用别的同学的时间，大家采取了预约制和集中讲解制。预约制就是排队，如同银行取号机一样，甲的问题交给乙，乙在等待的时候还可以干别的事。集中讲解制主要是在晚自习之后，有问题的同学或多或少会旁听，这样为一个人讲题就解决了一批人的疑惑，充分节省了时间。

"那时候我有好多东西都不敢跟你们说，我一般都是报喜不报忧，刚刚开始考的时候全市前十名复读生也占了那么多啊！"

"举国英才聚北京，外师财法北人清。"

紧迫感之下人的反应速度和判断能力都有明显提升，但是不宜过度紧张。从高二以来我们一直都是以不紧不慢的速度在前进，不要大跃进，也没有大起大落。功到自然成的理念贯穿整个高二和高三。就郴州的教育现状，我们取得的成绩算是比较好的，但是就全省来看，我们还是稍有欠缺。当初有人建议周老师要搞淘汰制，这无非就是对学生一种鞭策和激励，就湘北一些学校的实践经验来看，效果是很好的。其实我本不该说这话，因为我可能就是第一批被淘汰出去的人。诚然，紧张感也要放到老师身上，比较赞赏汤礼达老师那种工作到凌晨2点的精神，老师愿意付出、乐意付出的结果必然是学生知道更多、了解更深。因此，个人认为可以在527班这种模式上再加大一点强度，所谓经济学中的鲶鱼效应，也正是如此。

经济建设有市场经济和计划经济两种模式，我认为其同样也适用于高中的学习。市场经济是经历了长期的积累从而促成其最大程度优化配置资源的方式，计划经济是在短时间内取得巨大成就的高度集中的经济管理模式。就高中学习来看，我赞成在统一的计划经济模式下实施有限度的市场经济，即老师统一思想，要求在2年内用强有力的人为刺激达成或接近预期目标，但是必须给予学生以自主，充分发挥其长处，不能用一个标准、一种模式将有些人扼杀。这样才可以充分调动老师和学生两个积极性，学生

自己可以做想做的事，这样大方向不会错，而且也会取得不凡的成绩。同学的紧张感很大程度上来自于对自己理想实现的渴望和家长的期许，因此会迫切地想尽一切办法来达成目标，这时给予学生自主就可以更大地挖掘学生的潜力。值得一提的是，计划经济只有崩溃没有危机，而市场经济恰恰是有周期性危机，所以计划在一定程度上可以弥补市场的不足。如果以计划为总纲，也不至于酿成不可挽救的严重后果，所以我认为这种方式是可行且收效明显的。

> "你们是国字一号啊，别的班都向你们班看齐。"
>
> "让我们直面现实，让我们忠于理想。"

我们学校作为一个地级市教育局的直属中学，按理来说应该代表一个地区基础教育的最高水平。因而高考不仅仅关乎学生个人和家庭，更加关乎一所学校的招生与声誉，也关乎一个地区的领导在教育方面的政绩。所以高考不仅仅是一项升学考试那么简单，同时也兼有政治色彩。严肃的事情，就必须要严肃地处理。老师们全身心投入、超额付出在很多学校是家常便饭，很多校长将这种现象定义为教师对于教育事业的热爱。我这个暑假去甘肃会宁王马山中学[1]，校长告诉我说教师是最费力不讨好的行业。虽然我也有这种感觉，但是老师如果极尽忠诚于教育事业，其潜力也是可以开发的。当然，对于老师，学生不能要求太多。带重点班的老师必须认识到学生成绩的重要性，加强钻研，自主创新，现在教书育人也可以理解成是投资，风险远比炒股小得多，未来获得的回报反而会丰厚得多。

学生在学习时，必须要一丝不苟，这也是严肃的基本要求。学生的严肃主要还是体现在治学的严谨上。粗心是很多同学的大敌，每次考完试，答题卡发下来之后，各种冤屈的鬼哭狼嚎此起彼伏。同时，对教材细节的处理也是很重要的。比如高中历史书上会告诉你黄河多少年改道，也会告诉你"两个凡是"和"两个务必"，2012年高考理综的生物选修题选择

[1] 即甘肃省白银市会宁县王马山中学。会宁号称全国高考状元县，王马山中学始创于1956年，为村立初级中学，条件艰苦，成绩优异，具体情况可以参考湖南卫视《变形计》之《温暖之痛》。

了一处连老师都从未提到过的地方，令许多考生顿时有免冠徒跣以头抢地的冲动。严肃，可以理解为严谨和肃静，学生在学习的时候需要安静的环境，只有安静才不会分心，只有不会分心才可以做到严谨，这两者显然是相辅相成的。527班的同学在严谨上已经达到了苛刻的境界，在安静这个问题上，因为有将近6个教室的空间，所以也显得互相干扰很少。

"我以后都不会去想别人了，我就专门想你们。"

"我们相爱一生，可是一生太短。"

师生的融洽程度关乎学生对学习的喜爱程度，所以上面第一句话就是政治罗老师在考前说出来的。在这种和谐的氛围中，学生要尽可能减少对老师言行上一些不必要的揣测，这样就可以放松压力、舒缓心情。同时，师生之间如果有默契，那么课堂也必定会高效，这在无形之中减少了时间的浪费，一定程度上提高了效率。因此，在学校，学生除了和书本打交道，就是和人打交道，而老师作为这群人中最值得尊敬的引导型人物，与学生的关系也自然更加微妙，如果把这个关系处理好了，不论对于学生学习还是老师教学都是大有裨益的。

同学之间的关系处理也很重要，同样也关乎学生的学习效率、学习积极性。在527班这种学生素质相对比较高的班级，同学之间的干扰是很小的。即便是有干扰，也是因为个别同学的性格比较外向和张扬。在上个世纪五十年代，毛主席提出办教育要使学生德智体美劳全面发展，在运动会和其他方面我们一点也不比别人差。种西瓜、演话剧、制作微电影以及大扫除的"最清洁"都是最好的例证。所以，学生活泼了，气氛就活了；交流多了，知识就多了，盲区就少了；朋友就多了，敌人就少了，齐心就多了，分心就少了。我认为，在活泼的气氛中，学生更容易全面发展。

（2）行百里者半九十

"同学们，只有一年时间都不到了噢！"

"你们以为李明键的成绩是怎么来的啊，告诉你们，就是这么来的！"

"别人学习的时候，我们学习；别人休息的时候，我们还是学习。"

第一句话是何春红老师在2011年中考放假归来第一天上课的时候说的，这句话深深刺激了很多人的神经。时间的紧迫是一回事，有没有这个耐力跑完这一年是另一回事。对于我来说，高三这一年过得很快很轻松，除了等待长沙的试卷有些煎熬之外，其他时间都有"日月如梭"的错觉。因为每天过得很充实，所以每天都过得很快，对于我来说没有受到多少耐力的折磨，自我感觉是和光同尘的心，逆来顺受的行。第二句话是班主任在某次考试之后，李明键夺得前几名的优异成绩时发表的感慨。自从那次公开讲完这件事之后，基本上每次假期我都会拿出三分之二的时间来学习、充实、提高，这样日积月累才有各种大小考试的厚积薄发。谢钰琪同学有次课前讲话的稿子是我写的，主题是"天道酬勤"，实例是衡水中学的骄人佳绩。其实衡水中学能取得这样的成绩一部分得益于前文提到的计划经济模式，另一方面，也在于这种坚持不懈、连贯有序的学习。第三句话是班主任在高二经常说的一句话，强调的便是"弯道超车"的理念。一般说来，车辆在弯道处都会减速，在F1方程式比赛中，弯道便是敢想敢闯的人超越对手的好机会。尽管我们不用像赛车手一样冒着生命危险去超车，但是在平常的学习中，我们充分利用各种时间，也可以做到后发赶超。坚持的意义在于，不会半途而废，不会前功尽弃，能够使人保持一种连续的状态去学习，不断背熟一些知识，不至于在遗忘后又重新拾起。

"万里长征第一步，长跑是个耐力活。最后一两圈死都要跑完，不跑的话你就出局了。"

"最美是坚持。"

"不行，定好了时间就要考，三天打鱼两天晒网算什么。"

第一句话也是班主任经常说到的，正如长跑的精髓在于持久而不是速度一样，高中的学习也是如此。成绩的大起大落会给人不同的感受，但是不能因此开始"大跃进"或者放弃。调整好心态就显得很重要，在高三，我的QQ签名一直都是"行百里者半九十"，因为不管是月考质检也好，联考模拟也罢，都是过程，他们统一的名字都是"模拟考试"，模拟考试的意义是模拟而不是考试，所以除了高二刚进高三有个瓶颈期之外，到后来情绪基本上都没有怎么波动。这样的好心态帮助我一路走下去，同时也感染了我的家长，让他们正确面对模拟考试的成绩。诚然，如今的事实向他们证明他们当初的观念是错误的，不管家长接不接受，学生的心中一定要有模拟第一、考试第二的心态。第二句话是刘丽鹏在计划本的第一页写下的，在高三，她也经常是最后一个走的角色。光有坚持是不行的，如果一味地坚守自己的道路，撞破南墙也要一条道走到黑，那么结局必定不会很理想。这里又牵涉到前文的经济管理模式问题，所以，在高中的学习中，统筹协调好心态、方法、毅力才是最重要的问题。第三句话是我们八人联盟在学习任务特别繁重的情况下按约定考试，但有盟员想放弃的时候我说出来的，必须要按部就班去完成。成立联盟的意义不在于分享试题，其精髓是在于互相阅卷时别人发现了你多少漏洞，讨论时又可以及时找出多少盲区。同时，我们采用标准的答题卡，引进全国各地名校试卷，利用周二和周六晚自习时间考试，在周六或周日进行讨论。试题的共享开拓了学生的视野，答案的互阅一方面提供给学生一个学习答案套路的机会，另一方面也启发了新的答题思路。实践经验证明，学生之间组团联考有益于在短期内抓到文综中非智力因素得分，有效启发基础知识的巩固和及时复习，是学生自主创新的学习方法、充分发挥学习积极性的表现。

（3）宁静有序　博学笃志

"早上在教室吃米条对于早读的同学是一种干扰。"
"跟着我的大方向走，拟好你自己的计划。"

这一段的标题是我高三的第二信条，坦诚地说，我有段时间状态不好的原因竟然是早上吃粉，改吃包子饺子烧卖的早餐之后，脑子里的东西明显清晰且有条理多了。同时，我认为，一个人学习的环境应该是安静的，到学校总是会有各种各样的干扰，所以527同学们的战场才会从一个教室拓展到将近6个教室的境地。内心也应该是平静的，为了理想可以是信念的自白，朝着激情燃烧的方向蔓延，但不可以把理想天天挂在嘴上。天天喊口号的人，十个有九个是要承受巨大压力的，心底的秘密公之于世，每一双局外的眼睛都可以看见你这个局内人和你的理想之间的差距。除了宁静，我认为还要处理各个科目、各种不同性质的作业之间的轻重缓急。班主任曾经跟我说过，所谓扬长补短，和扬长避短是不同的，我们要敢于突击弱势科目，敢于攻破难点。同时，自己的计划本上本来就要搞清楚各个作业的性质，什么作业要用多久的时间，没完成怎么解决，遇到突发情况怎么解决等等。我认为，一天的计划，只要完成90%就算是完成了，只要你的计划够充实，这100%的目标和90%的达标才会给你无穷的动力。如果每天都达成了100%，那就说明你的时间并没有得到充分利用。

"我鼓励你们看报纸杂志，但不支持你们利用自习的时间看，广泛涉猎对于自主招生也好、作文也好、历史地理政治也好，都是很有好处的。"

"人要怀揣理想，先不去想最后的结果，很多时候都是水到渠成的，要么就一个都没有，要么就出一窝。"

一个人的知识面很重要，在应试教育和新课改的体制下尤为明显，文综喜欢考常识，英语的完形填空、单项选择甚至阅读理解也需要各种日常的生活经验作支撑，语文是生活中总是要用到的，数学虽然和生活挂钩比较少，但是如果拓展很多知识面的话，解题的方法就比较多了。看报纸杂志增进的人文素养，对于文科生，涉猎一些理科生才学的内容无疑会提高学生的理性思维。例如，在解答很多历史题时，往往需要大量课外的史实史论作支撑，而在解数学中的立体几何时可以用到理科生的空间向量，做解析几何的题目时，可以用到选修中的参数方程和极坐标。文科生靠的是思维开阔而非反应快，所以博学是文科生学习考试一个重要的法宝。至于笃志，我还是想说说心态的问题。志向确定之后，才有前进的勇气和决心，不会优柔寡断、迟疑或是徘徊不前。回首看来，每个阶段的结果在当时看来是多么重要，现在却一文不值。那些不能决定一个人命运的事情，就算是再艰难再无味，在特定的情况下，学生也必须做好。最后的结果是功到自然成的，没有付出就没有收获。笃志学习，就要手不释卷、孜孜不倦，这些细节必然决定最后的成败。怀揣理想，是仰望星空；埋头苦难，是脚踏实地。正是这种信心塑造下的人，才会凝聚成一股合力，构成一种特殊的氛围，实现了"出一窝"的理想目标。

（4）信心与困难并存　做梦与现实同在

"信心比黄金更重要。"

"你要用你自己的努力和实力证明你比你那些考到长沙去的同学更好！我们的红旗要插到岳麓山上去！"

在初中的时候，相当一批天资聪颖、学习刻苦的同学去了省会长沙，有些进了四大名校，有些在明德周南，他们能考上长沙的学校想必是有其过人之处。当我们选择另外一条通途时，我们和他们就站在了不同的舞台上，这样我们可以重新树立信心。在郴州市内，外界对于一中和二中的印象分别是理科和文科各自特别好，但是都很好却没有。我们面对的不仅仅是全省那么多"敌人"，就算是市内的二中，在全市质检的时候也有比较拔尖的学生。现实摆在眼前，虽然我一直坚信模拟考试的意义是模拟而非考试，但是用一根尺子去量一批学生，总有个高低胜负。因此，树立信心就显得尤为重要。记得运动会的时候，有人在黑板上写道：苦心人，天不负，三千越甲可吞吴。发挥三苦精神，在任何时候都不过时。对于长沙的同学，我们坚信：即使再强大的人，也有脆弱的一面；对于我们自己，我们坚信：什么困难都可以克服。记得窦超学长来的时候，台上讲得口若悬河，台下听得津津有味。给我印象最深的一句话是——文科生，要么追求最好，要么就完蛋。这背后的意味，除了一种孤注一掷的意味，还有一种拼死一搏、谁怕谁的勇敢，我认为这就是自信的最好表情。

"你们现在已经有高原反应了，你们现在舒缓压力最好的办法就是憧憬未来！"

"我看了别人学校高三那些题目，说实话，你们要想赢别人，困难相

127

当大。"

在高三的中后期，很多人都觉得学习压力特别大，没完没了的考试，铺天盖地的试卷，有些老师连讲试卷的时间也没有，然后新的试卷就发下来了。在这种快要熬出头又得脚踏实地走的时候，许多人及时通过运动、大喊、请假、看课外书来缓解心中的苦闷，但是心中有希望的人总是很冷静，因为他们的目标只有一个，就是高考。一切周考、月考都是纸老虎，它们只是每个学生走向最好的垫脚石。在这个问题上，向蓓珊是认识最深刻、践行最彻底的同学，永远都是面无表情地翻着书，按照自己的思路，点点滴滴，始终如一。前不久到临武和嘉禾走了一趟，特别去了临武一中和嘉禾一中，对比两所学校可以发现，嘉禾一中的成绩明显好一些。这并不说明嘉禾的人文和读书氛围就比临武浓厚。让小孩接受最好的教育是每个家长的愿望，但是现实毕竟是现实。上个世纪末嘉禾在高考权威面前犯下的错误让一代又一代嘉禾人痛定思痛，即便是高考结束，在嘉禾一中门口的栏杆上依然挂着有关考风考纪的横幅，这说明高考是一个相对公平的舞台，也是这个社会为数不多可以让城乡和东西部孩子同台竞技的战场。我们不能因为湘南读书氛围不浓厚就认命了，就没有冲击全省前十名、前二十名的勇气，嘉禾一中这所县级学校重本上线接近200人，二本以上人数超过400人，放在全省来看也算是相当不错的成绩。在学校里面，一条横幅让我沉思很久——"不敢高声语，恐惊苦读人"，以学生为本的理念在细微处得到淋漓尽致的展现。正当我准备走出学校时，一个女生就拿着金考卷和一大摞资料往教学楼走去。做梦不是做投机取巧的梦，而是憧憬未来；现实不是认命湘南教育差的现实，只要高考是公平的，我们也就不会比别人差。

"集大成，得智慧。"

这句话是杨全发老师在6月26日早晨班级集会时说的，同时还写了一副对联——"汇一中邃密群科，居八方友谊长存。"转眼间，三年匆匆而过，我们离开母校，收获颇多，付出不少。对我而言，对自己的准确定位和一直以来自主安排学习、广泛吸收经验是我从进校中游跃入全省前茅的重要保证，同时也有赖于老师的包容，所谓天时地利人和尽汇聚于此。对于老师，能做到这个程度已经是非常不易了。但我认为，创新是教育的灵魂，老师们还应该要加大自主创新的力度，他山之石虽可攻玉，但自身如果能做到尽善尽美，就不需要总是去借鉴他山之石；对于学生，我提倡前文叙述的经济模式法则，在高度集中的计划管理体制下给予最大限度自主权，调动两个积极性；对于教学，我赞成基础为本、考试为主、讲练结合的模式；对于学习，我主张方法、心态、毅力三者合一，学生互助、老师点拨二者互济；对于考试，我支持自主研究、创新试题，充分挖掘教材细节，提升教材与模考的衔接程度。离开一中，总有不舍。自6月9号以来，我重返一中已逾七次，在这个曾经奋斗过的地方，除了深深的感谢，还有对它的明天更美好的期许。在未来攀登更高的山峰的路上，集大成是术业有专攻的最高境界，而得智慧则是一生受用的玄妙道理。我坚信，海阔凭鱼跃，天高任鸟飞。山至高处人为峰，海到尽头天是岸。在会宁，会师圣地使我倍感震撼；在长征路上，刚刚迈出的第一步已无法停下，接下来，更多机遇，更多挑战，更多收获，更多挫折，我都会坦然面对。高中告诉了我，强大的意志和自信的心态比什么都重要。

23. 感悟527

□蒲潇莎

当我们回首郴州市一中2012届的527班，凝眸虽逝去却又永存的高中学习生涯，我们能看到什么？

或许每个人看到的不尽相同，但不容置疑的是，527独特的文化，已深深镌刻在我们人生的这本书里，且每每开卷有益，成为我们终生获益匪浅的"经典"。

翻开这部经典，最令人瞩目的是这一句卷首语：纯粹——最真的527。

它可是527独特文化的本色，源自班主任周圣荣老师的叮咛絮语：做人，还是要纯粹一点，做学问也是如此。

于是，走进527班，你就能目睹到如此情景：挂在墙上的横幅——有所为，有所不为，每天都离梦想近一点。学子们虔虔诚诚地学习着，践行着最真的纯粹。

哦，527教会了我们一个字——真。因为真，它让我们摒弃了急功近利的浮躁，它让我们怀揣远大的梦想却又同时能脚踏实地地埋头苦干；它让我们拥有了一双不畏近处浮云的望眼，同时又赐予了我们一颗耐得住寂寞而又坚韧不拔的心。

因为真，我们虔诚地践行着周老师的又一教诲——"无论做什么事，我们都要把它做好，做学问如此，就是连篮球赛、运动会、卫生和其他方面的事都是一样。"于是，我们续写着属于527独特文化的责任：让进入我们班的流动红旗不再流动；让运动会上明显地横亘着一种背反，取得了总分年级第三的好成绩；让英语课上布置的话剧变成了被年级其他班级学生围观的精彩演出；更让每日警言——这一个课前五分钟的小活动演绎成了527班珍贵的文化传统，成了一片精神求索的天地；还有，还有……

这些都是527独特文化的"恩赐"——无论是做什么事，尽力而为还不够，应当竭尽全力把它做好！

而我们今日能实现梦想，乃是得益于527独特文化的几大特色。

——"三个臭皮匠顶一个诸葛亮，况且你们还比臭皮匠聪明多了"。正是在老师的倡议下，学习小组成了527文化的靓丽风景：日复一日，在你发言我反驳、你解释我补充的过程中，我们总能将标准答案变得更加充盈；当然有时也会碰到大家都无法解答的难题，可是每个人不懂的地方或者理解和引申的方向又有不同，在询问老师得到讲解之后，总能获得除这道题目之外更多的知识。人多，果然力量大。在今后的学习与工作生涯中，我们更会懂得团结他人的力量，助自己也助他人学到更多。

——锻炼"坐功"。坐下来学习，这不仅仅是让身体坐下来，更是让心逐渐沉静下来的一个过程。让心离大地更近一点，我发现效果总比站着看书要更好一些。坐下来，你便不会再注意其他的人，因为你的目光已经降低到只有书本，而不是让一颗浮在空中的心对周围的事物变得敏感。坐如钟，稳稳当当，专注思量。坐得住的人，总能学得更多，也稳得更多。

——综合学习。阅与读，阅览室真是一个学习与放松两得的好地方。

在这第二个527班里，我们总能让"操劳过度"的大脑得到一种释放与放松。在"换换脑子"的过程里，我们可以了解到我们所生活在的这个城市的变化；知晓国内外的热点新闻以及不同地区的各种奇人异事；我们还可以通过多种书刊去探寻以前我们所不知道的历史；探究我们感兴趣的名人的传奇一生；甚至畅想未来我们所要面对的生活情景……同时，阅览室还有一个重要的作用——你总能找到一份十分有用的学习资料，这要感谢各科任老师的阅读资料和同学们的无私奉献；你总会惊喜地发现室内那固定一隅摆放的学习资料又有更新了……

学习与放松两不误，阅读与思考，阅览室的确给了我们很多。

——"**上课认真听讲；自习课认真学习；课后认真问问题**"。这是一个需要一段时间才能养成的好习惯。同样要感谢周老师让我们明白了它的重要性：上课总是忍不住问周围同学题目，其实并不能很好地使自己的问题得到解答。因为不经梳理就脱口甚至有时是随口问出的问题，其质量是不高的，在课堂安静的环境下，同学们不经过深思就进行详细的解答，会影响彼此的学习效率，带来更多的问题，长久下来，甚至会形成遇到问题不愿思考而依赖他人解答的惰性。经过课上的认真思考与梳理，下课便更可以将自己的问题清晰地表达出来，同学也可以毫无顾虑地细心解答或者一起探讨，这也是尊重老师的表现，更加增加了你独立思考的能力。

同时，这也让我们的忍耐力得到一次锻炼。忍得住，想得深，这是我们习得的又一宝贵经验。

——**同样令人难忘的是，每日警言，它让我们看到了我们不曾看到的风景**。因为每一个人，总能给你带来你所不知道的惊喜与美好；在每一场听与思的盛宴中，都让我们收获颇多。更重要的是，我们能体会到，自己在准备以及上台演讲时那不可多得的紧张、兴奋、激动与满足的各种心情与感受。无论是在台下听的人，还是站在台上演说的人都在进步着，我们都获得了难得的一次综合素质的提升。字字句句，铿锵有力，这个讲台，记录了少年那怒马红刀的意气风发。

每日，每日，定要把握好今日。"一万年太久，只争朝夕"，莫道今日春来，明朝花谢，至少有一刻的绚烂值得我们铭记。

三毛曾说，"每个人心里一亩田，种桃种李种春风，开尽梨花春又来。"527就是我们心里那一亩田地。班级之魂，文以化之；班级之神，文以铸之。我们手上紧握的这把锄头，就是527的独特文化，527的魂，一辈子也不离手了。面对茫茫无涯的未知，我们总能不惊慌，不畏惧，坚持本真。从容——只因一路有你。

"莫嫌海角天涯远，但肯摇鞭有到时。"携手527，我们收获的定将是一个丰盈而熟透的人生。

24. 青春　青蓝

□段幼娟

青春，顾名思义，青色的春天。可是，我不愿青春太单调，也许青蓝的青春才是我所憧憬的。

春天，万物复苏，给大地披上五彩裙钗，分外妖娆，因此，大家眼里的春天是绚丽缤纷的，可我独认为青蓝的春天韵味悠长。

青色，是小草破土后带给大地的礼物，象征着顽强不屈的毅力。青色，是大树抽出嫩芽时的喜悦，宣告着充满无限生机的生命的诞生。春天因青色而夺目，人生因青春而精彩。

高中三年，是人生最重要的青春期，不管最后努力的结果如何，重要的还是奋斗的过程。我很庆幸有一群如绵绵春雨的同学，时刻给我以甘霖，滋润我的心灵。

教室里，大家互相讨论，互相帮助，尽管是借小小的一张纸巾，对急需的人来说，也如雪中送炭，口头上说"借"，实际上是"给"，因为大家都是毫不犹豫地把东西送出去，没想过要对方还。久而久之，彼此之间有了默契，借东西时，居然凭一个眼神就知道是什么东西。一来二往，加深了彼此的了解。讨论问题时，尽管有时会争得面红耳赤，但是，最后一定是我们得出了更好解决方案后所洋溢的笑意。

食堂中，在那张熟悉的餐桌上，最先看见的是我们班同学的身影，坐成一排，有说有笑，互相夹菜共享，好不热闹，就像一个温馨的大家庭。有人说，我们班的同学对食堂真是情有独钟，每天一到吃饭时间就轰隆隆直奔食堂，当然，这不仅是因为食堂的饭菜口味渐佳，更在于大家珍惜与同学在一起的时光。那些日子真叫人怀念。

寝室里，大家更是无话不谈，从历史到哲学，从现实到梦想，从小到大的点点滴滴，都成了我们共同的回忆。

课堂上的专注，球场的齐心，生活上的扶持，铸就我们的"527精神"，形成了特有的"527文化"，闪烁着青色的光辉。

高中阶段，是学习的黄金期，而老师就是学海中的指路明灯，引导我们走向彼岸。强大的师资队伍是学习的关键，有幸进入527，让我受益匪浅。语文老师的诗词讲解，很有见地；数学老师的神机妙算，令人啧啧称赞；英语老师的双语翻译，流利顺畅；历史老师的通古晓今，可谓"一代才女"；地理老师的谈天说地，带我们探索未知的宇宙；政治老师的形象比喻，一语惊醒梦中人啊！老师们不仅教我们知识，更是我们的精神支柱。要知道，人定胜天，没有什么可以难倒我们，只有自己才能打倒自己。这时，老师的心理分析就显得尤为重要，多些鼓励，少些敷衍责骂；多些经验传授，少些泛泛而谈，这才是我们前进中最需要的。老师们熟悉的教诲总是在耳边萦绕，筑起我青色的回忆。

青蓝，是我最爱的两种颜色，它优雅洁净。青蓝的青春，我们梦寐以求；青蓝的青春，构成了我生命中最美丽的片断。

蓝色，是浩瀚的深海发出的神秘光束，诱惑着我们踏上汹涌的求知旅途。蓝色，是晴朗夜空暗藏的幽光，随时撒开困惑之网，烦扰人心。春天因蓝色而动感，人生因青春而无悔。

蓝色，在西方代表郁闷、失望，充满惊险刺激的青春怎能错过blue days呢？有挑战才会有动力，有失望才会有希望。与同学相处的日子里，也会有摩擦，有很多的不理解，甚至心里暗骂对方，但请相信，我们的心都是善良的。骂过，也悔过，再重新来过，向对方敞开心扉，增进了解，一笑泯恩仇，我们还是朋友；请相信与同学冷战的日子，你心里一定也不好过，正是这些悔恨的日子，我们的高中生活才不至于无聊。我们与人相处时才学会了聆听。我想，聆听老师的批评应该是一件令学生最失意的事情，人有一种天性——希望得到赞美，老师的批评如同阵阵春雷，惊起我们那根最敏感的神经。蓝色的教诲让我们的心海暗流涌动，愤激过后便是奋斗，决心脱胎换骨，再次得到表扬。蓝色的日子给予我们前进的动力，让我们能够一路走来，走过风雨雷电的青春。

春天里，有春雷阵阵，时刻惊起我们要吃得苦中苦；有绵绵春雨，给我们以爱的滋润；有春风拂面，替我们扫去烦扰；有和煦阳光，温暖我们冻了一个冬天的身体；还有无数的春意，化作暖流，注入心间，让我们的青春散发温热的气息，沁人心脾。

青蓝的青春，因为有你，我们青春无悔。

25. 步步生花
——我这三年

□ 向蓓姗

前奏

倒带，回忆，高一入学前的那年暑假，我第一次坐在一中的课堂上。面对初高中衔接教材，我当时绝对没有现在这般淡定。学习了二十来天，入学考试混了个一百来名。这跟心理预期差距挺大的，不过好歹被评上了优秀学员，也许这就是我初入高中开出的第一朵花，但我已有预感，这高中生活多"磨难"。不过，怀着"中华儿女多奇志"信心的我，仍怀抱一腔热情投入高中的奋战。此时，第一个伏笔埋下。确实，高一是我内心最煎熬、最翻腾的一年。

第一回合

抛却军训那短暂的快乐时光，九月一日，我怀着忐忑的心再一次来到日渐熟悉的一中校园。得知了分班结果，特别是当我知道班主任是早已名扬在外的数学特级教师刘老师时，我感觉自己这一步大概走好了。但也是从那时候开始，我才渐渐懂得，万般造化，全在自己。

我高一的529班，是一个理科气息极为浓厚的班，老师和同学联合起来形成一股无形的压力，让你放弃一切文史课程，自始至终地埋在数理化的题海中。在这样的潮流中，我漂荡了一年，建树平平，甚至开始懊恼、否定自己。现在回想，无论何时何地，无论文理科生，我们都不能完全屏蔽文史哲的熏陶，否则，百害而无益。然而，这一年还是有些许亮点的。那就是在高二的分科路口，我最终听从了班主任的建议，放弃理科，陡然转文。这简直是我高一纠结心路的高潮——一个放弃一年文史课程的学生，在理科生的千军万马中，毅然掉转马头，逆潮流前行。确实勇敢，但更多的是茫然无措。可是，我不得不说，这一步的跨出，开出了高一末期最美的一朵花，花香跨越两年，远远传来，四溢芬芳。

第二回合

高二进入527班修炼。当得知这是文科实验班时，我真心庆幸，感觉自己又跨对了一步。然而，还是那句话，万般造化，全在自己。高二的我，很愿意相信自己极具天赋学好文科，可仍旧成绩平平，并不出彩。但良好的班级氛围以及与理科老师截然不同的文科老师和蔼亲切的态度，给我们每个同学以很大鼓舞。每个人都能快乐地在527打造自己。我也在悉心浇水、施肥，抛掉已逝去的，把握能把握的。同时，高二仍有学考压力，课业也并不轻松。当时自己也算挺拼的，想抓住一切，结果事与愿违。学考成绩相当一般，连评"市三好"的资格也没有。

所以，高二实在没开出什么花，如果有，顶多算结出一个花苞，把一种"不争"、"平和"、"充满希望、永不失望"的心态送给了高三未知的自己。

第三回合

高三是我三年里最快乐的时光。我快乐地选购辅导资料，快乐地和伙伴畅谈理想大学，快乐地与同学分享带来的便当，快乐地一个人在图书馆自习，一个人在校园里散步，一个人在书店里翻阅喜爱的小说漫画。用四个字来形容——"活色生香"。高三，需要交流，更需要懂得享受独处的时光。当然，考试的压力还是有的。十来次月考下来，我的成绩曲线是一个波动上升的美丽波浪。刚开始也会羡慕那些始终站在塔尖上的同学，但只要"充满希望、永不失望"，惊回首，一览众山小。后来，真的豁达了。戏剧性的，最后一次模拟考试，我考了分科以来的最差成绩——满不在意，抓紧品味高中的余香更重要。

后序

接下来，按照程序设计，我们模拟进入考场——高考实战——漫长等待——出分、惊喜、失落——志愿填报——志愿动态跟踪——尘埃落定。最后，我收到了对外经济贸易大学的录取通知书。在别人恭贺的声音中，惊羡的目光里，我知道，高中的最后这朵花，如期如愿精彩地绽放了。

总体看来，这三年里，还是辛酸更多，可是人们总是不自觉地美化回忆。正如那首诗"那些过去了的，终将成为亲切的怀念。"走一步，再走一步，步步生花。

我们总是在选择与被选择，但总有一条路适合自己。说什么"自己选择的路，跪着也要走完"，其实没有那么惨，我们生活在最好的时代，活在最美丽的年华，拥有无限机遇、无限可能。我们就如一个一个的萝卜，跳进属于自己的那个坑。萝卜总要开花，我们也会长大。

26. 灿烂的日子

□甜歌（李曲芬）

夏日的雨总是如此荒唐，匆匆而至，以大地为中心，令人猝不及防地扩散开来。万物沐浴甘霖，微微一颤，以谢天地润泽之恩。雨雾营造一片迷茫，大地隐藏自己真实的颜色，要将人引入梦境中去。如此情境，实在太适合勾勒回忆了。

高考前的五月，也下过这样的大雨，只是当时心境不同。嘴上怪罪雨水打湿了裤脚，心中却是感激的，这样冰凉的雨点落在身上，能让焦躁的心逐渐安宁，暂时抛开一切关于学习，关于考试，关于压力。收起雨伞，登上五楼，瞥一眼门上"527"的牌号，用校服擦一擦脸上的雨水，忍耐着鞋袜湿透的不适，继续伏案学习——这便是高三生活最普通的流程。但，我从来未曾抱怨过如此单调的生活，当时是无暇抱怨，如今却余味无穷。

"不苦不累，高三无味；不拼不搏，一生白活。"不知是哪位理科生写了这么一句既无文采又不励志的标语挂在教学楼门口，俨然一副要上高三就如下火海的架势。语气豪气干云，倒不如脚踏实地。相反，527教室的标语显然温和得多："每天离梦想近一点。"刚开始大家都对此嗤之以鼻，嫌弃它略显幼稚，缺乏霸气。现在想来，这句平淡如水的话正是527班两年以来的真实映照。

高二分班时，527班便以低调的姿态重新组建，谁都知道这是万众瞩目的"文实班"，但两年下来，我们从未提及这"光荣"的称号，我们就是527，一个普通的班级，坐落在教学楼顶层的角落，我们只是"搞学习"。谦虚、踏实、从容，527一开始的起点便是轻柔的，稳妥的。这样一来，我们肩头的压力减轻了，但心却更加鞭策自己，鼓励自己，每天离梦想近一点。不得不说，班主任的"无为而治"为学习创造了独特而恰当的氛围。没有堆积如山的硬性作业，没有强制霸占自习时间，没有一天到晚念叨学习，没有严厉惩罚迟到早退，有的只是自律、自觉、自由和自信，他会鼓励我们去参加必败无疑的篮球赛，会带领我们去操场锻炼身体，会不停地叮嘱我们注意饮食起居，会把高考当成月考笑言"不用在乎成绩"……于是"从容淡定，宠辱不惊"作为527的品格，一直游离在教室的空气中，镂刻在我们的内心里。

在这段本该暗无天日的求学历程中，幸而拥有七位性格迥异却都能与我们"打成一片"的老师。老师的态度直接决定了学生的心态，真不知道那些整天给学生施加厚重压力的老师是育人还是杀人，十七八岁的少男少女，本来就心绪复杂，再也经受不起外界的干涉和压迫。我们的老师都和蔼可亲，拥有孩子般的笑脸和性格，给予我们更多的是鼓励。语数外的科任老师基本采取"放任自流"的政策——语文课上我们更多的是领略和感悟，那些套板式的解题方法老师很少提及。无论别人怎么想，至少我很认同这样的方式。语言本来就是感性的，若把中华民族博大精深的语言文学寓于几句干瘪的答题套路之中，实在是一种对文化的亵渎，就算应试分数高，也一定形成不了语文素养。英语老师亦然，从来不强制背诵课文和单词，只是将一种"语言意识"灌输在我们的脑海里，让外语变得不那么令人生厌。数学课更是"无法无天"，很少课堂考试，没有课外作业，老师大笔一挥，画几个函数图像，开几个玩笑，一节课就结束了，所以我们班拥有文科班中少有的不惧怕数学的态度。文综老师更是想尽办法消减课堂的压抑，硬是将枯燥的社科条文转化成通俗风趣的俏皮话，于是下课之后大家都愿意将老师包围，提出各种古怪的问题——谁说这不是学习呢？我们热爱这样的方式。

当然，欢乐只是苦难的陪衬品，高三的生活还是艰苦的。清晨条件反射似的离开温暖的床，以无意识的状态狂奔进教室，残忍地无视热气腾腾的早餐，捧起书便开始大声朗读，直到早餐冷凉，口干舌燥，此时早已食不知味，胡乱塞下一块糕点，准备下一堂课的测试。所谓"准备"，也就是提起笔，铺开试卷，写！高频率的各种考试早已铸就了我们麻木而坚忍的意志，甚至成为了放松学习的大好机会。至于成绩，大家都坦然面对，这次考试心伤还未抚平，下一次考试就来临了……午饭过后，许多同学仍然埋头奋笔，在零碎的时间里获得超越的空间，写累了便趴在桌上，以课桌作床，校服作枕，等待上课铃来惊醒。晚自习是最自由的时间，亦是学习密度最大的时间。这时候教室里分外安静，只剩翻书和划纸的声音，无论是领导视察还是烟花绽放，都无法惊扰我们学习的坚定。三个小时的奋笔疾书，一套又一套试卷，一篇又一篇课文，我们在充实中筋疲力尽，抱着几本书匆匆回家，冲凉，坐定，挑灯夜战。辗转不成眠之时，也会忧虑未来怀念过去，咬牙，流泪，继续生活……记得有位学姐说："苦难就是财富。"高三这些枯燥乏味煎熬压抑的日子，在日后定能酿成一份不折不扣坚韧大气的品质，成为生命中最宝贵的财富，在人生旅途中熠熠生辉。

如今527班已从教学楼撤离，虽然大家仍然联系，却可能再也找不回曾经那般"战斗的友谊"。我们同在副热带高气压下挣扎奋斗，同在拼接的课桌上共享晚餐，同在一张试卷周围畅谈理想，同在微弱的星光里并肩回家……我们没有班级旅游，没有宴会聚餐，我们甚至没有时间经营和交流情感，但是，在漫天飞舞的书本试卷里，在笔尖摩擦课桌的声音里，在移樽就教的谦逊里，在大声呐喊班号的骄傲里，我们获得了最为微妙又最为强大的默契和凝聚力，那样的力量，振奋人心，我们以奔跑的姿势迎接高考，以坦然的态度等待结果——没有什么能垮散我们的班级。

记忆如大雨一般模糊，或许高三是怎样的心境，早已描摹不清，只是还记得那时有豪言壮语，也有恐惧孤独。只是还记得这些人，这些事，这间教室，和这段无法忘记的时光。"君乘车，我戴笠，他日相逢下车揖；君但簦，我跨马，他日相逢为君下。"李某何幸，识汝众卿，恩师和战友，在最苦难的岁月给予最坚实的依靠，温暖人心，永不忘记。

雨已停歇，斜阳刺透明净的空气映照大地，眼前是一片耀目的绚烂。我小心翼翼地收拾起回忆，整饬行囊，要去离梦想再近一点。大千世界，人间冷暖，无论还要经历什么，只要还记得这段灿烂的日子，便再也不会怯懦。是的，灿烂的日子。

27. 泥土的天空

□李明键

"最清晰的脚印，只留在最泥泞的路上。"

2012年2月29日

回来了，回来了。

冬天的雨下起来似乎是不会停的，走廊一直是湿漉漉的样子，但总归比画室暖和。

"几万年"都没有写字，今天拿着一套文综试卷，却有如失散多年的爱人重逢，窘迫的一方尴尬不敢相拥的感觉。额，这个需要时间。

似乎远没有原先那么热闹，每个人都自己埋着头，沉默的身体下面像隐藏着一个巨大的马达，开足马力地奔跑着，让我只能赶快收回还想调侃撒欢一番的心。

有些陌生，有些生硬，有些小小的激动和兴奋。

这不是最熟悉的527，但却是最好的527。

我相信，我是对的。

2012年3月9日

晚自习翻着一年前做的十二校联考试卷，那时的感觉，决断，还有思路。今天一看，就像在看另一个人，物是人非。

这几天，回来既有高于预想的欣慰，也有力不从心的惆怅。还好有个今昔对照，免得一不小心就一副夜郎自大的嘴脸和外强中干的浮躁。

好吧，坚持吧。当然，也不要在夜行的路上，熄灭了，唯一剩下的，自信的火光。

2012年4月23日

专业通过的喜悦，似乎只有出现在梦中。醒来时学校的意象，又从北京恍惚回了一中。

每天晚上只能把身体拖回家，连一句话都挤不出，疲惫地摔在床上死死睡去；经过似乎连梦都来不及做的一夜，在一片寂静中极不情愿却又迅速地爬起套好校服，刷牙洗脸时睡眼惺忪但又能情不自禁地对着镜子开始搞怪，最后在7:30带着已经自习两小时的成就晃晃悠悠地走进教室，在拿出英语书准备晨读的几秒钟还不忘调侃取闹下同桌，一天，就开始了。

习惯了那些起起伏伏，进进退退，只留下一颗波澜不惊平静的心。

与其昂首挺胸踏进最后制胜的战场被一箭穿心，不如现在一直就带着鲜血淋漓的伤疤坚持爬行。毕竟伤口是可以愈合的。

2012年5月19日

今天下晚自习，听着他们谈到6月的毕业旅行，心里小小地震动了一下。是啊，多好，我们这些每天动作一直机械重复的孩子也一直有如此浪漫的东西藏在心里。每天小心翼翼地拿出来温暖、分享一下，似乎就是这些日子里最大的奢望和享受了。然后果然又一不小心地想到了昆明，那个三年没回去躺过在阳光下看书的沙发，还有三年没有见过的奶奶和妈妈。

好吧，抬起头来沐浴了阳光，就趁着还留有余香继续埋首工作吧。在最艰难、泥泞的路途中，仰望看到的风景才是最美的。你的回家，你的骑行，你在那陌生城市的熟悉记忆，先等着吧。

成年快乐，不管你愿不愿意。

后记：那时积累下来的点滴泥土，没想到竟能堆砌成现在的天空。

28. 走过

□鸣若夏蝉（段妍芬）

10月25日，我从澡堂踱出来，漫步在夜晚的林间道上，抬眼望去，细碎的灯光连缀起来，零零星星的淡黄色点成了一条线，斑驳的灯影投射在地面上。我的思绪被拉得很开，回到了一中，回到了一教五楼最里那间教室。

我实在是个爱幻想的人，记忆最远是定格在自习室的三扇窗户上。因为经历过你们的痛，所以明了你们的心。那个时候一天的行程排得多满，那个时候的神经是多紧绷疯狂。然而我们有一个最可爱的纾解方法，每天下课铃一响，大家倏地一下从座位上一跃而起，争先恐后地向一楼向食堂肆无忌惮地跑去，一日的紧张、烦恼、疲惫，在阶梯间的旋转中，在大道上的冲刺中，随风而散。吃完后，大家通常会捧着一本政治提纲或者小组合作完成的世界各国通史整理聚集到窗户边上，大声地背诵。我便一边背着，一边趴在窗边，望天，想着上一届前辈们的辉煌事迹；望树上蔓生的枝叶，想自己究竟能走多远，看到哪里的风景；望地，看到形形色色的人群走进一楼的小通道。所以，也想想你们，对楼的，或者隔了两栋楼的你们，想你们是否听到了我们的朗诵声，想你们有什么样的感慨，是不是犹如当我们高二时，听到高三的教室里传来"水手"、"精忠报国"、"一千零一夜"的歌声时一样，除了心潮澎湃，还是心潮澎湃。

谁没有经历过得意，就像我们在得知2011届的518神话时难以压抑的兴奋，他们一个个的人名就真真切切地被打印在红底的榜单上：清华的、上交的、央财的、政法的……各种我们经常叨念在嘴边的高校。我们兴奋，是因为这是我们的前辈，更是因为这是一份无与伦比的动力；谁又没有经历过失意，就像我们在看到第一代文实班的教室里那一双双通红的眼睛时

难以压抑的恐慌，他们的发挥失常同样被记录在红底的榜单上，第一名的中南财经政法大学，也死死地刻进每个人心中。记忆最鲜明的是那个满天焰火的夜晚，所有人都挤在栏杆上，赞叹着它们的美丽。也就是那个大家最忘乎所以的夜晚，有人朝我们大吼一声：看什么看，这些东西又不是放给我们看的！刹那间，大家都明白了他的意思：他人的胜利再美好，也与我无关。哦，对了，那最先警醒的人，成了今年夏天最如雷贯耳的名字。

也有迷惘，也有期待，和你们一样，在去年的那个时候，我们走着和你们同样的路。那段年华我们已行过，然而就如我的辅导员学姐说的一样：你们的前辈可能很牛，参加各种各样的活动，取得傲人的成绩，但永远不要羡慕他们。因为他们得到的，你们凭借自己的努力也定能得到甚至远远超越；然而你们现在所拥有的，是他们终其一生也无法重新获得的。

或许你们还想听听我的大学。看过《殊途同归Ⅲ》的同学们，你们还记得那个绿色的Y字么？那就是北语的校徽。北语是一个小清新的学校，娇小而精致，如果你深入她，你就会爱上她，像我一样。

29. 高三，遥远时光中

□ 鲸（钟南海）

"凡墙都是门。"

01

九教旁银杏刷刷刷刷落，路灯下，凉透的秋雨啪嗒啪嗒洗亮满地金黄。这本该是用川妹火锅填满的季节，好朋友们一边布着菜，一边说：

"时间过得真快，我们都长大了。"

快吗？毕业半年，不论一中还是我们，都不复曾经的模样。离开527，再也不用为符号化的假期抱怨，再也不用听老周呆萌地提醒：月考又来了噢，把考试当练习嘿嘿嘿嘿。而之前三年，我都如此度过每个十月，无一例外。

02

高三于我，始终复杂难言。谁逆天发挥剑指状元，谁马失前蹄泪别名校，都会在他人口耳相传中日渐朦胧而神秘，甚至被传说化而难觅原本影貌。还有高三的彷徨、高考的忐忑使我惶惑满心，不知疯狂努力最终通向何方，每天都是没有明天的漫长寒冬。但也分明记得，6月8日下午，雷电轰鸣，大雨淋漓。虽然窗外魑魅魍魉乱作一团，心中却如同一次普通的周练——原来压制太久即将满溢的期待，真正来临时却如此自然。还记得儿时的《小马过河》吗？"若非亲自站在水中，你将领会不到它的深浅。"高考如是，生活如是。关于高三的故事一版再版，但你书写的，是自己的青春。

出分那天，许多人流泪了。并非创造历史喜极而泣，而是失意、懊恨、难过。在多数沉默面前，少数人的耀眼自觉放低到尘埃里。巨大的付出终未赢得正比的结果，那个"红旗插上岳麓山"的结果。苏仙岭，太熟悉，也太矮了。

上天作弄，才更是激励。我们永远走在通向梦想的途中，却永远到不了终点——这是奋斗者的悲哀，却也越见其光荣。

03

我们用联谊谨记这个温暖的夏末。全套夏衫和加菲公仔的毕业合影，爬山游泳K歌，英语吉他动漫，各种真假表白，各种串门蹭饭，萌神的成人礼，《殊3》欢乐的首映……当然，还有我铭记一生的毕业旅行。

安仁一中和郴州一中的跑道很像，原生态的丛生杂草和无生命的塑胶假草的区别而已。再奔跑，恍如隔世。我和妈妈来到这里，是为了感谢一个人，我的挚友。优秀的她，像姐姐一样，帮助我走过大半个高三；高考却失常发挥，去了常年海韵椰香的城市学广告。

"你知道吗？"她领着路，"张榜那天，只觉得结束也就结束了。可回眸细想，每一步都那么不易。成长多么漫长，面临多少诱惑和抉择，每一步都可能放弃……可最终，我们站在了这里，不是吗？"

她的长裙拂过路旁盛放的花树，开成一朵绯色的轻云。

高三下那段很长很长的低谷，从三月数学的66分开始。联考跌破580

分，倾注越来越多的时间，却只能面对越来越残忍的考分；一次次在稿纸上写满天道酬勤，却一次也无法说服自己……所幸，我有位愿陪我熬夜直到凌晨四点的母亲，还有一群比我坚强温柔数倍的知己。

每天下晚自习，群火熄灭，路灯散出蒲公英般微茫光晕。每次和挚友并排跑回家，在我低落的语无伦次后，她总会停在拐角告别的路灯下："最后百米，我会冲刺；即使数圈后筋疲力尽，我也会加速。我渴望激发潜能，也喜欢在纠结'不行了，快停下''加油，坚持住'之后选择义无反顾。"她让我坚信，每次冲刺后的惊喜，就在于那句："原来，我真的可以做得更好"。

每次食堂拼饭，和李"高富帅"胡吹神侃高考后的所谓"复读生涯"，自乐自嘲地描摹各种苦逼细节。每次，都是我被他的三寸不烂之舌逗得喷饭不已，心中块垒一扫而空。虽然我比谁都清楚，身为特长生，他脑海中每一秒里浮现的复读意念比我整个星期的都要多；

每回周练"暴死"，记事本上问题几何级数增长时，谁也没有嫌弃过我的白痴提问。于是，我的书桌上常常出现曲芬子的政治提纲，小琦子的文综网络，天然君的英语单选，数学帝的数学心得。每次考后抑郁，向景君大倒苦水，都会在一声声"嗷禁止求救~""再求救放进殊三片头！"后收到满是萌系字体的鼓励便笺。还有小组联考后的激烈讨论，国旗下讲话帮忙改稿，自主招生共同查找时事、演练面试……

"真好，我们在不同的地方同样地奋斗。多年以后，希望我们还守着自己的小小梦想。"

"还记得吗？星不怕黑暗，云不怕天阴。无论在哪，希望我们都保持那份快乐和态度。"

加油，出门在外，请珍重。多年后再聚首时，希望能看到更强大的你们，和独挡一面的自己。

> 是的，你不顾一切
> 总要踏上归程
> 昔日的短笛
> 在被抛弃的地方
> 早已繁衍成树林

走近梦想
————从一个普通高中班的成长说起

守望道路，廓清天空
————《归程》

04

这个季节，银杏黄了。黄昏长椅上手牵手的好友们，一定能相互偎依，欣赏那抹平静的绝美了。来往学子们习以为常的，行道树上一粒一粒的墨绿小圆果儿，就那样欲坠地垂挂，直到掉在地上被噗地踩破。校服秋装被吊儿郎当地套在身上，课间操始终那么软趴趴没啥力气，食堂里总听见谁抱怨三餐的口味……

冬日难得下雪时，他们唧唧喳喳跑下楼玩雪，在铺上雪毯的绿茵场书写自己班级的名号。下课时、午休时、"一中杯"时、运动会时、Dream Party人声鼎沸时……他们说笑、呐喊，倚靠着彼此的肩膀；他们拥抱、哭泣，用力奢侈着以一中为布景的青春。他们以为，"郴州一中"不过是个年岁的脚注，却不知这将是他们隽永的记忆海洋。课桌上的涂鸦、被窗帘缝中闪入的阳光摇曳眼瞳的感觉、暮春小花园缤纷的香气、放学必经的19路站牌……都是他们终将怀恋的零零碎碎。

师弟师妹们，你们兴许不会知道——那年高三，五楼窗台的小西瓜嫩绿地膨胀，每天带来成长的微妙；窗边男生们喜欢借右座女生们的荧光笔订书机改正带，因为自己从来不带还常常耍赖；画得一手小人画的男生爱向一个字体奇葩的女生借政治笔记，每次都会奇异戳中她的笑点；家长送饭时，自习室的书桌被拼成大方型，桌上摆满各家喷香的佳肴；理想的大学被整齐粘在桌右上角，成为闲时消解枯槁的谈资；连挂着的地图上都贴满笔记的教室后墙，有蝴蝶停在"举国英才聚北京，外师财法北人清"的"京"字上；五楼独有的两个班总是激情爆棚，得知奥赛获奖时同时响起欢呼，教材上的涂鸦也班际疯传；哦，对了，还有夜里的英东操场上，毫无运动细胞，掐秒表练长跑只为校运会喊响"一二三四五二七"时不太难看的男生，跟着前边的女生累得半死；从栏杆上无数背包里找出自己的总是很难，每次都要瞅着一排黑色双肩包郁闷半天；熄灯后一教笛声萦绕，虽然对演奏者身份心照不宣，却又真诚感激这激人奋发的天籁；每每聊起梦想与未来，也会在黑暗中大叫"我叫杨X发~虐残你我他~"、"周X荣

~纸老虎~"、"夏X新真·高富帅@#￥*%&"之后，脸色突变，逃之夭夭……

一中很老了。老到砺学力行唱醒一代又一代人，老到校服下相恋的小情侣们各奔天涯，老到学生成了老师，老师成了老人。你们不会拥有前辈的回忆，却拥有着独属于你们的记忆，关于一中，关于青春，关于你们的中学时代。不管那些放学和你一起回家的人，是否几年后去了别的城市，不再并肩同行；不管那些下课跟你组队WC的人，是否几年后早已习惯独自穿梭大学校园，不必等你赖你；不管那些上课回头与你神聊的人，再回头，是否已不复当年齐耳短发的可爱面庞……

——你要相信，一中永远都在这里，将你的梦想悉心珍藏。让它们在熙攘的人流中，汇成光河，潺缓流淌，明亮远方。

同一蓝天下，所有的我们是如此渺小。但所幸，你知道，我们深爱的，永不只是这里的一丝一毫。

"会笑的星星，遥远时光中。"

后记：远方

我是鲸。京中之鱼，一介书生。

查到自己几近确定的录取结果后，我的高中时光，真正结束了。

是谁说，人总无法抑压离家远行的欲望。前方水月镜花也好，猛兽荆丛也罢，我们总相信前方就是梦中桃源。即便最后不如意，走过的风景却也是最美的记忆。毕竟，生命，不是为了抵达。

"你总是远走，一个人走，我们是不是总握不住你？"每次远行前，父母总会拎拎我的行囊，轻轻一叹。但叹息后，他们又会说——

"想去哪就去哪吧，你想去的就是你该去的地方。"

我始终心怀敬愧，在同学们主动或被动投身商管、金融、传媒、法律时，他们放手，让我坚守我爱的文史。也深深感谢一路走来的恩师们，在南京杭州甚至那所一度梦寐以求的社科名校相继抛来橄榄枝时，你们尊重我，让我远行，不论身体还是灵魂。

我仍铭记当年转学离开的清晨。我趴于窗台，看故乡小城远穹的岭云雾妖娆，由浓转淡。父亲站在我身后说："离开，是为了更好地回来。"

而另一句话，又支撑我走过了接下来的六年："离开以后，回来以前，不要回头。"谨此，勉励四年、十年，甚至更远明天的我。

　　"没有梦想，何必远方。"

　　如果人生是一段长长的旅途，请让我的归程，延向远方。

　　（载校刊《瞳》2012年第2期）

第三编
527，看不见的风景在心里

> 理想的教育是个人潜能的发挥
> ——让每个学生扬起希望的风帆，
> 让每个教师领略教育的趣味，
> 让每个父母享受成功的喜悦；
> 理想的教育是民族利益的福祉
> ——让每个人接受从摇篮到坟墓的全程教育，
> 让每个人体验到地球村的绝景佳色，
> 让每个人生活在宁静和平的永恒的时空。
>
> ——朱永新《我的教育理想》

　　教育好一个学生，对于老师来说，是一件艰难的事情。培养好一个班集体，对于班主任来说，那更是一件重要的系统工程。教育学生有很多种方法，但我认为最关键的首先要有一个正确的观念，因为有了正确的观念才能产生正确的方法。因此，教育从根本上来说是一种观念而不是方法，方法只是一种手段而不是目的。

　　由于多种原因，在高二时，527班的学生，普遍感觉压力很大。我们知道，学习没有压力，那是不可能的，但是，压力过多过大，绝对于学习无益。如何舒缓学生的压力，着实是摆在我们面前的一大重要任务。在这种情况下，当时，我利用语文老师的优势，组织了一个"课前五分钟演讲"

的活动。一来给学生提供一个释放压力，讲心里话的机会；二来借此培养学生听说能力，同时积累作文素材；三来通过演讲，同学之间说一说，笑一笑，可以活跃班级的气氛；四来让我多了一个了解学生的渠道，让我知道他们在关心什么，进而提高班级工作的针对性和有效性。真可谓一举几得。

基本的做法是，以学号为序，每生每期都有2~3次机会演讲。演讲内容是学生找一句自己最感兴趣的话，或者最感兴趣的事，谈自己的理解与认识。时间限定在5分钟以内，形式不限。讲完之后，讲稿上交。

学生们都十分珍惜每次表达的机会，第一次的时候紧张，第二次、第三次，那就坦然多了。通过演讲，学生的心灵似乎受到了一次洗礼，增加了认识自己、认识同学、观察社会、感悟环境的机会。坚持了一年，学生受益颇多。

这一编中，收集学生的部分课前演讲稿，或规划人生，憧憬未来，或冷静思考，感悟世界，字里行间，洋溢热情，浸透着学生的思想碰撞，饱含着青春的记忆。

1. 恰同学少年

□许珮瑶

为天地立心，为生民立命，为往圣继绝学，为万世开太平！

——[宋] 张载

王国维在他的《人间词话》中写道："古之成大事业，大学问者，必经过三种之境界：'昨夜西风凋碧树，独上高楼，望尽天涯路。'此第一境也。'衣带渐宽终不悔，为伊消得人憔悴。'此第二境也。'众里寻他千百度，蓦然回首，那人却在灯火阑珊处。'此第三境也。"

今日，小生斗胆一说，古今之伟人，所达之成就，亦有三种之境界。

"食无求饱，居无求安，敏于事而慎于言，就有道而正焉，可谓好学也矣。"此第一境也，能达到这一境界的人，大都满腹经纶，可出口成章，留下的佳作不计其数。也许也不一定吃得饱穿得暖，但"敏于事而慎于言"，这种善意揣测上意、明哲保身的做法，只能让后人记住他们或激昂、或悲伤、或酸腐的诗文。

"先天下之忧而忧，后天下之乐而乐。"此第二境也。达到这一境界的人，眼界并不仅局限于自身的成就，他们不仅学富五车，而且胸怀天下，以天下苍生为己任。他们"有志与力，而又不随以怠，至于幽暗昏惑而无物以相之"，终不能达，亦不会成。范仲淹如此，"一蓑烟雨任平生"的苏轼如此，"可怜白发生"的辛弃疾亦是如此。

"为天地立心，为生民立命，为往圣继绝学，为万世开太平！"此第三境也。有些人在从前可能失意于仕途，但他们遗留下来的思想，却照亮了整个中华民族前进的道路。这其中，远有"克己复礼"的孔子，有"夫唯不争，故莫能与争"的老子，还有"路漫漫其修远兮兮，吾将上下而求索"的屈原；近有"粪土当年万户侯"的毛泽东，读着毛泽东的诗词，我们仿佛能看见他当年意气风发、挥斥方遒的样子。他们的背影已经消失在了历史中，但他们的文字，至今仍震撼着我们的心灵。

做事业，做学问，自然要以这第三境为目标，而不仅仅满足于"吃饱穿暖，混吃等死"的生活，否则如近代卖国求荣的慈禧太后和一众腐朽无能的地方官员一般，"今日且过，管他明日；今年且过，管他明年！"为自己能"吃饱穿暖，混吃等死"，甘愿"割三头两省之地"，"挽我几个衙门"，"卖三百万人民"，"赎我一条老命"。国岂不亡乎？

梁启超在《少年中国说》中发出振聋发聩的呐喊——"若我少年者，前程浩浩，后顾茫茫。中国而为牛为马为奴为隶，则烹脔鞭棰之惨酷，惟我少年当之。"我等少年应如何自立，行文至此，相信大家心中已有定论。

2. 设计人生的时刻表

□邝琳雅

先分享一则有关时间的寓言：

4个20岁的青年去银行贷款，银行答应了借给他们每个人一笔巨款，条件是他们必须在50年内还清本息。

第一个青年想先玩25年，用生命的最后25年努力工作偿还，结果他活到了70岁都一事无成，死去时仍然负债累累，他的名字叫"懒惰"。

第二个青年用前25年拼命工作，50岁时还清了所有欠款，但那天他却累倒了，不久死了，在他的遗照旁放着小牌，上面写着名字"狂热"。

第三个青年在70岁时还清了所有债务，没几天他去世了，在其死亡通知单上写着"执著"。

第四个青年用了40年工作，60岁时还清了所有债务。生命的最后10年，他成了旅行家，地球上多数国家他都去过了。70岁死去的时候，他面带微笑，人们至今还记得他的名字：从容。

当年那家银行的名字叫做"生命银行"。

懒惰、狂热、执著、从容。时间可以验证不同人的生活态度。短暂的一生应当如何度过？关键在于我们如何去坦然观摩人生纵横，过去也好，现在也罢，或是将来，我们都应该为时间而设计人生，为人生而设计时间，也许这是种享受——一种生活同时间的享受！

当人们过于沉浸于岁月中，往往是惘然、散漫的。因为没有目标或紧张感，那么时间的存在便成了一种消磨。然而，时间总能证明什么，又能抹去些什么。时间的力量不仅仅是年月日，而是每一分每一秒；因为有些时候的胜利恰恰就在于一分一秒的累积；人生几何？我们要走的路还很长，要干的事还很多，倘若不去争分夺秒，生命便容易滞留，好像一泓清泉刹那间失去了灵性。

在寒冷的南极，让企鹅最易丧命的不只是恶劣的环境，还有时间——它们的潜水极限只有90秒；换句话说，时间便是企鹅的生命，如果潜水捕食超过90秒，要么会溺死，要么会饿死！可是千百年来，企鹅就靠这90秒的时间在南极存活。90秒，相对于千百年来说微不足道，对企鹅来说却是到了生命极限的程度，而人类的时间又何止千万个90秒呢？成功不需要怨天尤人，更不要犹豫不决地浪费时间，而是锁定目标，全力以赴！规划人生时刻表，同样如此。

眼下，对于我们而言，距离高考还有451天，平均6科每科占75天；距离学考还有90天，平均每科占10天。数学与时间似乎总有特殊联系，而在这有限的时间里我们必须充分利用其价值。鲁迅曾说："我用别人喝咖啡的时间来工作。"苏格拉底也说："当许多人在一条大路上徘徊不前时，他们不得不让开一条大路，让那些珍惜时间的人赶到他们的前面去。"

即将来临的一天，比过去的一年更为悠长。珍惜时间便是对过去的弥补和对未来的追求！

恰同学少年，风华正茂；阳春三月，我们正年轻！

3. 让步伐与灵魂同步

□ 钟露茜

别走太快，请停下来等一等你的灵魂。

初次看到这句话时，我便问自己，我真的走得很快吗？回想起来，又是一年春。在这个世界上，我们也算是风风火火地活了十几个年头。小时候我们都是做梦的一群人，而今我们已经踏上圆梦的征程。也许，总要等到长大了我们才能清楚地回到自己的内心吧。

其实我也无法真正透彻地理解什么才是灵魂，那暂且就将它当做内心来理解吧。我只是觉得我们都应该用一颗清醒而赤诚的心来面对生活中的浮躁和惰性。无论何时，无论何事，当我们下决心要完成它时，时间的快慢和多少就只是外在的限制条件，而最重要的还是是否遵循了自己内心真诚敏锐的声音。禅言："在心念的活动中如果不能自生，那就意味着你生活在被选择中。"是啊，在五光十色的外在世界里，我们总是轻易地让自己迷失在各种诱惑里，无法谨慎地选择生活。

坦白说，这一路上的确很艰难。逆水行舟，在应付进退之中又不能失其中正。在婉转人际中我们还是要有自己的步法。行路急促，我们还得回头自我眉批。在路断途穷之际，我们要纵身一跃，重新开始。我们无法预知下一秒会发生的是平淡无奇的事情还是翻天覆地的变化，面对这一切，在心里，应该早已准备好一条行走的路线。我们都是执著而无悔的一群人，不是吗？那些复杂坎坷，一旦被我们的心念和意志力打败就会变得单纯。这一路上行走的足迹是成长的功课，也是生命的功课。

有人说过："时间从未停止最匆忙的步伐，它像惶恐飞过的鱼，又像汹涌的潮水，淹没你所产生的一切遐想。"可是，真的是这样吗？如果一味地听从时间的安排却无法保留清澈的心，岂不同行尸走肉一般？一天二十四小时，除了吃饭睡觉，我们就将自己埋在书海里，不顾一切地奋笔疾书，疯狂地做一道又一道难题……若只是全神贯注地看书而没有任何信念支撑，日复一日，就只能把一个人变成机器。也许某一天我们会突然觉得倦了累了，诧异地发现不知道自己都干了什么，可事实上，那些满满的都是笔记的书本依旧摆在那里。我觉得，内心深处应该保留着一个边界，用来清醒，用来独处，用来付出、克制、忍耐、坚持，用来感受自己逐渐变得美好的过程，用来克服创伤、困惑、失望的曾经，用来相信，用来再次出发。

"三月是远行者上路的日子。三月，人们想得很远，前面有许许多多要做的事情。三月里的人们满怀信心，仿佛远行者上路时那样。"在这个春暖花开的季节里，我们已行至中途。此刻将三年的时间对半分开，前面是未知的一半，而后面是逝去无法追回的一半。我们将怀着笃定的心去迎接那未知的一半，将它点缀成此生最美丽的风景。

4. 让身体和灵魂同行路上

□张炫擘

我们在路上。

热水袋躺在地上宣布罢工，杯中可乐零星残留，被撕开的信笺悄无声息地躺在一个被匆忙遗忘的角落，也不曾想起它里面的内容，也不曾想去探索一番。曾经觉得无法消停的日子戛然而止；曾经认为光阴是年华的匆匆过客，而浮生若梦，现在却把时间过得如此深刻。

轻轻打开很久不曾仔细端详的书柜，一个个幼时的镜头涌上心头，承载了满颗心的欢喜和秘密。想起藏一本自己攒钱买的漫画时的窃喜，压一本日记本于箱底的神秘，乐此不疲地沉浸其中。而现在我只是一个孤独的追梦者，正在拼搏，所以刻苦；正在进取，所以沉默；正在超越，所以孤独。时常，我执书面壁，心想自己什么时候才能拖着行李抵达心中的朝圣地。想完了，又继续埋头奋笔疾书。我不禁想起了著名翻译家傅雷先生在他的家书中所提到的"做学问要耐得住寂寞"。乍一看这"寂寞"二字在心中留下了深刻的印象，却并没有理解它深刻的意味。可这该是一位长者饱含几多深情的谆谆教诲啊！这是一个需要精神价值的时代，也是一个需要真正艺术的时代。余秋雨先生指出，宁肯去忍受磨难和煎熬也不要放弃真正的艺术。在我们追逐梦想的路上，又何尝不是如此。会有枯燥，会有焦虑，也会有煎熬甚至是痛苦，但不管面对怎样的压力，也都绝不该成为扼杀我们豁达乐观、从容淡定的心态的理由。未来的路不是固定在那等你趋近的，未来的路需要开拓。梦想就是最坚强的后盾与动力。怀揣梦想上路，只有经受得住种种困难和磨砺，精神和思想才能够成熟，才能够足够坚韧。

如果一个人的生命能够让人如此感动，那么眼前浮现的是执著坚忍的乐圣贝多芬，是"扑向太阳的画家"凡·高，更是忧国忧民而上下求索的屈原。他们都为自己所执著的信念而奋斗，都以独具一格来抗争世俗的眼光和压力。终究，他们赢得了历史的认同，书写了让人感动的一生。

怀揣梦想，并为之开拓的过程，是使人坚定的过程。我们更清楚自己要的是什么，自己付诸努力的对象是什么，离梦想的差距在哪里。开拓的过程，是担当的过程，不断地调整自我，我们会有更强的承受能力和抗击能力。

"操千曲而后知音"，今后的路上，我将以更强的心理素质开拓未来。我们在路上！

5. 花开淡墨痕

□陈佳

每每看见"淡"这一字，便能想起一连串相关的词——"淡然"、

"恬淡"，无一不表示一种特殊的意境，是嘴角一抹轻微翘起的弧度，抑或是一幅色彩清淡的水墨画，似乎给人的感觉就是不在意，无所谓。然而为何要学会"淡"呢？随着这个世界节奏的加快，心也随着社会的进程犹如漂荡的浮萍而摇摆不定，时而起，时而落，只是漫无目的地在海上流浪。如何让自己扬帆起航？让心"淡"起来。

世上总不乏淡然处世之人。居里夫人曾两次获得诺贝尔奖，全世界有107所大学、研究院、学会授予她终身名誉院士、名誉博士、通讯院士等称号。在如此大的荣誉面前，居里夫人的态度是躲开荣誉，尽量拒绝各种访问，继续躲在那间简陋的实验室里，从事她的科学研究工作，她甚至把英国皇家学会奖给她的奖章给孩子玩，因为她淡泊名利，所以她没有被绊倒，而是不断攀越下一个科学的高峰。

淡然面对人生，绝不是对于人生已毫无寄托，而恰恰是因为心中有着自己的一份坚守，因为坚守自己的科学事业，所以居里夫人说："荣誉就像玩具，只能玩玩而已，守着它只能一事无成。"因为坚守自己的人格，所以陶渊明唱着"采菊东篱下，悠然见南山。"只有保持清醒的头脑，淡泊的心境，才能面对大众化的思潮退而避之，面对享乐思潮的诱惑泰然处之，面对灯红酒绿的社会紧守心灵的净土。让心"淡"起来，恰恰是为了撩开迷茫的轻纱，让自己重新认清当初的目标。

希望大家能看淡一切艰难险阻，找到自己的目标。

6. 学会选择，懂得放弃

□侯燕晖

有人曾说过："什么样的选择决定什么样的生活。今天的生活是由我们以前的选择决定的。而我们今天的选择也将决定我们以后的生活。"因而，我们谨慎小心地对待每一次选择，只求让自己无怨无悔。结果带给我们的或许是成功的欢笑，或许是失败的痛楚。但不管如何，我们都得为自己的选择承担责任，这是谁也无法逃避的。

生活中，有人愿意放弃功名利禄，选择平淡温馨的生活；也有人愿意放弃安逸的生活，选择成就伟大的事业。两种不同的人生态度，不能说谁对谁错，毕竟人各有志。但共同的都是选择。很多时候，我们的成功，并不是仅仅因为抓住了机遇，而是你的正确选择。有这样一个故事，一位老人在火车行驶的途中不小心把鞋弄丢了一只，人们都在为他惋惜，老人却选择把第二只鞋也扔出了窗外。人们在惊诧的同时更加赞赏老人果断地选择放弃。因为勇于放弃既是一种处世心态，更是一种生存的智慧。

梅、菊放弃安逸和舒适，才能得到笑傲霜雪的艳丽；船舶放弃安全的港湾，才能在深海中收获满船的鱼虾；大地放弃绚丽斑斓的黄昏，才能迎来旭日东升的曙光。有些时候，放弃也不失为一种好的选择。正如哲学上所说的具体问题具体分析，正确看待放弃的得失。放弃往往被认为是妥协者的作为，必然也是失败者的败因，因而往往也不能被人接受。也会出现一些人追逐梦想身心俱疲、力不从心的时候，不正确考虑实际，选择拼死拼活地和命运搏一把，哪知道输得更多，败得更惨，遍体鳞伤。越是抉择的关键时刻，越要冷静下来思考，做出正确而又明智的选择。

坚持该坚持的，放弃该放弃的。只有放弃才会有另一种境界的获得。放下心中的杂念，学习才会踏实；放下过重的压力，生活才会快乐。选择该选择的，放弃该放弃的，才能得到该得到的。

7. 态度，人生的指向标

□雷嘉俊

首先呢，我想先给大家讲一个故事：话说有一位名叫黄蕴瑶的自行车运动员，在亚运会的赛场上，由于发生自行车"追尾"事故，导致其肋骨骨裂，但尽管如此，她还是坚持完成了比赛，并最终取得了第二名的好成绩。是的，无论是继续还是放弃比赛，都体现出她对比赛的态度，而这也是我今天所要表达的主题——态度。可以这么说，正是她那顽强不屈的斗志和永不放弃的态度引领着她取得成功。

是啊，人生在世，我们时刻都会面对各种各样的挑战。失败与挫折肯定会接踵而至，煎熬与痛苦也在所难免。有时我们迷失自我，甚至灰心丧气，一蹶不振。因此，我不得不问大家一句："失败可怕吗？"——失败当然可怕，正是因为它可怕，所以我们才会更加渴望成功，我们才更要勇敢地去追逐属于我们自己的成功，这也是一种生活的态度。

有一句话是这么说的："To be or not to be,that is a question。"对于这句话可能有很多种理解，但我更愿意把它理解为："生存或毁灭，这完全取决于个人的态度。"没错，态度是人生重要的指向标。我想如果我们是溪流，那么我们就该有奔流入海的态度；如果我们是种子，我们就该有破土而出的态度；如果我们是太阳，我们就该有普照大地的态度。但我们仅仅是普通的高中生而已，那么我们就该有努力学习的态度。或许，对于我们来说，高考与升学的压力似乎很大，很多事物都会成为我们前进路上的绊脚石。但我们的态度告诉我们，没有什么可以浇熄我们心中那颗火热的进取的心，没有什么可以阻挡我们前进的脚步。我们会用自己的努力，自己的汗水，自己的付出来换取我们的成功。在我们坚定的信念面前，"神马都是浮云"，说了这么多，我无非就是想告诉大家，端正好我们的态度，以最自信的姿态迎接我们每一个闪光的时刻！谢谢！

8. 既然避免不了，那就享受吧

□曹梦真

我们来到这个世上，就是为了享受生命中的每一刻。

悲欢离合，人生百态；酸甜苦辣，人生百味。

我们无从选择也无从逃避，每一个过程都是对人生的洗礼并将促使我们茁壮成长。幸福的时光，我们尽情享乐；坎坷的日子，亦值得我们细细品味。既然眼前的困难无法逃避，何不全身心地与之博弈，享受它带给你的纠结、痛苦、懊恼……欢乐是人生的一部分，失意也是人生的一部分。

今日的苦难往往预示着明日的甘甜，黎明前的黑暗其实也是独具魅力的。细细品味，我们能体会到在灿烂阳光下无法发现的坚韧与磨难。由于痛苦，因而深刻，这才值得回味。忘记苦难，便无法理解幸福。其实每一种心情都息息相关，环环相扣，且无优劣之分。珍惜每一种心情，享受每一段时光，才能体会完整人生。

残酷的高考，我们无法避免；头疼的数学题，我们无法避免；甚至连知道自己糟糕的成绩也无法避免。那就坦然地接受吧。把自己想象成俗不可耐的韩剧中的主人公，在幸福生活到来之前总会承受一次又一次的打击。而我们就像剧中的主人公一般，正在凭借自己的勤劳和智慧，写下属于我们自己的青春励志偶像剧。

潮起潮落，大海瞬息万变，无法掌控，犹如人生。

让我们掌起生活之舟的船舵吧，学会珍惜幸福时光，学会享受痛苦岁月，活出每一天的精彩。

9. 用千年等待，换你今生一次回眸

□ 侯霁

算一算这辈子还能和妈妈相处多少时间。

成功的大道理谁都明白，人们天天念在嘴边的无非是如何如何地不抛弃、不放弃。每个人都在为理想、为生活而奔走忙碌，却常常忘了那两个守护在我们身旁的老天使。

还记得是谁说过："成功的时候，谁都是朋友；只有母亲，她是失败时的伴侣。"难道不是吗？从来都不会因为我们犯的错误而忘记我们本质的好。当我们感到自己丑陋时，她们还会记得我们的美丽；当我们心碎时，她们还会记得我们快乐的样子；当我们茫然失措时，她们还会记得我们的目标。

"母爱"的确是个陈旧的话题，曾经太过频繁地提及也许早已让我们对此有些麻木——总是轻易地将母亲的付出当成理所应当，任性地躲开那双充盈爱意的眼睛；我们老是将好友的生日早早地记上备忘录，却不曾在母亲生日那天发个短信表露深情；我们老是被动地接受爸妈无微不至的照顾，却不曾温馨提示过他们："天冷了，窝里要多加点草。"总是这样习以为常，将他们的爱贴上廉价的标签，然后丢弃在不闻不问的角落。

我也曾向爸妈嘟过嘴，生过气；我也曾对着老爸大吼大叫，指手划脚；我甚至也曾发誓再也不想和他们说话。但，不得不承认，这世界上只有他们能包容你的一切。我曾经埋怨过爸妈在我刚上初一时就把我扔进了"明星监狱"。是的，我们称之为"监狱"，一个在我们完全失

去了家的庇护的地方，与之相伴的就是长达一个学期的躲在被子里掉眼泪。梦想家谁都可以当，但当梦走了，就只剩下想家了。难过时，是他们为我加油鼓劲，他们把骄傲都给了我，还随时随地为我敞开家门。当我走累了想回头了，又总能给我最坚实的拥抱，就算当我自己都开始怀疑，他们仍然坚持我就是当之无愧的No.1。或欢笑或悲伤，我和我的一家子，十六载的风雨也就这样走过。妈妈说，只是因为是一家人，才会这样毫无保留地容纳我的全部，给我开心与流泪的空间，用爱填充我内心所有的空白。是这样吧，就算全世界都不承认我的骄傲，咱妈还是会把我当成手心里的宝。

大概世上的父母都有一颗同样的爱心，要不我们怎么也会看到罗老师在课上谈及她女儿时如此神采奕奕，这是一个母亲的神态。将来我们也会为人母为人父，但我不希望只有等到那时候才能体味到父母的用心良苦。他们其实很容易满足，哪怕知道正在进行的是一笔不等价的生意，为我们呐喊助威了那么久，仅希望我们能以一个孩子的身份健康茁壮成长。

人的一生真的很短暂，有时候一转身可能就是一世。既然拥有，就要懂得珍惜。新年的钟声已经敲响，当我们还在忙着为他人准备礼物的同时，是否也应该向我们的爸妈问候一句——"你们辛苦了。"

10. 笑容

□刘韬

在演讲之前我要和大家分享一个笑话。

蚯蚓一家这天十分无聊，小蚯蚓就把自己切成两段打羽毛球去了，蚯蚓妈妈觉得这方法不错，就把自己切成四段打麻将去了，蚯蚓爸爸想了想，就把自己切成了肉末。蚯蚓妈妈见了，哭着说："你怎么这么傻，切这么碎，你会死的呀！"蚯蚓爸爸弱弱地说："……我只是想踢足球……"

听完这个笑话，你露出了八颗牙齿吗？如果你露出了，证明我成功逗你笑了。如果你没笑，我想你可能太严肃了吧。

这就是我要演讲的主题——笑容。我想无需高谈阔论，说多么神乎其神，我只想用最简单的拆字理解法，来讲述其中的奥妙。

让我们以笑迎人吧！

襁褓中的婴儿笑，是出于他们对世界的好奇，是新生的喜悦；学堂中的儿童笑，是出于他们对知识的渴求，是学习的欢乐；工作中的青年笑，是出于他们对事业的向往，是奋斗的激情；退休后的老年笑，是出于他们对人生的满足，是安憩的享受。在这万花筒般的世界里，我们与万物皆存在这般那样的联系，而最轻松的交流方式便是笑。北京奥运会开幕式上那成千上万把雨伞上的笑脸，至今让我记忆犹新。的确，笑，是消除烦恼的止痛药，是向往人心的通行证。笑一笑，十年少；愁一愁，白了头，足以说明笑的重要性。萨克雷·菲利普斯说：生活是一面镜子，你对它笑，它就对你笑；你对它哭，它就对你哭。如果哭不能解决问题，我们为什么不笑一笑，扩展一下胸肌，促进血液循环，变得面色红润、神采奕奕呢？

绽放微笑的同时，也请以容待人。

小时候，外婆就告诉我，不要为了鸡毛蒜皮的事伤了和气，凡事包容一点，这样才能处好生活。光阴荏苒，我也渐渐明白，并不是盛气凌人就可以征服一切，并不是嚣张跋扈就能统领全球。水比火伟大，因为它广纳众生，包容万物；而火所到之处，常令人犯难，因为它容不下别人，最终落下个导致灾祸的主要原因的骂名，好不值得！我们人与人之间，也是一样，我们有千年流传的中华民族文化，而这其中特有的包容性也是其生生不息的一个重要原因。作为一个骄傲的炎黄子孙，我会包容，因为这是一种智慧，一种气度，一种修养，一种境界。毛主席大呼："意志坚如铁，度量大似海。"我想这也是因为他善于包容，才能统领民众创下新中国，走向一个繁荣昌盛的新世界。

那么你，你还在等什么？

我想你们的笑容，是我见过最美的样子。我真希望把你们每一张笑脸都刻入心中，因为能给我力量，带给我希望。在以后的每一个日子里，我一定会带着包容谦让与你们相处，这样在今后的每一天我都能够见到你们的笑容，这也必将成为青葱岁月中最美好的感动。

11. 希望之光

□李晶菁

我对那站在新年门前的人说："给我光，让我平安走向难卜的未来。"

鲁迅先生曾说过："希望附丽于存在，有存在，便有希望，有希望，便是光明。"是啊！人活着不能没有希望，否则就会像失去控制的小船，随波沉浮。有了希望才会有前进的动力，才会有战胜困难的勇气，才会有对梦想的执著追求。今天，我想给大家讲述一个关于希望的故事。

乔治六世，也就是现在英国女王的父亲，本不是王位继承的最佳人选，但由于那位"不爱江山爱美人"的爱德华八世退位让贤，他才坐上了国王的宝座。然而，心地善良的乔治六世却饱受身体缺陷——口吃的严重困扰。他每次当众演讲都显得非常吃力，就连几句简单的话都结结巴巴地讲不出来。随着国家逐渐卷入可怕的战争，国家和民众都急切需要一个英明的领导者，而当时的王室确实是在"二战"中保持人民斗志的重要因素。乔治六世也就必须治好他那几乎不可能治愈的口吃病。乔治六世从来都不放弃希望，经过艰苦的训练，口吃得到了极大的改善。在1939年"二战"纳粹德国空袭伦敦前夕，发表了著名的圣诞讲话，其中他引用了英国女诗人哈斯金《沙漠》中的一句话："我对那站在新年门前的人说：'给我光，让我平安走向难卜的未来。'"鼓舞了当时在"二战"中奋勇拼杀的英国军民，成为历史佳话。

人的一生不可能总是一帆风顺。历数古今，无数成功人士的成功道路上都会遇到各种各样的挫折。但是，成功的希望总能给他们以巨大的力量。也正是由于希望的力量，一位口吃国王成为了演讲专家。

今天，新的一年才刚刚开始，面对充满希望的2011年，愿同学们克服各种困难挫折，达到自己的目标，实现自己的理想。

12. 一个人就是一支军队

□余姿璇

有时候，我们会靠着栏杆发呆，走着路叹气，手撑桌子情绪不高，丝丝凄凉侵入身体。而到了晚上，当内心的柔软凸现出来，无论白天多么强大，我们都会变得懦弱和孤独。

有人说过，适应孤独，就像适应一种残疾一样，不要因为克服不了而责备自己不够成熟。要用自己的生命力，开拓自己的世界，可以看书、写字，做愤青去评论，可以大胆去折腾，保持思想的先锋性，保持创造力和战斗力。

渐渐地，我们会学会用虚无、骄傲、愤世嫉俗去超越那种浑浑噩噩、随波逐流的生活，然后用是非感、责任心去超越那点虚无、骄傲、愤世嫉俗。我们会学会勤劳勇敢、自强不息，把知识、爱和同情心当做生活的动力。

原谅自己所遭受的一切挫折、孤单，原谅自己的敏感、抑郁、神经质，因为我们各自都有着属于自己的美好品质，去发现，去挖掘出来，那么一个人就是一支军队。

13. 岂能尽如人意　但求无愧于心

□涂欢

我们不说话而眉际生愁的时候，大人们以为我们只是"为赋新词强说愁"。我们一说话，大人竟然惊奇了，大声地嚷着："这孩子长大了!这孩子见识挺独到!"然而，他们毕竟不知，我们的见识独到，不仅为探察现世，也为着以后行走于世，多一番经验，多一份无愧于心。

这一份无愧于心，除了将来成就一番事业，求得现世安稳，过得尽如人意的心愿外，也有一番以后行走江湖、扬善扶弱的游侠情怀。今天我想说的，是后者。

"游侠情怀"说的自然不是古时的侠客，而是当代的社会公信力、群众公益心。展现这一番游侠情怀，也不在当下这段为高考用功的时光。行走江湖，在于这样一段年华：你的二十岁至二十五岁。二十岁的年华，于我们应当是相当憧憬的。你在二十岁会做什么？是在大学里积累专业知识，毕业后或者深造，或者寻得一份工作，踏入社会，抑或是自己创业，商海打拼。无论如何，你是否想过，你是否想过二十几岁——正青春热血的时候，我们行走于江湖，不仗剑，却有另一番洒脱——扬善扶弱。当然，这不是李白的"且放白鹿青崖间，须行即骑访名山"，也不是所谓的流浪，行走于土地之上，看云卷云舒，花开花落。那么，我们怎样扬善扶弱，又怎样行走江湖呢？

前者说社会公信力，群众公益心，便是我们扬善扶弱、行走江湖的原因。中国何其广大，而各地现状又不同，种种艰辛于世，仅让政府揽一身职责，怕是触之不及，行之无效。于是，我们的社会出现了公益活动。然而，中西部土地之广，农村人口之多，公益也有分身乏术的时候。贵州山区里的孩子，为了在学校能吃三餐热食，必须背负沉重的以备一星期之用的柴火走几公里的山路，丁点大的孩子要自己搭炉灶，蹲着为自己烧火做饭，吃没什么油盐的青菜，营养状况极其糟糕。以前的我总是避开这些描绘社会不幸，人生艰难的报道，因为我时常觉得有愧于心，我们的唏嘘感叹于他们而言，十分苍白。然而，现在的我试着去关注这些，因为我坚定，二十岁后会尝试行走江湖，用那样的方式无愧于心。群众公益，社会公益，社会和政府给予我们很多参与的途径：乡村支教，开展乡村志愿医疗救助，或是报社实习，深入一线，又或是社会调研，探访时事。我们不缺这样的机会，而政府和社会又为我们提供福利，给予回报，那么，一举双得，何乐而不为？从二十岁开始吧。

人生之路有千百种样子，我不能说追求事业就不宏大，因为它也承载着社会责任，又因为作为游侠的一举双得里，也有为今后事业的奠基。只是，做到问心无愧，前者似乎更有担当。"穷则独善其身，达则兼济天下"，这句话放在现代，似乎并不怎么恰当。被誉为中国首善的陈光标，与盖茨相比，不免有作秀之感。而修女特瑞莎，虔诚向教，身无长物，依旧行走于印度的贫民窟中。有时候，金钱所做不到的，是我们亲身前去，在弱者面前伸出双手，而非遥不可及。

我所强调的，依旧是二十岁时青春热血，行走江湖；二十五岁后，任你打拼事业，成家立业。精英有三种境界：为生民立命，为往世继绝学，为万世开太平。在座诸位，此后定是四面八方。然而，他日相逢，各自道一句问心无愧，也是五二七班一大幸事。

14. 年轻活出样

□刘芳

好好活，活出个样来！

这句话虽简单，但却深深地饱含了一位父亲对孩子的期盼。

有这样一个孩子，在他年幼时母亲就去世了，于是他的父亲独自一人抚养他长大。这位父亲是农民，身上具备一切农村人应有的特点：沉稳、不善言辞、默默做事。

这个孩子很争气，高考时取得了好成绩，被一所重点大学录取了，但因为家里经济困难，一时拿不出那么多钱供他上大学。就这样，离开学只有几个星期了钱还没凑齐。看到这种情况，他终于下定决心放弃学业，走上同村同龄人的路——外出打工。于是他对父亲说出自己的想法，但父亲异常愤怒，父亲说："我就算是去卖肾，也要供你上大学。"说罢，便冲出家门，留下不知所措的他。他的父亲找到各个能够借钱的亲戚、朋友，恳求他们能够借钱给自己供孩子上大学，甚至还跪下来苦苦哀求他们。有的人于心不忍，便把钱借给了他。但并不是每一个人都有这样的同情心，他们非但不借钱给他，反而粗暴地把他给轰了出来。现实是残酷的、无情的，但却又不得不面对这样的现实。他的父亲埋怨过自己的无能，埋怨自己居然连送孩子上大学的能力都没有，但一切的埋怨都只是空谈，唯有借到钱给孩子上大学才是实际。于是他只得拖着疲惫的身躯，迈着沉重的步子走向未知的另一家。就这样一个星期过去了，在受尽了凌辱并且抛下自己尊严的情况下，学费终是凑够了。后来，他在执拗的父亲的要求下，开始了他的大学生活。

大学生活在一般人眼中或许应该是多姿多彩的，但他却很苦。虽然很辛苦，但在他看来很充实。他十分珍惜自己宝贵的读书机会，每年他都会竭尽全力拿奖学金，做兼职，尽量帮助家里减轻负担。而他的父亲，一个人在家里做着辛苦的农活，养猪、种菜……有时还出去帮忙修房子，挑砖、砌墙……所有一切能换钱的他都做。就这样，在他临近大学毕业时，债务终于还清了。于是他的父亲变卖了自家的房子和猪，带着为数不多的钱来到他所在的城市，经营起了一个小烧烤摊。学业不忙的时候，他也会来帮父亲的忙。

有一天，他对父亲说，系里给他一个保研的资格，但他想放弃，他想早点出去工作，让父亲不再这么辛苦。这一次父亲依旧很生气，他不理解孩子为什么要放弃这么好的机会，便语重心长地对他说："知识是啥，知识不是现金，不是你学了就可以变成钱，它就好比是农家肥，那是无穷的后劲儿，它是向上的砖头一点儿一点儿垒出来的。总有一天，你会比别人站得高，看得远。人这一辈子是长跑，你以为只跑50米就冲刺了吗？好好活，给我活出个样来！"听完这番话后，他不知道作为一名农汉的父亲竟会懂得这样的道理，但他醒悟了，于是接受了保研。再后来，他成了一名优秀的企业领导者。

是啊，我们的父母何尝不是这样呢？他们或许是世界上最傻的人，只懂一心一意地对我们好。当我们出生后，他们操心我们的吃穿；当我们上学后，他们操心我们的学业；当我们参加工作后，他们又开始操心我们的终身大事。他们可真称得上是这世界上最忙碌的人。虽然天下的父母都懂得孩子终究会挣脱他们的庇护，探索理想的人生，但他们仍旧在那里，仍旧为孩子提供最坚实有力的臂膀。

每一个孩子的身上都寄托着父母乃至整个家族的希望。虽然有时候我们会觉得这有点沉重，但这是我们的责任，是我们必须竭尽全力要兑现的承诺。哲学上说人的价值在于创造价值，在于通过自己的活动满足自己所属的社会、他人以及自己的需要。而作为孩子的我们最大的价值或许应该是依靠自己的力量，让父母过得幸福安康，不是吗？因此，当我们能够依靠自己时，也请千万不要忘记用一生来守护我们的"老头儿"、"老太太"。

好好活，活出个样来。它不仅仅是父母对我们的期望，也应该是我们对生命的态度。

有人曾说过，生命是让世界流连赞佩的伟大，不到最后一刻，料不到结局。莎士比亚也曾说过，每一个人的生命都是一部历史。当然，在这样一部宏大的历史里总免不了会有磕磕绊绊，但我想这些磕磕绊绊只不过是我们漫长生命中的小波澜罢了，它反而能使我们更加坚定地走下去。是的，对于仅有的一次生命，我想我们应该拼尽全力，接受生活的打磨，在老去的路上，能够没有留下遗憾，这就够了。

15. 以爱为偿

□陈红惠

人总是残忍的，对于悲惨的事，总是看见了再疼痛，看不见，就不同了。

——三毛

当人类与海洋巨兽狭路相逢，一切将会怎样？

3000年前，一些原始部落猎人——维京人和爱斯基摩人手持鱼叉，乘着兽皮艇在湛蓝的海面上与鲸进行着生死搏斗。大海是海兽与猎手共同的坟墓。海明威在《老人与海》中所塑造的"可以消灭我，但就是打不败我"的硬汉桑地亚哥便与这一类猎手颇为相似。一次成功的猎获意味着一个部落很长时间的温饱无忧，而猎手往往会因此而付出生命的代价，那时的人类显然还无法驾驭如此庞大的生灵。

然而时过境迁，随着捕鲸船技术水平的提高和规模的扩大，各国开始轰轰烈烈地展开捕鲸竞赛。第一次远涉北冰洋的捕鲸人们得意地说道："那里的鲸多得可以踩着鲸脊上岸"。"于是，一切不再像航海探险小说中描写的那样充满了人性与自然的较量，远洋鲸船倒拖着鳁鲸母子的尾巴把它们一起拉上船，鲜鱼顺着甲板留下了长长的红色血路，幼仔的腹部被捕鱼叉拖出了肠子，而母鲸皮开肉绽，脂肪外翻。鲜红的血水与碧蓝的海水混合，艳丽得令人惊魂"，《人与自然》杂志上一篇名为《蓝色"潘多拉"》的文章如是写到。文字旁边是几幅令人心痛的鲸的图片。一边是鲸与海鸟嬉戏时"万类霜天竞自由"的和谐图景。另一边则是加工船上大面积铺开的被肢解分割的鲸的尸体。那种直观的视觉冲击，在令人感到触目惊心的同时，还伴随着目眩后的反胃之感。这种残忍的捕杀自1930年以来已达到全世界平均每年5万头的规模。加工船就如当年的纳粹集中营一样，残杀生灵就如呼吸那样平常。

更可怕的是它运行的高效率，体积比史前恐龙还大的蓝鲸，在45分钟内便可被剥去油脂、肢解、切碎、加压、蒸煮、制成鲸油和鲸肉产品。米兰·昆德拉说过这么一段话："对于人性，道德上真正的，根本的考验，在于如何对待那些需要他怜悯的动物。然而在这方面，人类已经遭到根本性的溃败，这溃败是如此的彻底，其他所有的败坏都由此产生。"我虽不完全赞同他所说的一切，但这番话的确值得人们去反省，去思索。

世界各地诸如此类缺乏道义的行为仍在进行，因为还没有找到一种切实可行的方法来平衡事情所包含的矛盾双方，所以我们听到的更多是对于这种不公道行径的谴责。

从某种程度上看，与鲸群相隔万里的我们更多的是在扮演围观者的角色，只是嚼着别人的话柄，而给这群生灵送去实际上的福祉的能力是那样有限。但还是要保持积极的态度，用爱和行动来驱散云翳，拥抱光明。以爱为偿，鲜红的血水不会白白地融入海水，它将催生人类心灵深处关爱生命的热忱之花，唤醒对真善美的追求。

事实上，1986年，国际捕鲸委员会已经通过了商业禁捕令，虽说一直颇受争议，但在一定程度上也起到了些作用。另外，近年来兴起的观鲸产业相比于商业捕鲸业而言要温柔，这也为解决人与鲸类共处问题拓展了思路。心中有爱，以爱为偿，从关爱身边的人开始，当奉献化作春风拂遍大地神州之际，关爱的暖流必将传到每一片需要人类朝圣告慰致歉的地方，还他们一份尊严。

但愿这一天不再遥远。

16. 城与乡

□ 何雯琦

上帝创造了城市，人类创造了乡村。

——[英] 库柏

"城市，让世界更美好。"如果这句话用的是过去时，我只能说对了一半；如果是将来时，那么，我希望能够实现。可现在时是：首都北京成

168

了"首堵"，房价与物价齐飞，长天共锅盖一色。

近年来，中国的城市化进程不断加快，成就自是可喜可贺，但同时我们应该看到，一方面城市在"畸形发展"，另一方面，乡村在"被城市化"。清明回乡扫墓，大家或有所见所感，我在想：为何中国农民是面朝黄土背朝天，而在英国、法国，农民却是坐拥蓝天白云，只盖乡村不盖城？为何中国城乡人口比是1:2，而收入比却是4:1？

历史上，我们一度是农业大国，河姆渡、半坡，我们的祖先正是在中华大地上辛勤耕耘的农夫、农妇，而如今，户籍制度使农村与城市仿佛天堑鸿沟，难以逾越。"中国的公共服务是与户籍挂钩的"，这是我从《读者》上看到的一句话，我并不是在否认从农业文明跨入工业文明的进步作用，我也不是奉劝各位学陶孟"采菊东篱下"、"把酒话桑麻"，只是不愿我们失去乡村的同时并未获得城市。

"我们这个时代的人，先被贫穷破坏一次，再被富裕毁坏一次"，城市的表面喧嚣而实际寂寞是现代都市人的真实写照。"开心农场"风靡一时，有人云："哥偷的不是菜，是寂寞。"城市发展了，人却寂寞了，不可谓不悲哀。忙碌、琐碎消磨着我们的生命，我们有多少次停下匆忙的脚步，抬头"看天上云卷云舒"；我们有多少时间舍弃喧嚣与浮躁，倾听自己内心深处的声音。

"中国人幸福了吗？"白岩松如此问。我觉得，无论城市还是乡村都不幸福，城市人兜里有点钱了心里却不踏实，农村人心朴实，兜里却没那么多钱。

城市化自是有利有弊，只是"当一个社会急匆匆地往前赶路的时候，不能因为要往前走就忽视那个被你撞倒的人"，中国的幸福之路必是城与乡和谐共处、共同发展，物质与精神共同发展之路。

17. 爱我在心口难开

□ 段幼娟

人们常说：父爱如山，母爱似水。第一次听到这句话时，我以为父亲就像山，铁青着脸，所以他的爱也是艰涩的。母亲似潺潺流水，她的爱沁人心脾。

不知是我有恋母情结还是我感受不到父爱，一直以来，我都不肯和父亲多说一句话。他那雷人的嗓门使我战栗，他的眼神中透出一丝冷光，叫人难以亲近。

父亲唯有在和朋友喝酒时才会笑得那么开心，因此我并不反对父亲喝酒，因为我不愿剥夺父亲那仅有的快乐时光。我突然觉得父亲很可怜，只能在醉酒后倾吐自己的心事，只能借着酒兴才能和我们多唠叨几句。

我开始关注我的父亲，关注那份向来都会在有意无意间被遗忘的父爱。又是一个醉酒之夜，当父亲跟跟跄跄地走进卧室后，隐约间，一丝呜咽声若有似无地飘进了我的双耳。天生好奇心强的我悄悄走到卧室门口，凑近那半掩着的门，借着微弱的灯光，竟看见晶莹的泪珠迅速在父亲的裤子上溅开了花，在灯光的照射下，泪珠晶亮透彻。透过泪珠，我仿佛看到了父亲辛勤忙碌的样子，看到了父亲半夜为我盖被子的影子，看穿了父亲那颗充满沉甸甸的父爱却不知如何表露的心。恍惚间，视线模糊起来，父亲那稍微佝偻着的背形成一条完美的弧线，深深刻在我心里。又是一个不眠之夜。

其实，并不是父亲不够爱我，是我不够爱父亲，是我不懂父亲的心，以至于让他默默忍受了那么多年的孤独。然而我的父亲却毫无怨言，一切只缘于他爱我，只是他的爱太隐蔽，只能埋藏于心底，难以用言语表达。

终于，我幡然悔悟：父爱是深沉而隽永的，就像春雨滋润大地般无声无息，宛如石井深处那永不枯竭的泉眼，无论春夏秋冬，总会涌现甘露。在我们尚未察觉之时，它已微妙地化为石井壁面上的液滴，奉献自己，滋润干涸。

18. 点亮生命的奇迹

□ 邝琳雅

我常觉得，生命是一项奇迹。一株微不足道的小草，竟开出像海洋一样湛蓝的花。一对毫不起眼的鸟儿，在枝头唱出远胜小提琴的夜曲。在山里完全没有人看见的地方，一棵大树，几千年自在地生长。在冰雪封冻的大地，仍有许多生命在那里唱歌跳舞，保有永不枯竭的暖意。当我们在星夜里，抬头望向无垠的天际，感于宇宙之大真要叫人落泪。这宇宙里有无数的星球，我们的地球在众星球之中犹如整个海岸海滩的一粒沙，那样不可思议的渺小。但在如此渺小的地方，有着生命，有着爱，有着动人的歌声。这样落实下来，就感到了人是非常伟大而庄严的，生活在我们四周的生命也一样庄严而伟大。

这是一首诗歌，林清玄的《生命奇迹》。奇迹因生命而在，每一个生命都是一个奇迹。你我来自偶然，像尘埃般渺小又微不足道。在时光面前，你我又仿佛沧海一粟。很多人有时会问自己，我重要吗？我的生命意义是什么？在毕淑敏的作品中有本书名叫《我很重要》，对于生命，她说每个人的生命，不过是从出生到死亡的过程，但这过程有着不同的量和质。生命中不会永远快乐，也不会永远痛苦，快乐和痛苦是相生相成的，在快乐中我们要感谢生命，在痛苦中我们也要感谢生命。一句话：活着就好！同时也应该认识到：活着，就应该摆正自己的位置，重视自己的价值，因为你并不是被世界冷落或遗忘的一株小草，而是一道独特的风景！对于我们的父母，我们永远是不可重复的孤单，面对无法承载的亲情，相濡以沫的同道，我们还敢说自己不重要吗？没有人能替代你，就像你不能替代别人。我很重要，这是一种心灵对生命的庄严承诺！

你可以选择低调的心态，但不能妄自菲薄；你可以选择模仿别人，但必须超越自我。付出暂且不论结果如何，至少你要清楚：每一次跋涉便是全力以赴。每一条道路都是曲折回环，既然选择了远方，便只顾风雨兼程；既然目标是地平线，留给世界的便只能是背影。只要我们坚定了自我，那世界便为我们而造。因为在每个人的生活中，只有自己才是神！

万事万物，沾染着尘埃，却都是各自的天空。

我只是一粒尘埃，而那些不能杀死我们的，最终会让我们更强大！

请为自己的生命鼓掌，请点亮你的奇迹！因为你很重要！

19. 人生需要不断超越

□宋云

在英国伦敦，一位名叫斯尔曼的残疾青年，他的一条腿患上了慢性肌肉萎缩症，走起路来都很困难，可他凭着坚强的毅力和信念，创造了一次又一次令人瞩目的壮举。

19岁时，他登上了世界最高峰珠穆朗玛峰；21岁时，他登上了阿尔卑斯山；22岁时，他登上了乞力马扎罗山；28岁前，他几乎登上了世界上所有著名的高山……

然而，就在28岁这年的秋天，他却突然在寓所里自杀了。

功成名就的他，为什么会选择自杀呢？有记者了解到，在他11岁时，他的父母在攀登乞力马扎罗山时不幸遭遇雪崩双双遇难。父母临行前，留给年幼的斯尔曼一份遗嘱，希望他能像父母一样，一座接一座地登上世界著名的高山。

年轻的斯尔曼把父母的遗嘱作为他人生奋斗的目标，当他全部实现这些目标时，就感到前所未有的无奈和绝望。

在自杀现场，人们看到了斯尔曼留下来的遗言："这些年来，作为一个残疾人创造了这么多征服世界著名高山的壮举，那都是父母的遗嘱给了我生命的一种信念。如今，当我攀登了那些高山后，我就感到无事可做了……"

看到这里，在感叹斯尔曼顽强的毅力之余，更多的，是为他的放弃而感到惋惜。斯尔曼失去了人生的目标，从而失去了人生的全部。我想，生命的意义不仅在于不断实现人生的目标，更在于不断提升自己的人生目标。

学习亦是如此，我们绝不应该满足于自己学习上些许的成就而原地踏步。学习，是一条很长的路，需要我们一次又一次地披荆斩棘、不断超越。

伟大的无产阶级革命先驱马克思曾说：青春的光辉，理想的钥匙，生命的意义，乃至人类的生存与发展……包含在这两个字之中：奋斗！是啊，奋斗，只有当你有了目标，才有了真正意义上的奋斗，才会有超越的动力及可能。

高中，是人生阶段的一段历程，是学习道路上一个重要的目标，在我们圆满地完成它后，未来就是我们新的目标。所以，希望我们都能够心怀希望，放眼未来，超越自己！

20. 最初的梦想

□李叶

不要因为走得太远，忘了我们为什么出发！

每个人都怀揣自己的梦想，穿梭于大街小巷之间，只是为了让梦想成为现实，而不再只是一个梦。

人有两种：一种在实现梦想的过程中坚定不移，一种在此过程中丢失了自己的梦想。结局有两种：一种是成功，一种是失败。

社会是如此繁华，以至于我们很容易在斑斓绚丽的生活中迷失了自己，丢失了梦想。人，一旦拥有强大的精神动力，可以做出很多令人意想不到的事。一颗丢失了梦想而又非常强大的心，其破坏性你永远无法预测。

结合我们现在所处的位置来说，在平常的日子里，我们应时常自问：梦想还在吗？梦想对于我们的意义，正如水对于鱼的意义一样。有了梦想，才有了克服颓废的勇气；有了梦想，才有了奋起拼搏的动力，把握好真真实实的现在。

也许今天，我们对于社会来说微不足道，但我们都是潜力股，具有无限上涨的态势。不管处于何地，也不管是现在还是将来，都不要因为走得太远，忘了我们为什么出发。

21. 强毅果敢曰刚

□李舒琪

人生遇到挫折的时候是上帝给的长假，这个时候就应该好好享受。当突然有一天长假结束，人生才真正开始。

1487年，葡萄牙航海家迪亚士率领一支船队向东航行，在航程中曾遇到风暴，并一度远离海岸。许多船员感到害怕，但迪亚士坚持前行，而最终到达的地方，便是著名的"好望角"。这是历史书上的一段史实。或许我们可以读出另一份含义，这便是面对风暴时应决绝果敢地带着自己的梦想驶向远方。远方，是梦想的国度，是一个花开的季节，但同时又是令人畏惧的大冒险。挫折人人都有，它带着矛盾的普遍性分散于每一个人的行程中。那么，我们便不应抱怨上天的不公，而是积极挑战。其实每个困难的存在都有其意义，那便是证明你是否还想过这个坎，是否有信心去面对这个困难。

积极面对挑战，如果成功，便可体会到片刻的欢愉；如果失败，那也是一次成功的机遇，是美好的回忆。倘若我们是消极应战，那么就连片刻的喜悦和悲伤也没有了，也便没有了起航的意义。因此，与其让自己虚度光阴，不如积极享受痛苦但又快乐着的时光；与其碌碌无为地生活，不如豪爽地大干一场，去领会或喜或悲。让自己的人生充满挑战，让自己的成长之路变得充盈，让梦想引领我们前行。揣着信念，将努力化为飞翔的翅膀，摔倒之后又爬起来，人亦变得成熟。

如今，我们已经升级为一名高中生，是光荣，亦是挑战。在这个炎炎夏日，蝉鸣躁动的青春中，我们是否突然感到了自己的成长？是否有勇气去承担自己的责任。若是，这便是一次蜕变。蝴蝶是美丽的，但需要经历破茧的困顿；绿芽虽翠绿，却要经过苦苦的煎熬，而我们的未来不也应该接受一次考验、一次洗礼吗？高三的路程，或许是艰难抑或顺畅，或悲或喜，我们应明白人生的价值正体现在人生的每一个转折点上绽放夺目的光芒。每个人付出的汗水也应得到相应的回报。所以，当面对挫折时，应不骄不躁，应认识这便是人生的一次华丽转身，应明白未来不是梦，向前的主动权完全掌握在我们手中。所以，就让我们在炎炎夏日下尽情奔跑，面向骄阳，绽放笑容，果敢地去迎接人生旅途中的各种惊与喜。路途中，一路花开，历久弥香。

22. 从认识自己到创造自己

□谢钰琪

肯定自己，超越自己。

——刘墉

174

每个人都是上帝的杰作，都是父母一生中最骄傲的作品。但每个人却都不是最完美的，这也就形成了人与人各自的特点，形成了世间形形色色的人。

因此，无论你是谁，无论你是怎样的，你都必须首先学会肯定自己。

曾有一篇课文——《伟人从小就看重自己》，虽说并非人人必须都得从小立志当伟人，但可以告诉人们的是世上任何一个达到成功彼岸的人都是看重自我的人，因为伟人首先是一个肯定自己的人。

王国维在《人间词话》中写道："古今之成大事业、大学问者必须经过三种境界：昨夜西风凋碧树，独上高楼，望尽天涯路。衣带渐宽终不悔，为伊消得人憔悴。众里寻他千百度，蓦然回首，那人却在灯火阑珊处。"

细细品味此三种境界，尤其欣赏在面对萧条时人们仍能拥有"独上高楼，望尽天涯路"的孤独感与"舍我其谁"的胸怀，这也就愈发确定了在人生起步的阶段要有"肯定自己"的态度。

"人生是污秽的川流，要想容纳这川流，而不失其洁净，人必须成为大海！"这是《尼采语录》中的真谛。书中又问：人生是一样应该超过的东西，你们做了什么以超过它呢？——不是牧者，便是羊群。尼采以更强烈的口吻回应道。而这也证实高三的我们必须拥有的清晰度，牧者是人们所追崇的，因为他是领导者与主宰者，羊群则从不被人们所记起，因为他们只是单纯的被宰割者，没人愿意成为羊群中的一员。平凡的人也是如此，那么，作为有追求有梦想的我们就应该坚定信念，毫不吝啬地努力成为一名优秀勇敢的放牧者。主宰命运的理应是你自己，而不是任何人的任何行为与言语，你不愿意消逝在茫茫人海之中，那么你就不应该在当初选择随波逐流。这也就使人们建立了"超越自己"的想法，正如《礼记》中所说的"苟日新，日日新，又日新。"每一天我们都在试着超越昨日的自己，又或是如颜回所说的造就一份"舜何人也？予何人也？有为者亦若是"的豪迈与霸气。

成功不是等到的，也不是碰巧遇到或买来的，而是要靠自己"去成功"的。因此，从现在起抛弃一切心中的杂念与外界的污秽，从现在起开始肯定自己。如果我们自己都不能肯定自己的存在，又怎么去要求别人肯定我们呢？如果我们自己都无法超越自己，又怎么去奢求不被他人超越呢？

23. 活出自己的精彩

□ 钟露茜

> 在人的世界里，我们各自微小，默默存在，却又持有自己的故事。
>
> ——题记

生命是一项伟大的奇迹，在这个世界上，人与人的距离如此狭小，小到心脏微小的跳动都能被感知，小到一个眼神或稍动唇舌便心领神会。在这个世界上，人与人的距离又是如此之大，大到就像从一点引出的两条不同向的射线，只会在岁月的消磨中，渐行渐远，最终找不到轨迹。人与人的交往存在于特定的空间范围，在这个空间里存在有限的个数，我们是这个有限空间里不可或缺的一部分。我们的言语，我们的动作，都如此引人注目。而离开了这个特定的空间，也许我们又会转向另一个能容纳我们的地方，逢场作戏，继续说同样的话，做同样的事，或者是换上另外一块面具，诠释另一种想法，以另一种姿态处事。因为，最终我们还是会离开这个狭小的空间，去往别处，去结识陌生的人，去看陌生的风景，经历陌生的事情。换一个表情，换一个世界，初识的人不了解你的过往，你便可以将它藏于心底，将心灵残留的净土赋予对方，然后微笑，给予温暖。这样周而复始，心的净土也在世俗的交往中沾染了浮躁的气息，日渐减少，即将消失殆尽，你无法再将一个全新的自己赋予整个世界。

于是，我们还是必须回归到人潮中，意识到自己并不是完美地存在于这个世界，也不是人们眼中那样的高大而美好。人的世界里，存在着无限的个数，即为一个无限空间。无论何时何地，眼前都只有一幅人潮涌动的画面。也许你只会在别人的视网膜中成一个像，便再也无法让人想起。我们没有必要再去将污浊掩盖而突显美好，而是将自己打磨得不再棱角分明，锋芒毕露。用怜悯对待无情，用热情去接受温暖，并永远保持赤子之心。不要试图去高估自己的价值，也不要妄自菲薄，不要试图掩盖残缺，也不要去炫耀当下所拥有的一切。活在一个没有设定、没有情绪干扰的空间里会很自由自在。

虽然我们的身躯脆弱微小，但是，我们认真做喜欢的事，并且及时做，最终把它完成。这样，我们一定手捧满满的故事，活出自己的精彩。

24. 韶光的誓言

□刘丽鹏

当我来到这个世界的时候，就从没有想过活着离开。

——题记

当我前几天把这句话拿给我的同桌们看时，她们都说我有神经病，想死得紧了。我愕然于她们如此直接的反应，静默不语。刚转过身，窗外闷雷似的烟花一声巨响，身后又传来一句："看吧，天打五雷轰！"我笑了。

事实上，我认为我再正常不过了。是啊，"当我来到这个世界的时候，就从没有想过活着离开"。很悲壮，很格格不入。但是，这句话说得是那么实在，一听就能懂，半个弯儿都不用绕。

生命和死亡，是一个很大却永恒的话题，一个是人生伊始，一个是时光终结，两个极端。风华是一指流沙，苍老是一段年华。时光流逝，多少人在我们心里来来回回，走走停停。不可否认的是，我们都将老去，然后去面对我们一辈子都在忌讳的死亡。我不知道死亡的感受，因为，我还和你们一起活着。其实我想说的不是简单的"我思故我在"，也不想一味地去强调将来，说什么"目光放长远点"之类的。正如鲁迅所言："将来现在将来，于现在有意义，才于将来有意义。"但我想问一个问题："如果明天你就要离开这个世界，你会做什么？"我做的第一件事一定是后悔，后悔那些我虚度的年华，后悔那无数个不曾把握好的当下，痛心疾首过后，再为我刚才浪费时间后悔而后悔。大道理我们都懂，但我们又常常在自己内心的束缚下循环往复着某些错误。既然自己都要成为浮云了，何不飞蛾扑火一次呢？好在，我们还有几万个最后一天，还有整整460个为高考舍生忘死拼搏的日夜，苟且偷生一天就是万丈深渊，还有什么好说的呢？

曾经有人和我说过一句话："你不需要了解我的过去，你只需看到我现在的努力。"然后，他去了530（1）班，再然后，我永远都忘不了这句话。这种铿锵有力刻骨铭心的力量一度激励着我走过无数个想退缩的深夜。今时今夕，我对这句话却有了更深刻的理解。顾城说："年轻的生命，继续飞舞，在一片湛蓝中，为信念燃烧。"这，才是我们真正的青春吧！

其实我想说的很简单，在我一生中最美好的时光里，看见当下因为疯狂追寻梦想而变得可爱单纯的你们，我是那么的喜欢。那么，就让我们用全身心的爱去迎接我们生命中的每一个最后一天吧！

25. 朝过夕改

□唐叶欣

《汉书》云："朝过夕改。"意思是说有错误就要马上改正。诚然，错误是无法避免的，试问一句，这世上，孰能无过？

"人的一生可能犯的最大错误，就是经常担心犯错误。"美国作家哈伯德说得没错。你愁或者不愁，错误就在那儿犯个不停；你躲或者不躲，错误就在那儿不离不弃；你改或者不改，成败就在前头由你决定。

明代学者吕坤说"有过是一过，不肯认错，又是一过。"于是错误越积越多，到最后，想改也来不及了。倘若当初项羽在鸿门宴上击刘邦于座，而不是犹豫不决，一错再错，又怎会自刎于乌江？

因此，我们每个人都应该抱着一种有错就改的态度去对待生活。正如达尔文所说："任何改正，都是进步。"在错误与改正的不断循环中。我们不断积累经验，前车之覆，后者之鉴。

有这样一句话："死机并不可怕，可怕的是没有存档。"这正如人生，犯错误并不可怕，可怕的是没有从中学到什么。

早晨醒来时，问一问自己："我应当做什么？"

晚上睡觉时，问一问自己："我做了什么？"

严谨地要求自己，有错就改，任何时候都不晚。

26. 信仰

□曾曼妮

首先，非常感谢大家的倾听。其实我一直在想，每天一次的演讲到底有什么意义？或许就在于我们的内心可以宁静下来，可以听听对方心中的愿望，也可以看见自己心中那些最柔软、最美丽的想法。所以，今天在这里，我想和大家一起探讨关于成长，关于感悟的话题，一起完成一个心灵的发现。

"痛，并快乐着。"不知道当你听到这几个字时会想起什么？是齐秦的一首歌，还是暮光之城中的吸血鬼，抑或只是白岩松的文字？在二字头千年伊始，白岩松写下了他的第一本书《痛，并快乐着》。当爸爸把它买回家时，我只是瞥了一眼封面，觉得这个男人的面孔很不一样，似乎他的文字和他的人一样，都需要安静和理性。那年他32岁，而我，只有6岁，我对这本没有太多图画和色彩的书并不感兴趣，因为我还只是会骑在爸爸肩膀上唱着童谣的小姑娘。痛与快乐对我而言只是一个陌生而又模糊的概念，甚至没有任何意义。10年之后，我17岁了，站在青春的尾巴上，而白岩松也已经进入不惑之年，我从一个锋芒毕露的锐角变成可以包容的钝角，为我自己而忙碌着。我深爱着这个世界和我身边的所有人，痛，并快乐着。然而，去年，白岩松出版了他的第二本书《幸福了吗》，在书中，他从季羡林写到梁漱溟，从人们的祈福手链写到三聚氰胺，再写到选秀选手眼中的宝马、别墅。无一不是对当下的审视。他开始问自己：难道真的已经不惑了吗？也开始问这个世界：幸福了吗？信仰了吗？十年，有些事情，可以让它们沧海桑田，而有些梦想，10年也只是迈出了一小步。

于是，我开始思考，信仰是什么？是不是每一个人都有和时代一起成长的困惑？文化的传承需要信仰，一个大国的真正崛起也不仅仅只需要GDP的增长。信仰并不完全等同于宗教，它更多的是对生命的执著与内心的充实。在这十年中，有人走了，有人来了，而我们依旧在路上，依旧在成长。我只是希望，我们都能够去寻找属于自己的信仰，即使这是一个很漫长的过程。让这种信仰成为国家的一种资本，我们成为社会进步的推动者。或许，今天很残酷，但明天更残酷，而后天很美好。所以，无论在哪里，都不要放弃心底的希望，就像凯鲁亚克所说的那样：永远年轻，永远热泪盈眶。

27. 永不放弃

□赵玮琪

成功者永不放弃，放弃者永不成功。

——题记

"假如时光可以倒流，世界上将有一半的人可以成为伟人。"这是法国里昂最著名的律师内德·兰塞姆墓碑上的话。人们总会因为这样那样的原因而放弃原先的梦想。或是因为意志不坚定，无法坚持。或是因为害怕困难，追求安逸。抑或是因为被那浮华的世界所诱惑，腐蚀了心灵。最后都只能与成功一次次失之交臂，给人生留下遗憾。

内德·兰塞姆一生有一万多次亲临临终者面前，聆听他们的忏悔。他84岁时，一天，一位老妇人来敲他的门，说她的丈夫快不行了，临终前很想见见他。兰塞姆不愿让这位老妇人失望，在家人的搀扶下，来到了临终者的床前。临终者是位布店老板，已72岁，年轻时曾经和著名的音乐家卡拉扬一起学吹小号。他说他很喜欢音乐，当时他的成绩远在卡拉扬之上，老师也非常看好他的前程。可惜，20岁时，他迷上了赛马，结果把音乐荒废了，否则他一定是一位出色的音乐家。现在生命快要结束了，一生庸碌，他感到非常遗憾。他告诉兰塞姆，到另一个世界后，如果再选择，他绝对不会再干这种傻事，他会请上帝宽恕他，再给他一次学音乐的机会，而他一定会做出像样的成绩来。可是一切都晚了，在临终前最后的悔过，也只能给别人以启发。

成功者永不放弃，放弃者永不成功。通向成功的路有很多条，但每一条都需要坚持。

28. 走自己的路

□张笑雪

每个人都有属于自己的一片森林，也许我们从来不曾去过，但它一直在那里，总会在那里，迷失的人迷失了，相逢的人会再相逢。

我不想让自己迷失，我也不会迷失，我不用担心自己会犹豫不决了。因为我已经决定：我不参加美术高考了，我要和你们并肩作战。

其实在这之前，我已经决定放弃美术高考这条路了，但是，近日看到校外光荣榜上有那么多考上中央美术学院的人，而后来我还知道二中也有十二个人考上了央美，心，就动摇了。我不停地想象着一年后在那张光荣榜上，央美的旁边会有张笑雪这三个字，心里胀满了渴求之感。毕竟我还没有向大家公布，即使我继续走下去，也没有人会说什么。但此刻我的心又挣扎着，不学也是我自己做的决定啊，怎么能说反悔就反悔呢？我到底是个怎样的人呢？我的心就像是一条在大海上漂泊的小船，似乎永远也找不到停靠的地方。那个时候，我陷入了难以抉择的痛苦当中，很煎熬。这些天，我感觉自己憔悴了很多，心觉得很累。我迷失在这片令人恐惧的沙漠之中，心跳变得抽搐而不是有力地搏动，我的肠胃也胡乱地搅在一起，要拧出血来了。

在外人看来，如此煎熬似乎真的没有必要，既然专业这么好考，那还犹豫什么？可是，他们不知道的是在这张光荣榜后面隐藏着多少不为人知的辛酸，没有一件事是那么容易就能做到的。

马克思曾经说过：在科学的大道上，没有平坦的道路可走，只有不畏劳苦艰险，沿着陡峭崎岖的山路努力攀登的人才有希望到达光辉的顶点。

我确信，我不乏攀登的勇气和毅力，但是在选择时，我还是放弃了美术。可这不是真正的放弃，而是希望在另一个天空描绘我更灿烂的人生蓝图。

难道以前学到的东西就一点用也没有了吗？不，绝不，它已经成为了一种能力，深深地扎根于我的生命中了。它就是一双翅膀，能够带我领略更辽阔的天空。

天下没有后悔药，既然选择了，就没有后悔的理由。决定是自己做的，没有谁可以逼迫你。无论怎样，都必须坚定你的脚步，跟跟跄跄地奔跑只能摔得粉身碎骨。

我总对自己说："去做吧！做你喜欢的事。"因此，我选择了画画。但是，后来我才发现，不是每分每秒我都沉浸在绘画的无限享受中，反而，想得更多的是：以我这样的水平，能够考个什么样的学校。所以，在学习的时候，也会有很多不安的因素，以至于热爱的东西不再那么热爱，喜欢的东西，也不喜欢了。而我现在，可能要做与众不同的事吧！因为我要寻找我真正热爱的东西，那就是当下的生活。

以前有一个愿望，就是整天地画画，不分昼夜地去画。但是现在不想了，我有更重要的事情去做，那就是用更多的时间去感知生活中的美好事物，让更多的东西来充实我的生活。

人生没有终点，就算失败，也可以屡败屡战。就算我的森林刮风下雨，只要我的心不迷失，我就永远不会迷失。

29. 微笑的勇气

□ 蒲潇莎

真正的强者，不是没有眼泪的人，而是含着泪奔跑的人。

在美国艾奥瓦州的一座山丘上，有一间不含任何合成材料，完全用自然物质搭建而成的房子。里面的人需要依靠人工灌注的氧气生存，并只能以传真与外界联络。

住在这件房子里的人叫辛蒂。因为一次被一种杀虫剂内所含的某种化学物质破坏掉了她的免疫系统，使她对香水、洗发水以及日常生活中接触的一切化学物质一律过敏，连空气也可能使她的支气管发炎。这是名叫"多重化学物质过敏症"的慢性病。

患病的前几年，有毒的汗水不断刺激她的背部，形成了一块块疤痕。她甚至不能睡在经过防火处理的床垫上，否则就会引发心悸和四肢抽搐。她住在丈夫为她盖的这间特殊的房子里，每天只能喝蒸馏水，食物中不能含任何化学成分。

辛蒂所承受的痛苦是令人难以想象的，多年来，她未见过一棵花草，没听过一声悠扬的歌声，感觉不到阳光、流水和风的快慰。她只能待在没有任何饰物的小屋里，饱尝孤独之苦。更可怕的是，无论怎样难受，她都不能哭泣，因为她的眼泪跟汗液一样，也是有毒的。

坚强的辛蒂并没有在痛苦中自暴自弃。生病的第二年，她就创立了一个网站，以便为那些致力于此类病症研究的人提供一个窗口，又与另一组织合作，创建了"化学物质伤害资讯网"，努力让人们远离危险，不仅发行了刊物，还得到美国上议院、欧盟及联合国的大力支持。

其实在最初的一段时间里，辛蒂每天都沉浸在悲伤之中，想哭却不能哭。随着时间的推移，她渐渐改变了生活的态度，她说，"因为不能流泪，所以我选择了微笑。"

我一直记得这个深深震撼到我的辛蒂的故事。当灾难降临，人们可以努力回避；如果回避不了，可以抗争；如果抗争不了，就得承受；要是承受不了，就哭泣流泪；如果流泪也不行，那就可能只剩下绝望与死寂。可是辛蒂不同，当她无法流泪，她选择了微笑！

其实微笑面对何尝不需要莫大的勇气。是的，辛蒂一直是有泪水的，她承认自己想哭的感受，可即使在最痛苦的时候，她仍然拥有了微笑的勇气。真正的困难并不是困难本身，而是我们对困难的恐惧；而勇气也并不是不恐惧，而是心怀恐惧，仍然向前。

所以请努力微笑吧！想象辛蒂的故事，看看自己在拼搏的过程中是否带着从容的笑容。我们如此幸运，拥有健康的身体，更能将自己大把大把的汗水尽情地挥洒在一路奋斗过的人生道路上。

让我们都拥有子路的直率吧！即使"摄乎多校之间，加之以激烈竞争，因之以严寒酷暑，虽仅数年，然人人终有勇"！

勇气有时也需要鼓励，它从不会拒绝反复的提醒与激发。让我们互慰互持，不管前方道路几多曲折坎坷，只顾风雨兼程，微笑面对。与君共勉！

30. 高中经济学

□何景

产出与投入不一定成正比，这叫风险；当产出大于投入时，你便完成了高中阶段学习的意义。

在我之前发言的那些同学，大体可以分为政治、学习和人际关系。其实我今天想说的，是学习生活，注意，侧重点在生活。台湾的时事评论员江岷钦教授，对于硬实力和软实力的区别，给出了这样的解释——你买得起名牌，这就叫硬实力；但是你的气质不够好，穿上龙袍不像太子，这就叫软实力。的确，硬实力和软实力往往就出在个人的面子和里子的区别上。有些人家境并不优渥，可是他们却嚷嚷着买这买那，穿上了如何，不穿上又如何？气质始终没变，内涵始终没变。这就不禁让我想起了江苏泰州那些富二代们在街头下跪乞讨的事，内心的空洞全写在脸上，有钱怎样，有面子怎样，没有里子始终是让人看不起的。

是啊，多少次青春年少的冲动，蛊惑了多少个花季雨季时迷惘的人心，不曾想，也未尝发现，真正的高雅，不在于下楼梯时优哉游哉地堵住楼道让后面的人情何以堪；不在于穿上所谓的个性服装来哗众取宠；也不在于做出各种奇怪创造显示出自己的才华横溢，而是在于一颗真正恬适而又不安分的心。有个远在辽宁瓦房店的网友，他曾经对我说，其实，高中的那些扮相，只不过是一时的肤浅，而我们真正需要的，是一世的深刻。仔细想想，在6月8号的晚上，你想怎么改造你的容貌，就怎么改造，而在6月8号晚上，你想怎么改变你的分数那就不是你所能掌控的。做好眼前的事，充实过好每一天的生活，才是当务之急。

初中班主任有一句话，让我印象十分深刻——除了学习外，你的什么都不是你的。连我们人都不是我们自己创造的，更何况我们那些身外之物？显然，他想强调的是我们的人、我们的物都是父母的，而装在我们脑子里的知识，却是自己的。当李启铭在河北保定大声喊出"我爸是李刚"时，拼爹时代就来临了。在学校，各种有意无意炫耀着的人，他们拼的是什么？那些东西是他们自己的吗？他们只不过就是为了让别人有一种"恨爹不成刚"的感觉。曾经的农民工孩子也大声呼喊出"别人和我比父母，我和别人比未来"的口号，何尝不是说这样一个道理呢？那些显摆的人的父母为他们倾注了多少，换来的却是畸形的人格和空洞的内心，这样的投入和产出难道不是出于完全亏本状态吗？他们甚至是书写了一个新的俗语：志穷人不穷。

相反，有些人，默默坚守责任，一点一滴，始终如一，创造出了一个又一个辉煌的成绩。他们才算是真正的活得有价值。鲁迅的《故乡》里形容"圆规"，也就是豆腐西施的词——辛苦恣睢，恰好可以用在那些人身上。当然，他们可以子承父业，也就是继承公司领袖的地位，这是他家里的历史原因所决定的。但是，还是江岷钦教授，他又说了，人们都不愿意当领袖，你知道为什么吗？因为领口和袖口是衣服上最脏、最难洗的地方，谁愿意待在那种地方？所以，尽管他们可以一路这样恣睢、肤浅下去，但是换来的永远不是他们上一代那种勤勤恳恳、艰苦创业的精神。而是在有所成就后纸醉金迷、灯红酒绿的态度。这不能不说是上一代人的悲哀。

过去的社会，精诚所至，金石为开；现在的社会，精诚所至，金石难开。在这个物欲横流的时代，许多人都不得不变得功利起来，包括我。在和辽宁瓦房店那个网友聊天时，他突然蹦出了这么一句话，让我沉思良久。他高考分数只超过了二本线3分，家境又比较无奈，于是他选择了高职，毕业后任职于中国最大疫苗生产商的核心实验室，现在年薪加奖金近7位数。他的事迹再次印证了，只要勤勤恳恳，就算家里投入得再少，自己产出的效益越高，人就越有价值。的确，当他高中毕业时，他家里承担了一定的风险，可是现在再回过头来看，他已经远远地产出了数百倍、数千倍的效益，他的父亲再也不用辛苦地卖电视机，他的母亲也不用再早出晚归地开着7平方米的小卖部，他真正地实现了质的飞跃。我们高中阶段，所有的分数，所有的成就，与日后的前景都不一定匹配。但是，我们要回报我们的父母，努力让产出大于投入，才是王道。诚然，我们更早产出来弥补那些投入，不是更好吗？就是现在！

31. 敢为人后

□ 向蓓姗

你敢不敢为人后呢？

这个问题显然比你敢不敢为人先更来得费神。若是为人先，众多人物中，重赏之下，必有勇夫。一句"天下兴亡，匹夫有责"便可抛头颅洒热血，尔来四万八千岁，我自横刀向天笑了。成了，豪杰；不成，豪放。

"引刀成一快，不负少年头"的烈酒固然香气诱人，也许仰饮三碗就真的能上冈打虎。但相比起来，在当今这个信息爆炸的时代，为人后，察先机，看清前车之鉴，把握好后车的方向盘才是明智之举、勇敢之举。

敢为人后，不是要把"大丈夫能屈能伸"挂在嘴边当做逃避责任的说辞，而是要有一颗真正洞察世事的坚韧的心，持续不断地跳动；要有一根千磨万击还坚劲的脊梁骨，不怕别人指指点点，要挺得住风霜；要有一双不畏浮云的望眼，看穿事事敢为天下先的风险，再把家国天下背在肩上，踏上征程。路途辛酸，冷暖自知，才不负一个"敢"字；更要有打败自己，俘虏勇敢的霸气，这才能抵达心底的无畏之境。

越王勾践明白这一点，所以他才能忍辱负重，成就霸业。成为史书上千古豪杰之一，成为当下中小学课本的经典范例。

汉帝刘邦也深深明白，所以我们今天才能欣赏到《大风歌》的豪情以及汉王朝的精彩。

然而，最让人惊叹的还是日本在"二战"后的崛起。这个"二战"的战败国走在美国工业改革之路后面，用自己独特的民族精神，走出了一个经济腾飞的奇迹。

转看当下，在大刀阔斧的发展中，仍有高烧不退的房价问题，事关生老病死的医疗改革犹未成功。

如果放在我们自己身上，对于小小的起伏，小小的疙瘩，小小的坑坑洼洼，是不是也能从中得到一点小小的智慧？如果可以，那么我今天的演讲就达到了目的。

前路已有人走，你敢不敢为人后，还有没有信心后来居上？

32. 简单的人生成就快乐

□肖融

前几天听人感叹："活着到底是为了什么啊？"当时只当他是谈笑。但静下心来细想，却真把自己吓怕了。因为这个问题，我找不到答案。

几十亿年前，地球形成了。几百万年前，人类出现了。十几年前，我出生了。听着觉得可笑的，正是我的渺小。

多少个朝代升起又败落，多少个生命绽放又凋零。所有的一切都只作片刻的停留，然后匆匆地走过。淡了，朽了，不见了，于是仿佛一切都没发生过。

我们记住了古人的名字，后人也会记住些我们的名字。或许活在别人的记忆里也算是一种活法吧，但那些记忆的载体也终究会随风而去。是非成败转头空，青山依旧在，几度夕阳红。倘若一天，青山亦无棱，夕阳已老去，又会有什么来见证我们曾经存在？

想到这里，心总会蓦地下沉。沉下去，却又无处碎裂，像是落入无底洞般的没了着落，只是下沉、下沉。

我们，是这个朝代的过客。

朝代，是这个地球的过客。

地球，是这个宇宙的过客。

而宇宙，又会是谁的过客？

或许以后，没有谁会知道，曾有颗星星叫地球；没有谁会知道，那儿曾有种生物叫人类；更没有谁会知道，曾有一个人，是我。

一切竟是那样的脆弱——一颗小行星击地球撞出点尘埃，侏罗纪结束了；火山喷出点积灰，庞贝古城淹没了；大自然悄悄动了一下，地震、海啸……于是数不清的生命，就一起扑向了盛大的灭亡……

既然太脆弱，既然太不堪一击，那么活着的理由也就愈发地迷茫却鲜明了。活着，不该说是为了留下什么，因为这世上根本就没有什么永恒；活着，更不该说是为了拥有什么，因为谁都无法说谁主宰着什么，更不配说，自己主宰着什么。

那么我想，活着，只是为了活着。

这个理由并不颓废，因为我觉得，世上最美的词语，叫纯粹。

这个理由是纯粹的——也是可以让我无言以对的唯一理由。

那么活着就该是纯粹的。

不用去掩饰什么，也不用炫耀什么；不去刻意抛弃什么，也不去刻意占有什么；不沉迷于自我，也不糟蹋自我；不设法超脱于一切，也不去沉沦；不惧怕死亡，更不惧怕生活。

这样的话，这种无欲、不暇的活法，就成了生命的真谛，也成了活着的全部理由。

人只该这么活，认真做好自己，踏实度过每一天，于平凡之中咏唱幸福。简单的人生成就了快乐。

33. 忍

□ 申丽莎

谁终将声振人间，必长久深自缄默；谁终将点燃闪电，必长久如云漂泊。

我想说的这个"忍"，是自我的忍耐。容忍自己并非像容忍他人那么简单，因为你不仅需要包容你的过错，还要包容你的骄傲、私心、虚荣。"忍"是一种难能可贵的品质，它是人格魅力的体现，彰显着你的儒雅与稳重。生活中充斥着无数浮躁、暴戾、矫饰，能忍，则显得尤为重要，那并不是怯弱，而是一种大智慧、大境界。以忍来洗去自身的浮躁与戾气，还原一个真实的自我，并且在忍中沉积自身的智慧，磨去自身的棱角。

历史上因"忍"而成功的人不胜枚举：司马迁能忍宫刑之辱，最终书写历史传奇；勾践能忍亡国之恨，最终三千越军破吴而归。他们因"忍"而通过命运的考验。而我们也需要这样一种品质，去忍受生活的乏味，以及自己对自己无形的压迫。

"忍"更是一种生活的艺术。当下有些人急功近利的心理使得他们运用各种方式炒作自己，为自己制造舆论，导致社会一片乌烟瘴气，然而真正具有影响力的名人，他们都具备忍的品质。央视著名栏目《百家讲坛》里面所请到的教授专家都是以自己真材实料的学识与一语中的的评论来诠释历史古今，给无数观众留下极为深刻的印象。他们都能忍下当今商业媒体为了获利而使节目低俗化的风气，追求高品质而又面向群众的节目，以真正的学者姿态来探讨人生至理。既捍卫了学者的尊严，又维护了个人的道德。那么在这个复杂多变的社会，谁将声振人间，谁将点燃闪电，人们心中自然明了。

真正的大树，不一定要繁花似锦。真正的宝剑，不一定要锋芒毕露。我们的缄默并不是沉默，我们的漂泊并不是流亡。只有在自我的忍耐中学会成长，洗尽铅华，那么我们必能在天地中高歌，成为一个大写的人。

34. 热爱生命

□申丽莎

生，两百年不死；死，两百年不倒；倒，两百年不朽。

真正伟大的生命，不在乎它的长短，不在乎他的辉煌，它只拥有刚毅与执著。它可以平凡，平凡得就像那西北荒漠里的胡杨。"生，两百年古榕；死，两百年不倒；倒，两百年不朽"。来来回回，两百年的生命竟延续到六百年。昙花花期只那么一瞬，人们惊叹它的美，但谁能永远记住它？胡杨，生长在不毛之地，春去秋来，从来无人深入这大漠去见证它的美，它沉默地任凭生命的光华洒遍这荒原。那生命之美，平凡而苍凉，却让天地铭记，日月可鉴。

世间的生命，来来往往，却有几个人，能堪比这胡杨？每年农历六月初五，我们吃粽子，赛龙舟，共同纪念千古名人——屈原。他是浪漫主义的鼻祖，因为《离骚》，因为《九歌》，中国古代文人的胸襟多了一丝浪漫情怀，成就了嵇康、李白，也成了我们共同的精神财富。当他伫立在汨罗江畔，裙袂飞扬。"亦余心之所善兮，虽九死其犹未悔"，那一声高歌穿越千年，落在我们心上。刚毅的高大灵魂，用血泪浇铸，用烈火淬炼，历经岁月枯荣，依旧光芒永驻。

我渴望走近那样的灵魂，看看它的深处生命的形状，然后持有着同样的信念来将自己的生命塑造得同样强大。转眼已到高三，我们积聚着所有力量全力以赴地去将生命刻画得完美。

我希望，生命不再固守着稚嫩、肤浅、柔弱，它要变得丰满、硬朗、成熟，哪怕一路坎坷。

我希望，生命不再只是心的荒原，它要让爱的源泉流淌向每一片黑暗，哪怕丑恶会混淆你的方向。

我希望，生命不再只停留在原地，它要去打破枷锁，去飞，去翱翔。

我希望，生命，能成为真正的生命，为生而战的热情永不减灭，哪怕它只有枯荣，哪怕它只能倒下，我也愿意热爱生命，热爱这生命的平凡和刚毅，热爱这生命的荣光。

35. 真正的英雄

□黄冠凯

真正的英雄——畏惧并能战胜畏惧的人。

洪武三十一年（1398年），明朝送走了他的缔造者——朱元璋，这对于明朝而言，是一个不小的损失。但就在同一年，浙江钱塘县的普通家庭诞生了一个帝国未来的拯救者，他就是明代第一名臣——于谦。

于谦从小用功读书，十分上进，但他并没有像很多读书人一样，被四书五经一步步培养成书呆子，反而从不拘泥于书本上的东西，而且喜欢阅读课外书籍。

如同今天的追星族一样，于谦也有自己的偶像，这个人便是文天祥。他曾在书斋中写下两句话作为对文天祥的赞词：殉国忘身，舍生取义；宁正而毙，不苟而全！这句话是少年于谦对自己未来一生的行为举止的承诺，而30年后，他用生命实现了自己的承诺。

永乐十九年（1421年），于谦考中了进士，被任命为御史。宣德五年（1430年），又被明宣宗任命为兵部右侍郎，不久后他又被内阁辅臣杨士奇看重。但由于当时他才32岁，却已经居正三品，许多人对他升迁之快表示不满。于是他被迫离开京城，开始了他的地方官生涯，谁知这一去就是19年。

正统年间，宦官王振专权，肆无忌惮地招权纳贿，朝廷混乱不堪。正统十四年（1449年），也先率领的瓦剌部队大举进犯，王振竟挟持皇帝亲征，结果明英宗在土木堡被俘，王振也在乱战中被士兵杀死。当时京师最有战斗力的部队，精锐的骑兵都已在土木堡失陷，剩下疲惫的士卒不到10万，人心震惊惶恐，朝廷上下都没有坚定的信心。

这时于谦已经被调回京城，任兵部左侍郎。他也不是天生的英雄，作为代理兵部侍郎，他要面对的是瓦剌大军和城内低迷的士气。国家重任已经压在他的身上，一旦出现失误，后果不堪设想。面对如此重担和巨责，谁能不犹豫万分，谁能不心生畏惧？但他更清楚，逃就会丢掉半壁江山，大明王朝可能就此毁于一旦。

殉国忘身，舍生取义；宁正而毙，不苟而全！

于谦最终还是迈出了这一步！

国家兴亡，我来担当！

此后，于谦挺身而出，艰苦经营，革新内政，加强战备。10月，北京保卫战一触即发！11日，瓦剌军抵北京城下，列阵西直门外；13日，于谦与大将石亨率军与瓦剌战于德胜门外，瓦剌军大败；随后，瓦剌军又转战至西直门进攻明军，也被明军击退。瓦剌军不甘失败，明军佯装失利，瓦剌军追到土城，被潜伏在民居内的明军火枪手阻击，死伤无数，不得推进。京师外围守军奋力抵抗，到11月8日，瓦剌军逃出塞外，京师解严。

无论在多么绝望的情况下，也不要放弃希望，坚持下去，就一定能创造奇迹。于谦用他的行为为我们证明了这一真理。

但悲哀的是，天顺元年（1328年），于谦就在那座他曾拼死保卫的城池前，得到了他最后的结局——斩决。原因是"谋逆罪"，好一幕精彩的丑剧！

他的伟大不需要任何人去肯定，也不需要任何证明，因为他的一生就像他那首诗一样，坦坦荡荡，堪与日月同辉。

石灰吟

千锤万凿出深山，烈火焚烧若等闲。

粉身碎骨浑不怕，要留清白在人间！

沧海横流，方显英雄本色！即使再过五百年，无数浮华散去，于谦依然会站在这里，依然会因为他的正直无私、勇敢无畏被世代传颂。因为他是一个永远活在我们心中的英雄，真正的英雄！

36. 光辉岁月

□陈昊嘉

一种辉煌的人生——不仅要创造巨大的物质财富，还要给社会留下丰厚的精神财富。

曾看过一篇文章，内容是对比东西方判定一个人成功的标准，结果说道：在东方看待一个人时，老喜欢看他或他家有多少财产，只要他有钱，他就会受到人们的羡慕。西方人更重视一个人做过什么事，用他的经历评价他。

我想，正是因为西方这种以经历评判人的价值观，使得西方人更热衷于冒险和探索，使他们在做事之前不会总是利字当头，他们的人生经历是丰富的，但也许他们到最后并不会留下多少物质财富。

相反，东方人重视对物质财富的追求，但天天忙于工作直到年老退休后享清福的人生未免过于苍白。而且富不过三代，金钱终有被用完的一天，且不论一个人曾经拥有过多少财富，当财富被用完时，即使他拥有过人的才华，人们对他的赞赏都会大打折扣。

中国首善陈光标，在他决定将他所有资产捐出用于慈善后，他说："我也不是没给孩子留下点什么，我给他留下的是精神财富，是榜样的力量，而这东西是无价的。"可见陈光标先生十分重视精神财富，而他本人也是创造辉煌人生的典型代表，他现有50多个亿的资产，全部捐给社会可以为穷困地方解决物质问题，而他不仅为他的孩子，也为国人树立了用行动援助慈善的榜样。正如他所说的榜样的力量是无价的，人们会从心里尊敬他。而那些同样拥有巨额资产却一毛不拔的富翁们，他们的形象可谓渺小得很。其中一些富二代们还给社会造成了不良影响，于是他们遭人唾弃，受人指责，就算金钱使他们的外表光鲜亮丽，而他们的行为却在给社会留下遗憾。

其实人生与金钱只有四种可能状况：赚钱也赚到人生；不赚钱也赚到人生；赚钱却赔上人生；不赚钱也赔上人生。而你，要选哪种？

37. 认识自己

□陈婷

不患无位，患所以立；不患莫己知，求为可知也。

——《论语》

这句话的意思是：不要发愁现在社会上没有让你去尽忠的那个职位，真正要发愁的是你自己是否有安身立命的本事；也不要发愁现在没有人了解你，真正要发愁的是，你有什么资本让别人真正了解你，你应当去追求值得让别人了解你的本领。

人们对自己的判断，有时候很容易在妄自尊大和妄自菲薄这两段之间游移不定。我们老在说别人不了解自己，老抱怨世界上没有伯乐，其实又有几个人真正了解自己的价值？一个人到底有多大的价值。

有一个年轻的弟子去问一位禅师，他说："求你指给我一条光明的人生路吧。你说说我的人生到底能有多大价值？"这位大禅师淡淡地问他："你说一斤米有多大价值？"年轻人呆住了，只听禅师说："一斤米，如果在农妇眼里，就是两三碗米饭而已。在一个卖米的农民眼里，他就是值一块钱而已。如果这一斤米到了一个包粽子的人手里，他稍微加工卖出去，就值三块钱。它到了一个做饼干的商人手里，提炼提炼，这斤米就能够产生八块钱的价值。他到了一个酿酒的人手里，他用这个米酿出酒来，这一斤米就可能产生四十块钱的价值。但是，这还都不是边，这一斤米的价值还可以再开发下去。不过，米还是那一斤米。"

其实，禅师讲的就是该如何看待人生的价值。每个人来到这个世界上，同样进入社会，我们人人手里都有自己生命的"一斤米"，我们是把自己的生命做成一两碗米饭，还是让自己的生命去酿酒，去提炼加工？如何选择你的做法，这个权力其实就在你自己手里。那么，我们还会害怕别人不了解自己吗？

要做到"不患无位，不患莫己知"，首先要在内心开发和确认好自己的价值。若要在一片无垠的沙滩上被拾起，那就努力做一颗珍珠吧。不断认识自己，充实自己，提升自己，积蓄力量，必会有厚积薄发的一日！

38. 优等的心

□李曲芬

优等的心，不必华丽，但必须坚固。

此语出自毕淑敏的散文《造心》。

我们成长的过程，是一个身心与世界频繁交流的过程，是一个思想与时间激烈抗衡的过程，更是一个铸造独立而坚固人格的过程。所谓造心，便是琢磨岁月留下的痕迹，细品生活带来的酸甜，将人生的经历与感悟糅合积聚，化作心灵养料，让思想更成熟，人格更完整，让自己更从容地融入生命这条生生不息的湍急河流。

优等的心，不必华丽。或许是拥有华美的外表或优越的地位，人们产生了自负、虚荣、傲慢与浮躁，总以一副嚣张跋扈的姿态漠视旁人，犹如一块冰冷的磐石，不可侵犯。但这些人的内心往往是柔弱到不堪一击的，这便是所谓的"浮华心灵"。他们因为这些虚无的优越感，而忘记了生活最初的定义，生活便是要经历磨难，在磨难中磨砺，在历练中成长。一颗尚未成熟的心，打上一针浮华的催熟剂，于是便朝着错误甚至畸形的方向发展，即使外表标致，其内里也是脆弱而空虚的。最近被炒得沸沸扬扬的"李刚事件"便暴露了人们心灵最虚无软弱的一处。一大学生倚仗出身权力阶层，在开车撞倒两名女学生后，没有丝毫歉意，反而口出狂言："有本事告我去，我爸是李刚！"遭到千万网民的猛烈唾弃和法律的严酷制裁后，他才沉重地埋下了头，失声痛哭，悔恨莫及。这是怎样一颗可耻、可恨又可笑的心，在权利背后，透视的是他的不成熟与不独立，狂言之中是他对软弱无能的慌忙掩饰。一份不属于自己的骄傲，永远不可能成为精神支柱，微风吹过，便零落一地。

优等的心，必须坚固。真正优等的心灵，经历过风雨的洗刷，遭受过挫折的打磨，所以变得日益坚固。即使没有他人的帮助，也能孤身撑起磨难的生活，让自己自信、自立、自强地稳立于天地之间。真正华丽的心灵世间难寻，而坚固的心灵却永恒古今。在黑暗中踽踽独行却屡屡碰壁的鲁迅，怀着一颗坚固的心，正视淋漓鲜血，直面惨淡人生，要为民族的未来点一盏明灯；饱受丧夫流离之苦的李清照，怀着一颗坚固的心，果断离开只爱慕她钱财的伪君子，独自奔走流亡……还有千千万万颗历经艰辛困苦的心灵，仍然永恒地存在于这世界，成为优等心灵的模板。让每一颗幼稚而弱小的心，都敢于接受命运的挑战，被打磨成一颗经得住苦难、耐得住寂寞的坚固心灵。

伸出右手，抚上心脏，感受到你内心的跳动了么？它是刚健有力的搏动还是懦弱无力的起伏？它有没有将满腔的热血灌输到你身体每个角落？它是否经历过万千困苦的打磨？它是否坚固？它算不算一颗优等的心？

答案就在你的心里，在你的手中，在你独自努力和奋斗的路途之上。

39. 有所爱,无所畏

□李明键

我十分珍惜这次发言的机会，就像珍惜现在的点点滴滴。

"我们相爱一生，但一生还是太短。"

这曾是乡土文学之父沈从文对文学的告白。他热爱着文学；热爱着家乡凤凰；热爱着人与自然的"和谐共存"；热爱着自己极力用小说去构造着的心中的"湘西世界"。相爱着的一生是短暂的，那么更何况是一年?

一年前的自己还对2012的六月安之若素，还对一个月后的分班漠不关心，还对着千里之外南非的梅西们歇斯底里。

知道自己看了文理分科的报名表，直到看到少得可怜的向往文科的同学们，自己突然觉得，是不是应该要有一些改变，至少应当尽力去做自己认为有价值的事，至少不至于自己的整个高一在上课睡觉放学踢球中被完全吞噬……

于是上天就在冥冥之中安排了这个华丽且惊险的邂逅，尽管当时的自己并不懂得，分班表上的3个数字竟能赋予自己如此大的含义。

那一年的夏天是记忆中最美丽的。似乎每天都有上不完的文综和早就被抛得无影无踪的物理化学；每天都碰见七七八八的熟人，享受着他们在知道自己的班级后，脸上短暂的诧异转变为由衷的羡慕；每天都可以自在地穿着短衣短裤穿梭在太阳直射点附近的烈日的炙烤下，而一进教室又是凉爽和惬意；每天晚自习都可以赖到熄灯，然后独自穿过漆黑的长廊，漫步在幽深的树影下，听着樟树沙沙的倾诉；每次晚饭后，坐在教室里，又可以闻到夏天长发抑或短发的女孩子们带进来的洗发水的清香。当然，这样的代价就是每次出去遇到成群结队的其他班男生们，总会享受到被讥讽为"九大奇葩之一"的尴尬。

暑假过了，秋天就来了。自己始终记得第一场"一中杯"大战在即时，全体男生聚集在走廊上商量对策，却无奈仍能留下三分之二的空当，于是我们就只有埋头在周围理科班的幸灾乐祸及好奇还有所有女同胞始终不变的赞许和支持声中，诠释了"四十九人"的奇迹。当然还有那一届无与伦比的运动会，如果一定要用一个词去概括，那么就是"感动"。当自己拿着这张令所有对手大跌眼镜凝聚着全班同学点点滴滴付出的奖状，在摄像机和同学面前留下了一个灿烂的傻笑，也许这就是自己作为背拍子抱篮球的体育委员的兼职吧。

圣诞节到了，一场纷纷扬扬的大雪竟然光临了这座湘南小城，看着被蒸汽覆盖的玻璃窗上同学们的各种涂鸦和各色手套的嬉戏打闹，突然就感觉到了一种幸福。外面向来热闹不已的球场也因蒙上一层白色而格外宁静，似乎是在等着我们去留下一个个行走的清晰脚印。于是自己又不由自主地伸出蜷缩在袖子里冰冷的手开始奋笔疾书，免得跟不上这群热情洋溢不知疲倦的行者。

经过一个白天在画室晚上在梦里画画的寒假，回来却发现这个学期短的出奇。三十多度的气温仍然无法带来夏日的烂漫，只是留下对流雨的倾泻和准静止锋的缠绵。我就永远只能在这了无止境淅淅沥沥的雨声中穿过熙攘着来晚自习的人们。天空永远都是一片苍白的深灰，又过了一天，又少了一天。

每次下午放学，自己都不得不在你们准备晚自习时默默地收拾好书包，然后与前往教室的你们一一擦肩而过，每个微笑和点头的背后都是一次又一次的暗示着自己："殊途同归"。我明白我们都在为自己的理想而奋斗，都在锲而不舍地追求。有时遭遇了困顿和迷茫，但想到我们，想到携手奋战一年跨过无数次考验成长着的我们，心中又充满了坚持下去的理由和勇气。

明年三月，我将在这个乍暖还寒的时节踏入美术考生的洪流，去完成自己决定命运的一仗。

每一年的夏天，都有留给自己记忆的理由。去年夏天，我遇到了你们；今年夏天，我却不得不选择离开。我只是去了另外一个战场，和你们并肩作战。短暂的离开是为了更好的回来，在这样的相知相爱之中，没有哪一次离开不显得短暂。无论何时何地，无论以什么方式，我们都在为同一目的而战："自己，即527。"就像渗入血液一样在自己身体里流淌，每个人都是527的孩子，永远都是。时间长短都是有限的，而感情却往往可以趋于永恒。既然已经相爱，何必感叹短暂——"我们相爱一生，尽管一生太短。"

你们懂的。

527，成长于自由的阳光下

没有使命感的教育是盲目的，没有责任担当的教育是轻薄的。"我们不停地跑，争取领先，但是总有一刻需要停下来想一想：这条路是通向梦想还是通向深渊？"真正的教育不仅应该具有效率和效益，更重要的是要具有灵魂，具有坚定而明确的价值追求。使命与责任赋予教育以高度与灵魂。

——肖川《教育的使命与责任》

在文明世界中，校长是一个令人尊敬、令人羡慕的职业和角色。如果我有幸成为一所学校的校长，我首先要做的事情是提出、表达、倡导和维护学校的使命、愿景和核心价值，并努力使它们体现在学校的每一个细节之中。我会坚持在每个学年开始的时候给每个老师、家长和学生一封情真意切的、体现着学校办学方向和理想追求的信，使它成为一个传统，一份值得珍藏的礼物。

——肖川《教育的使命与责任》

　　学校的主要目标是促进师生的成长与发展。师生的成长深受学校文化的影响。

　　著名教育家梅贻琦曾经说："学校犹水也，师生犹鱼也，其行动犹游泳也。大鱼前导，小鱼尾随，是从游也。从游既久，其濡染之效，自不求

197

而至，不为而成。"学校之"水"，即学校文化。高品质的文化，铸就高品质的教育；高品质的教育，培养高品质的师生。

班级文化是校园文化的重要组成部分，深受彼时彼地的校园文化的影响。它是校园文化的产物，也是校园文化的体现者，更是校园文化的传承者。

学校文化建设是校长最重要的使命与责任。近些年，在郴州一中，每一学期开学典礼上，作为校长的曾广清老师，都要面对全体师生作一次演讲，提出自己的一些思考，这似乎也"成为一个传统，一份值得珍藏的礼物"。

本编收集的主要是曾广清校长近年来在开学典礼上的演讲稿。副校长夏立新老师，对校园文化建设一直以来都极为重视。527班的班级文化深受他们的影响，得益于他们的关注与支持。钟南海父母的文字，情真意切。有了优秀的家长，优秀学子的出现便有了可能。潜心尽力培育子女的父母，永远值得我们尊重。

1. 砺学力行　厚德睿思

□曾广清

同学们，高中三年是你们人生发展的黄金时期。在这三年中，你们不仅要重视高考各学科的学习，使自己的知识技能获得发展，学会用成绩来获得尊严，更重要的是要使自己的内心和精神变得丰富，只有这样才能真

正体会和享受到生活和学习的快乐与幸福。新学期之际，作为师长，也作为大家的朋友，我也"东施效颦"，向北京四中刘长铭校长学习，给同学们提10点建议，作为你们人生规划的参考。

（1）养成每天阅读经典的习惯。书是人类进步的阶梯。高中三年至少读10本好书。这些书要涉猎多个领域，如政治、经济、科学、文学、历史、哲学、文化等，在每个领域中，要至少精读一本该领域最经典的代表作。以经典为友，拓展视野，虚心涵泳，领略智慧的风景。

（2）至少参观一次校史陈列室。了解母校的校史、校训、校风、校情、校歌和历史变迁等。爱护校园的一草一木。积极参加校庆日活动。在校史中，寻找你最受触动的人或事，汲取其精神的力量。想学校之所想，忧学校之所忧。这一切精彩的画面都是你们留给母校和老师最美好的回忆和最珍贵的礼物。

（3）至少开拓一个新的兴趣领域。你可能已有一些兴趣或者特长，但是我还是建议你在高中三年之中，至少再拓展和开发一个新的兴趣领域，或开辟一个新学习领域，或学习一项新技能，例如，体育、棋牌、收藏、艺术、木工、雕刻、服装设计、网页制作等。这一切能提供你理解人类与自然的有特色的方法，能够培养你们灵活的思维方式，进而构筑自信，培育心性。你应该明确对自己提出挑战：我的特长是什么？我长大后凭什么在社会上立足？怎样让社会听到自己的声音？这都取决于特长，一个没有特色的人，可能很快就会被社会所遗忘。

（4）养成思考质疑的习惯。积极关注和参与社会生活，细心体验和思考人生。不会思考的人是傻瓜，不想思考的人是冥顽不化，不敢思考的人是奴隶。你真正的生命是你的思想。学贵有疑。在面对书本知识和现实生活时，逐步养成独立思考、辩证分析和合理质疑的习惯。思考质疑，会使你成为个性魅力十足、不可替代的、立于天地之间的大写的人。送同学们一句话，适当的怀疑是智者的火炬。

（5）积极参加校园实践活动。至少参加一个社团，并努力使自己成为这个社团的积极分子或骨干；至少参加一项学校活动，并且在参与过程中为自己留下值得回忆的东西；至少参加一次竞赛活动，享受成功的喜悦或失败的教训。这不同寻常的经历，必将成为你人生中一道独一无二的亮丽风景。

（6）至少发表一篇文章。可以发表在报纸杂志上，或发表在学校编印的论文集、作文集上，也可以发表在校报校刊上。至少经过自己的努力获得一次奖励。它们是你高中时期的记忆，是里程碑和纪念碑。

（7）选择历史或现实生活中的一个人物，深入了解他的生平或生活经历。这个人可以是亲友长辈，也可以是同龄人或有特殊经历的人，可以是伟人，也可以是名不见经传者。通过研究他的经历，会使你洞察一个人的思想和心灵世界，感悟人生智慧。

（8）学会与他人合作，让合作成为习惯。每周至少一次与家人或同学共同完成一件事。例如与父母一起干家务活，与同学一道解决一个问题，与老师一起完成一个小课题的研究，与同学合作完成卫生任务等。据美国学者统计，在诺贝尔奖设立的第一个25年中，合作研究获奖的人为总数的41%；第二个25年中，这个比例为65%；第三个25年中，这个比例上升到79%。善于合作的人，能出业绩，更能感受到工作和学习的乐趣。

（9）树立远期和近期奋斗目标，做一个随时有准备的人。目标是行为的动力。生活没有目标，就像航海没有罗盘。执著于一个个近期或长期的目标，这是人生的真正欢乐。

（10）培养良好的生活和学习习惯，争取在高中阶段学会自主学习。用自己的眼睛去观察，用自己的心灵去感悟，用自己的头脑去判别，用自己的语言去表达。自主学习，积极探索，这是学习的"金钥匙"，可以使你变得宁静、大气而富有智慧。

百年一中，启智的殿堂，育人的绿洲。我希望同学们砺学力行，厚德睿思，务实苦干，争创一流，把自己塑造成未来社会的顶梁柱，成为更完善、更成功、精神世界更为丰富的人。

（在2010年下期开学典礼上的讲话，发表于《郴州日报》2010年9月7日）

2. 让兴趣伴着你飞向成功的彼岸

□曾广清

作为一个老师，作为一名中学校长，我常常在思考这么一个问题，作为学生，走进校园的目的何在？作为老师，最成功的教育是什么？大家知道，这是一个永恒的话题，是一个值得我们去认真思考的话题，其答案必定是丰富多彩的。今天，借开学典礼的机会，我想跟同学们、老师们来探讨一下这个问题。

有这样一个事例：

一百多年前，有一个小男孩对蚂蚁的活动产生了极大的兴趣，他时常好几个小时地蹲在蚂蚁洞穴旁，仔细观察蚂蚁的活动，为了看清蚂蚁洞穴的秘密，他掀开蚂蚁洞穴上面的大石头，扒开洞口的土，累得大汗淋漓也要看个究竟。他见到蚂蚁能搬动比自己身体大出好几倍的土粒或昆虫的尸体，甚为惊奇，更产生了一连串的疑问：蚂蚁身体那么小，腿脚那么细，为什么有这么大的力气？为什么它们一天到晚也不觉得累？……年纪小小的他，虽然没有找到答案，但是，这种种疑问已在他心中滋生了一种探索自然奥秘的兴趣，闪现着一种生命的灵动。

若干年以后，这个小男孩长大了。他，便是后来大名鼎鼎的俄国生理学派创始人，1904年诺贝尔生理学和医学奖获得者巴甫洛夫。我认为，巴甫洛夫之所以取得那么大的成就，这都是来自于他对生物学和生理学的浓厚兴趣和满腔热情，以及由这种兴趣和热情所导致的献身精神。

达尔文说："我之所以能在科学上取得成功，最重要的一点就是对科学的热爱，坚持长期探索。"陈景润爱好数学，最终成为数学家；傅聪喜欢音乐，最终成为钢琴演奏家；钱钟书爱好文史，最终成为"文化昆仑"；爱迪生热衷实验，最终成为发明大王；王羲之爱好书法，最终成为大书法家；达·芬奇喜欢绘画，最后成为大画家；比尔·盖茨衷情电脑，最终成为电脑奇人……这些大家们的成功都可以证明，人类的自我兴趣可以激发巨大潜能。世界上没有一项伟大的科学发明和成就是在被剥夺兴趣后完成的。兴趣是创造之母，兴趣是最好的老师。

同学们离开父母，走进学校，目的是来为自己未来成功的人生奠基的，是来为自己的未来的成功寻找和发展符合自己潜质的兴趣的，这应该是你们求学的重要目的。作为学校，作为教师，应该给学生寻找兴趣，发展兴趣，提供机会，创造条件。从某种程度上讲，培养学生自信心，养成其良好习惯，让学生找到并发展符合其潜质的兴趣，为学生的终身发展奠基，这是成功教育的标志。无论成就何种事业，能坚持到最后的肯定是有兴趣者。从人的终生发展来看，可以说，兴趣与自信是影响成功的最关键的主观因素。我国基础教育在培养人才上的最大失误就是，忽视了兴趣的培养和自信心的确立。在任何领域，任何有所建树的人才都是依靠兴趣与自信而获得最终成功的。培养学生自信心和符合其潜质的兴趣，这应该是我们这样一所具有深厚文化底蕴的百年老校育人的重要目标和义不容辞的责任。

那么，怎样才能产生良好的兴趣呢？方法有很多，但是，我认为，最重要的有两条途径：

首先，读有趣的书。少年时，巴甫洛夫在他父亲的书架上看到了一本名为《日常生活的生理学》的小册子，作者是一位并不出名的英国生理学家，但是这本通俗读物中的内容却深深地吸引了巴甫洛夫，给了他知识营养，也使他与生理学结下了不解之缘。一本书，一个领域，可在拓展你的视野，领略其中的智慧，其中的内容很有可能就成为你的兴趣源。

其次，做有趣的事。在英国课程中，有"天气"一节，按照教学大纲的要求，学生要学会查字典和查阅《大英百科全书》，掌握相关的内容。老师提的要求是：阅读《大英百科全书》中的天气部分，然后提出一个有关天气的问题，此外，剪下一张天气预报图，并学会看家里的温度表。课堂内，教师指导学生阅读一些相关资料，然后小组讨论相关的问题。最后完成两项作业：解答自己的问题，解释报纸上的天气预报图。这一学习过程，学生必须认真去观察，去参与，"行动"贯穿始终，问题与答案均来源于学生自己。"动手做"，意味着亲身体验，能激发好奇心和探究欲。课堂的实践经验证明，"做中学"是学习效果最好的方式，"做"的过程使"学"的内容更深化，对概念的理解更全面，对经验的记忆更持久，同时，自信心也得到了发展。更重要的是，做的过程中，同学们往往会在不经意间找寻到符合你潜质的兴趣。

当然，有了良好的兴趣，还得持之以恒地去坚守。俄国化学家布特列洛夫，他从中学开始对化学产生了强烈的兴趣。一次他在做实验时发生爆炸，他被罚站在学校的食堂一角，脖子上还挂着一块牌子，上面是惩罚者为了嘲讽他而写的几个字：大化学家。然而这一切并没有动摇布特列洛夫对化学的热爱和兴趣。正是布特列洛夫对化学兴趣的坚守，20年以后，他最终以具有创造性的有机化学的结构理论，终于获得了名副其实的"伟大的化学家"的称号，在世界化学史上产生了深远的影响。

学习兴趣带来的是强烈的学习热情和成功欲望，这是学习的最大动力。同学们可以明确地对自己提出挑战和要求：我的兴趣是什么？我长大后凭什么取得人生的成功？老师们也可以做这样的思考：如何培养学生的兴趣？如何使自己的教育成为成功的教育？同学们的成功，是老师们最大的成功，是学校的最大成功和骄傲。在此，我衷心祝愿同学们，在新的学期里，读有趣的书，做在趣的事，寻找到适合自己潜质的兴趣方向，并且在老师的帮助下，兴趣得到健康的发展，为自己未来成为一个全面发展、特色鲜明的成功人才奠定坚实的基础。

（在2011年上期开学典礼上的讲话，发表于《郴州日报》2011年2月22日）

3. 守望梦想，做一个快乐的求智者

□曾广清

同学们，高中三年是你们长身体、增知识、求智慧、追寻梦想的重要阶段，这是一段值得你们永远珍藏的快乐旅程。如何成为一个快乐的求智者，借今天这个机会，我提三点想法，与大家共勉：

（1）着迷于书籍。有大学生问一位被评为中科院院士的青年科学家，年轻人怎样才能成功？科学家回答了简单的四个字：请多读书。不只是这位科学家，几乎所有在事业上取得较大成就的人，都是喜欢读书的人。莎比士亚说过："书籍是全世界的营养品，生活里没有书籍，就好像没有阳光；智慧里没有书籍，就好像鸟儿没有翅膀。"书籍是人类的精神食粮，是人类走向文明与进步的阶梯。书籍是我们的进身之阶，任何时间，任何地点，我们都不能忘了这位忠实的朋友。

读书是一种享受，是一种快乐，是一种幸福。我们的校园应该是书香校园，我们的班级应该是书香班级，我们的同学应该是一个个满溢书卷气的人。新的学年了，同学们应该根据自己的兴趣与志向，选择喜爱的书籍，学习知识，吸收营养，为自己的人生奠基。着迷于读书，将使我们生活得更加充实、愉快。

（2）执著于学业。世界著名的哈佛大学，产生了33位诺贝尔奖得主，

产生了7位美国总统。央视《世界著名大学》制片人谢娟曾带摄制组到哈佛大学采访。她是这样描写哈佛校园的：我们到哈佛大学时，是半夜2时，可让我们惊讶的是，整个校园仍是灯火通明的，那是一个不夜城。餐厅里，图书馆里，教室里还有很多学生在看书。那种强烈的学习气氛一下子就感染了我们。在哈佛，学生的学习是不分白天和黑夜的。那时，我才知道，在美国，在哈佛这样的名校，学生的压力是很大的。在哈佛采访，感受最深的是，哈佛学生学得太苦了，但是他们明显也是乐在其中。是什么让哈佛的学生能以苦为乐呢？我的体会是，他们对所学领域的强烈兴趣，还有就是哈佛学生心中燃烧的要在未来承担重要责任的使命感。从这些学生身上，你能感到他们生命的能量在这里被激发了出来。谢娟非常感慨地说，到了哈佛，你才知道真正的精英并不是天才，都是要付出更多努力的人。哈佛最起眼的是100多座图书馆和伟岸如图书馆一样的人。

20世纪初，在数学界有这样一道难题，那就是2的76次方减去1的结果是不是人们所猜想的质数。很多科学家都在努力地攻克这一数学难关，但结果并不如愿。1903年，在纽约的数学学会上，一位叫做科尔的科学家通过令人信服的运算论证，成功地证明了这道难题。人们在惊诧和赞许之余，向科尔问道："您论证这个课题一共花了多少时间？"科尔回答："3年内的全部星期天。"我们的学习和事业需要的就是这种执著。

同学们，你们齐聚一中，就是来学习的。此刻打盹，你将做梦；此刻学习，你将圆梦。只有比别人更早、更勤奋地努力学习，才能尝到成功的滋味。学习，学习，再学习，你将变得无比充实和快乐！

（3）平稳好心态。社会纷繁芜杂，诱惑千奇百怪。学习是快乐的，是有压力的，也难免单调和枯燥，需要静得下心，沉得住气。如果坐在教室上课，心里想的是家中的网络游戏；如果穿着校服上学，心中惦记的是家中衣柜里的名牌；如果在学校吃食堂，心中想着的是曾经吃过的山珍海味；如果住在集体寝室，心中挂念的是家里的空调……如果老是这样，你就会心烦气燥，就会忐忑不安，学习就会事倍功半。因此，我们要正确对待学习中的单调和枯燥，端正好自己的心态。

爱迪生在枯燥的实验中，常常用两三句幽默的话逗得大家哈哈大笑，前仰后合。美国总统林肯在事态严重、精神紧张、面临巨大压力时，常常用诙谐幽默的举止，使大家心理松弛，思想活跃，寻求到解决问题的最佳答案。昆明西山华亭寺内，存有唐代一副秘方，是培养良好心态的灵丹妙药，药有十味：好肚肠一根，慈悲心一片，温柔半两，道理三分，言行要紧，中直一块，孝顺十分，老实一个，阴阳全用，方便不拘多少。据说凡诚心求治者，无不灵验。用药的方法是：宽心锅内炒，不要焦不要躁。所有的这些，我认为都是平稳心态、专心求学的好办法，我想，同学们照此做下去，是能够做到吃得好、睡得香、学得好。

同学们，智慧是生存的一种境界，智慧像阳光一样具有穿透力，追求智慧是你们跨入一中的目的。青春的土壤肥沃无比，不种庄稼必定杂草疯长。智慧存于我们每个人的内心深处，她们时时刻刻都在等待我们将其激活。

同学们，新起点、新目标、新思考，让我们满怀激情走进新学年，做自己喜欢的事，读自己喜欢的书，在百年一中这片平凡而美丽的土地上，享受做事的快乐，享受读书的愉悦，种出最灿烂的花朵，收获最香甜的果实。

最后，我真诚地祝愿我们的每一个老师，每一位同学都能用自己的智慧和汗水，在新的学年，书写学习和工作的满意答卷，力促我们的学校再上新台阶，再创新辉煌！

谢谢！

（在2011年下期开学典礼上的讲话，发表于《郴州日报》2011年9月1日）

4．规划好森林，让树木在阳光下自由生长

□曾广清

美国未来学家《中国大趋势》的作者约翰·奈斯比特接受环球人物杂志采访，记者问他，中国和俄罗斯都是大国，中国现在是世界第二大经济体，俄罗斯还是依赖于能源经济，这背后的原因是什么？他的回答是，中国政府的策略是规划好森林，让树木生长，个人可以在这个规划好的森林之中，决定他们能够做什么。俄罗斯人不是这样，他们觉得政府要为一切

负责，要决定一切。无独有偶，中国科学院院长白春礼在一次座谈会上，谈到人才工作时说："我们应规划森林，让树木自由生长。"他认为，人才工作必须以人为本，要尊重人、关心人、信任人、发展人，营造良好的创新生态系统，并努力为"良种"提供"肥沃的土壤"和"充足的阳光"。

作为一所百年老校的校长，作为一位有二十余年教龄的老师，长久以来，我一直在思考，学校的职责和使命是什么？我们的教育应当给学生的心灵留些什么？读到上述两则材料时，我的心中豁然开朗，似乎有了明确的答案。假如把我们的学校比做一座森林，那么学生就是森林中一棵棵树木，精心规划好森林，让森林生机盎然，让树木茁壮成长，直至成为栋梁之材，这应当是学校管理者，特别是一校之长义不容辞的责任。

我们的校园应当是充满温馨的。2011年的教育，可谓"异彩纷呈"，先是陕西西安某小学"绿领巾"引发争议，紧随其后的是内蒙古包头某中学的"红校服"，随后山东枣庄某中学爆出"三色作业本"。此外，浙江慈溪"脱裤跑"、四川成都"校长宴"、江苏无锡"测智商"，以及"五道杠"的官样教育、举国震惊的校车悲剧等事件，一次次把公众的视线引向校园，一次次把教育弄得矮化丑化，一次次把老师推向风口浪尖。这些"反教育"事件，显示了主流价值观的畸形和扭曲，猛烈地叩打着人们的心灵，它们强烈地把大众的目光汇聚到教育领域。如何在"乱花渐欲迷人眼"的纷繁世界中，明晰我们的位置，站稳我们的立场，这成了不能回避的问题。我们的校园应该对这一切事件说"不"，我们的校园应该是温馨的，这温馨来自人格的尊重、独立的思考、自由的表达、宽容的心态、明朗的心境、处事的公正、机会的平等、真诚的合作、热情的相助。校园中的每一个人共享阳光，同时，也播洒阳光。"人像树木一样，要使他们尽量长上去，不能勉强都长得一样高，应当是：立脚点上求平等，于出头处谋自由。"（陶行知语）这是我们应有的教育心态。

我们的校园应当是充溢激情的。高中阶段是人生发展的黄金时期，是人生中最富生机活力的时代。高中的校园里，你们应当好好规划自己的人生：在教室里留下专注的目光，在运动场上留下奔跑的身影，在图书馆里留下跋涉的足迹，在实验室中留下思考的痕迹，在丰富多彩的社团活动中培养健康的情趣，在"砺学、力行"校训的感召下，用自己的智慧与汗水为美好的未来奠定坚实的基础。我真诚地希望同学们积极地参加校园辩论赛、演讲赛、"一中杯"篮球赛、"我要人声鼎沸"歌手大赛、科技制作比赛，参与文学社、广播站、校园电视台等方面的工作，为《瞳》、《麦田》等校园刊物撰稿，多多参加学校组织的公益活动和社会实践活动。在这些活动中，充分展示自己的才情与激情，让自己的生命在校园中变得无比灿烂，为自己的人生留下更多美好的记忆。

我们的校园应当是富有涵养的。2011年，《新周刊》推出一期专辑，名叫"急之国——中国人为什么丧失了慢的能力？"篇首语是这样写的：中国人，赶时间。最爱"快进"，狂点"刷新"。评论，要抢"沙发"。寄信，最好是特快专递。拍照，最好是立等可取。坐车，最好是高速公路、高速铁路、磁悬浮。坐飞机，最好是直航。做事，最好是名利双收。创业，最好是一夜暴富。结婚，最好有现房现车。排队，最好能插队。若不能，就会琢磨：为什么别人排的队总比我的快呢？这段话生动地描述了当下国人急躁的心态。静心思之，在我们的教育中何尝不存在着这样的急躁的行为。教育是农业，要精耕细作，科学施肥，加强管理，正所谓"润物细无声"。教育的变化是极其缓慢、细微的，它需要生命的沉淀，从某种意义上讲，教育是一项慢的艺术，欲速则不达。十年树木，百年树人。在我们的校园里，我们应耐心地等待一个人的成长：知识的积累、智慧的觉醒、身体的强健、习惯的养成、乐观的态度、方法的掌握、诚信的确立、积极的行动能力、人生信念与价值的确定。这教育的"慢功夫"，是一种智慧，是一种涵养，更是一种教育理性的回归。

老师们，同学们，如果说，自然环境决定人类生物进化的方向，那么，教育应当决定人的精神发展方向。在这里，我无意夸大教育的功能，无意将教育神化，但是我想对每位老师说，我们肩上的确承担着这样的一份责任和使命。但愿我们的努力能够给你们带来希望和力量，给你们带来内心的光明、人格的伟岸，带给你们对于自我、对于他人、对于生活、对于未来以及对于整个人类的自信，使你们每个人成为美好社会的建设者和创造者。新的学期即将开始，让我们砥砺德行，笃定目标，勤于学业，携手打造温馨、激情、富有涵养的精神家园吧！

（在2012年上期开学典礼上的讲话，发表于《郴州日报》2012年2月9日）

5. 努力促进每一位学生卓越发展

□ 曾广清

不管承认与否，谈论当下的教育，一定是一个沉重的话题。教育为什么发生了问题，是何时有了问题，发生了什么样的问题，应该用什么样的方法去解决问题，这都是令人深思的。

一直以来，我在思考教育的问题时，总喜欢把它们与教育价值观联系起来。因为，我觉得，教育问题总会与教育价值观有着千丝万缕的联系。教育价值观是学校发展的生命和灵魂，它决定着学校的发展方向。

谈论学校的教育价值观，要回答三个问题：1.学校培养什么样的人；2.学校怎样培养人；3.学校怎样构筑最适合学生成长的校园文化。囿于时间关系，今天我只就第一个问题谈谈我的看法。

今年是郴州一中建校106年。作为一所有百年历史的学校，作为一所在区域内有重要影响的省级示范性高中，我期待，同学们通过在校三年的学习和生活，形成并提升下列五种意识与能力。

第一，笃志笃行，自主自信。

人是为梦想而活着的。有梦想的人生才是精彩的人生。一个有梦想的人，一定有着超常的战斗力。社会是丰富多彩的，人生更是色彩斑斓，社会的多姿来源于每个人有不同的梦想。一个充满梦想的校园，一定充满生机与活力。梦想的存在，会促发老师的教育神圣感、责任感和使命感，会激发学生学习、实践和创造的自由与快乐。

梦想是人心中的明灯。一个有梦想的人，即使平凡的人也会有伟大的心灵，即使困难重重也不会迷茫、困惑和焦虑。选择了什么梦想，就选择了什么态度；选择了什么态度，就选择了什么高度；选择了什么高度，就选择了什么境界。而所有选择的主人，永远是你自己。所有的美好梦想都值得尊重。

学习与实践是实现梦想的必经之途。在学校，我们提倡学生做学习的主人，提倡"授人以渔"。让学生做学习的主人，让学生拥有更多的选择权，这是我们追求的目标。实现梦想的征途，总会有各种各样的风霜雪雨，能够让我们始终坚持的东西其实很简单，那就是自信。自信是一切成功之源。人活在这个世界上就要相信自己是优秀的，自己是特别的存在，如果你连自己都不相信自己的优秀，又怎么去指望别人呢？

我们应谨记"砺学、力行"的校训，坚守"德为魂、勤为本、严为经、活为纬"的校风，自主自信地追寻自己的梦想，创造人生的奇迹。同学们，郴州一中是你们梦想起航的地方。

第二，动静相宜，张弛有度。

这是一种美好的人生境界。生活中，学习上，有静无动，那是死气沉沉；有动无静，容易躁动忙乱。一个人，一个班级，一所学校，动得来，静得下，动中有静，静中有动，动静相融，动静相宜，就会和谐淡雅，就会充满活力。

孔子说："张而不弛，文武弗能也；弛而不张，文武弗为也；一张一弛，文武之道也。"学习生活，劳逸结合，宽严相济，身心和谐，于人于己，善莫大焉。

动静相宜，张弛有度，我们将具备稳定的心态，这种心态会给你一种强大的充实感和满足感，会让你获取良好的环境适应和心理承受能力。

第三，宽容大度，健康向上。

这是优质人才成长的需要。事实证明，宽松的环境更能培养出拔尖人才、健全人才。而宽松的环境的形成，主要靠的是我们宽容大度的胸襟和健康向上的态度。英国教育家洛克说："每一个人的心灵都像他们的脸一样各不相同。正是他们无时无刻地表现自己的个性，才使得今天这个世界如此多彩。"每个人都有不同的个性，个性意味着差别与多样化，我们应当尊重富于个性的人及富于个性的思想，这就需要我们有一颗宽容的心。

社会纷繁芜杂，人生时间有限。在我们的教育中，我们应该少些责难，多些理解；少些抱怨，多些宽容。宽容是一种仁爱，宽容是一种智慧，宽容是一种以心换心的真诚，宽容让我们的人生变得从容，让我们的事业变得通畅。

第四，共享互助，合作共赢。

这是人才成长的现实需要。共享，是指共同分享成功的经验和失败的教训，从而少走弯路，提高效率。互助，就是一方有难八方支援，这个帮助可以是物质上的，也可以是精神上的。互助让我们不再感到是在孤军奋战。合作，就是个人与个人、群体与群体之间为达到共同目的，彼此相互配合的一种联合行动。共赢，是指以班级或小组为纽带，进行资源整合，一起追求生活的快乐、学业的成功。

取长补短、优势互补、资源共享、合作互助，我们的团队将变得坚不可摧。新的学年，我们将构筑适当机制，进一步在校内形成共享互助、合作共赢的校园文化氛围。

第五，探索质疑，追求卓越。

"学源于思，思源于疑。"创新意识首先表现在质疑上。质疑是开启知识大门的钥匙，有疑点、有问题，才能有思考、有创造。一旦对所发现的问题倾注了兴趣，就会产生精神动力，进而激励他们有所创新。当一个人具备了良好的问题意识，便会运用自己的大脑去分析，通过自己的双眼去发现。麦哲伦首次环球航行，发现了地球是圆的；牛顿由一只偶然落下的苹果，发现万有引力定律；门捷列夫编制了元素周期表，发现了化学元素的有序结构。发现者永远受到人们的尊重。

你要想有创新的能力，很简单，你必须学会问"为什么"。没有问题是最大的问题。如果有了探索的精神和质疑的品质，我们的卓越发展便有了根基。

什么是好的教育？能够促进每一位学生卓越发展的教育就是好的教育；什么是好的学校？能够促进每一位学生卓越发展的学校就是好的学校；什么是好的老师？能够激励每一位学生卓越发展的老师就是好的老师；什么是好的学生？追求卓越发展的学生就是好的学生。

当然，追求卓越发展的旅程，一定是磕磕绊绊深深浅浅，一定是快乐与苦痛相伴。我们一定要用强大的心灵做最充分的准备。

老师们，同学们，努力促进每一位学生卓越发展，这是我们的责任与使命，这是学校存在与发展的最大价值。新的学年，让我们携手奋进，用智慧和汗水，追求各项工作的卓越发展，为实现学校价值的最大化而努力奋斗！

谢谢大家！

（在2012年下期开学典礼上的讲话，发表于《郴州日报》2012年9月6日）

6. 努力办影响学生一生的教育

□曾广清

今天，我演讲的观点是：提供更好的教育，让它像阳光雨露一样滋润学生，伴随并影响他们的一生。

胡适先生曾经说过一段很有趣的话："要看一个国家的文明，只要考察三件事：第一看他们怎样待小孩子；第二看他们怎样待女人；第三看他们怎样利用闲暇时间。"

这话说得通俗，但也十分中肯。我认为，这第一件事，应该是说给教育者的。因为教育就其存在价值来说，最重要的就是让人们的生活变得更加美好，使社会变得更加文明。如何看待学生，如何给他们提供更好的教育，不管社会如何变迁，对于学校来说，这总是绕不开的问题。

回首2012年，教育的许多事件，总是在吸引着人们的眼球。幼儿园的虐童事件、接连发生的校车惨剧、农民工铁链锁童……一件件，总是在刺痛着我们的神经；最美教师、免费午餐、异地高考……一桩桩，也在温暖着我们的心灵。我们的教育总是让人欢喜让人愁。

许多教育问题，可以从社会找到根源。许多社会问题，也可以从教育找到答案。面对教育的现状，我们不能不思考。新的学年，老师和同学们携着梦想踏上新的征途。如何更好地让教育惠泽于学生，这是一个必须深刻反思的问题。

有人曾经做过这样的实验：

他在一个玻璃杯里放进一只跳蚤，这时，跳蚤立即轻易地跳了出来。重复几次，结果都是一样。他发现，跳蚤跳的高度一般可以达到它身体的

400倍左右。

接着实验者把这只跳蚤放进杯子里后，立即在杯子加一个玻璃盖，只听见"嘣"的一声，跳蚤重重地撞在玻璃盖上。跳蚤十分困惑，它不断地跳跃，结果，它一次又一次地撞在玻璃盖上。

渐渐地，跳蚤开始变得聪明起来了，它开始根据盖子的高度来调整自己的跳的高度。一段时间后，实验者发现这只跳蚤在玻璃盖下面自由地跳动，却不会撞到玻璃盖。

一天后，实验者把玻璃盖子轻轻地拿掉。但是，跳蚤并不知道盖子不见了，还是在原来的那个高度继续跳。3天以后，他发现这只跳蚤还在那里跳得欢快，却一次也不会高过杯口。一周以后，这只可怜的跳蚤还在这个玻璃杯里跳着，但是，它再也无法跳出这个玻璃杯了。

在这一则实验中，跳蚤的结局是悲哀的。它拥有跳出杯子的能力，但是，丧失了跳出杯子的自信，再也感受不到成功跳出杯子的喜悦。事实上，跳蚤并不是真的跳不出杯子，只要拿一根小棒子重重地敲下杯子，或者在杯子底部稍微加热一下，跳蚤的潜能就会再一次被激发出来，很快地就会跳出杯子。

我认为，这项实验对教育深有启迪：对于教育工作者，应该做的，就是避免跳蚤的悲哀的发生。我们尽可能地不给玻璃杯盖盖子，即使有了盖子，应该成为及时揭盖子的人。当跳蚤跳不出来时，我们要用小棒敲杯子，或者在杯子底部稍微加热，让跳蚤不断保存跳跃的活力，始终有跳出杯子的自信。

有人说，每个孩子都是天才。这话是有一定道理的。因为，初生牛犊不怕虎，每一个人开始对自己总是充满信心，总喜欢展示自己的才华，总是津津有味地做自己最喜欢的事。但是，随着年龄的增长，困难与挫折的增多，以及负面评价的逐渐加剧，你会发现，他们变得越来越平庸，越来越缺乏信心，越来越畏手畏尾，成功与成才变得越来越远，以致绝缘。从童年到少年，从少年到青年，这段时间，人们接受的主要是学校教育。出现上述境况，我们的学校教育一定出了问题。

美国教育家卡尔·威特说："纵观有史以来的伟人和天才，他们有着这样或那样的缺点，倘若给他们以更高明一些的教育，那他一定会更伟大、更和善、更宽大、更出色、更聪明、更正直、更博学、更谦虚和更坚强。一言以蔽之，只要满怀虔诚的心态，施以更加优良的教育方法，这些人就会成为更加尽善尽美的伟人和天才。"

在传统意义上，作为老师，就是传道、授业和解惑，就是知识的传授、学法的指导和习惯的养成。但是，我认为，只是这样，那还是不够的。在我看来，教育的本质是鼓励和唤醒，是帮助学生找到符合其潜质的兴趣，帮助其成长成才，并且尽可能地影响其一生的价值观和人生观，让他们拥有崇高的理想和追求。好的教育，应该像阳光一样温暖，像雨露一样润泽，伴随学生的一生，成为他一辈子的财富。我们的任务，就是想尽一切办法，鼓励学生，给他们以信心，给他们以机会，在他们成功时，与他们分享；在他们遇到挫折时，帮助他们走出低谷。

新的学年，我期待老师们，钻研业务，教书育人，成名成家，真正寻找到教育的乐趣。学校将开发更多的课程，举办更多有意义的活动，让校园更具活力，让同学们真正体会到"想学"的激情，享受到"会学"的快乐。教育应该是温情的，也是激情的；是理性的，也是感性的；是科学的，也是民主的；是真诚的，更是善意的。让我们的教育，像阳光一样，温暖校园的每一个角落；像雨露一般，滋润每一位学子的心田。让我们的教育，帮助同学们获取更好的发展平台，奠定一生的幸福基础。十年、二十年后，甚或到了古稀之年，当同学们忆及一中生活学习的这些岁月，依然让你心动，这样的教育便具有了永恒的魅力，这应该就是我们的教育追求。

老师们，同学们，新的一年，让我们砺学力行，更加热爱我们的教育，更加热爱我们的学习，让我们的教育绽放出更加耀眼的光芒！

谢谢大家！

（在2013年上期开学典礼上的讲话，发表于《郴州日报》2013年2月28日）

7. 滋兰树蕙育英才　砺学力行谱华章
——与郴州市一中曾广清校长的对话

□谷丰

　　春寒料峭，漫步校园，古樟葱茏，书香袭人。近日，笔者与郴州市一中校长曾广清进行对话，从校训"砺学、力行"到校园精神"超越自我、永争一流"，从"德为魂、勤为本、严为经、活为纬"的校风到"厚基础、强能力、活思维、重创新"的教风，从"超越自我、永争一流"的校园精神到"科学治校、民主兴校、务实治校、质量立校"的办学理念，从百年校史到学校管理，从人才培养到发展思路……曾校长娓娓而谈，百年名校的沉稳与厚重、睿智和执著、生机与活力，扑面而来，沁人心脾。

A. 百年校史：一笔弥足金贵的文化财富

　　笔者：郴州一中走过了105年，它有着怎样的历史？

　　曾广清：学校始建于光绪三十二年（1906年），其前身是郴州官立中学堂，由时任郴州牧金镜蓉牵头创办，校址设在东塔岭原宝塔下的东山书院（今湘南起义纪念碑所在地）。学校是在"废科举、兴学堂"的历史潮流中应运而生的。百年间，不管校名如何变更，校址如何迁徙，从诞生之日起，学校便与国家与民族的命运紧密连在一起。百年沧桑，薪火相传，学校承载着一代又一代郴州一中人的光荣与梦想。

　　恢复高考以来，高考成绩稳居全市第一。近年来，有4名学生勇摘全省高考桂冠：秦宁（1997年省理科第一名），龙亮（1999年省文科第一名），李佐鸿（2006年省理科第一名），张航（2008年省理科第一名）。1994年以来，有72名同学考取北大、清华。学校被评为"全国学校体育卫生工作先进单位"、"全国艺术教育先进单位"、"全国精神文明建设先进单位"、"全国五四红旗团委"、"全国教育科研重点实验基地"、"全国平安和谐校园"、"湖南省安全文明校园"、"湖南省首批教育科学学科研究基地"、"湖南省基础教育课程改革样板校"等，学校被誉为"三湘人才的摇篮"，得到了社会各界的广泛赞誉。

历史是不能忘记的。不平凡的百年校史，对于一中人来说，是一笔弥足金贵的文化财富。参观校史陈列室，是我校新生的必修课。通过了解校史、校训、校风、校情、校歌和历史变迁等，以及参加校庆日活动，让学生寻找最受触动的人或事，汲取其精神的力量，进而想学校之所想，忧学校之所忧。这一切精彩的画面都是学生最美好的回忆，是学校传承给他们最珍贵的礼物。

B. 校训文化：校园文化的精髓，校园精神的核心

笔者：百年的历史文化积淀，赋予了贵校深厚的文化底蕴。

曾广清：是的。学校的深厚文化底蕴在校训中得到鲜明的体现。

笔者：校训是什么？

曾广清：砺学力行。

笔者：我到过许多学校，见过不少校训，贵校的校训别具一格，请解读一下。

曾广清：校训是校园文化的精髓，是学校精神文化的核心要件，是一个学校本质、个性、精神面貌的集中反映。提到北大，人们想起"思想自由，兼容并包"，提到南开，人们想到"允公允能，日新月异"。进入校门，映入眼帘的便是校训碑，每间教室前的黑板上方均悬有校训，校训文化源远流长。早在1919年，当时湖南督军谭延闿给学校前三名毕业生分别题写条幅，学校定其所书"诚实勤奋"四字为校训，悬于礼堂正上方，建国前一直沿用。新中国成立后学校以毛泽东主席的"身体好、学习好、工作好"为校训，培养了一大

批革命和建设人才。1960年，学校就被确定为"湖南省重点中学"。十一届三中全会后，根据改革开放的要求，以"三育并重、严谨勤奋、团结活泼、求实创新"为校训，学校进入了振兴和发展时期，1993年学校被评为"湖南省实验中学"。进入上世纪九十年代，学校在九十华诞之际，在回顾总结办学经验的基础上，把校训提炼为"砺学、力行"，并对其内涵进行了挖掘。校训的变化，反映办学思想的变化，反映教育价值的取向，也反映着时代的变迁。

笔者：校训越来越简洁。

曾广清：是的，近年来，我校对"砺学、力行"校训的内涵进行了深入的发掘，并且努力让其魅力深入师生的心灵，我们对校训进行了如下的解读。

砺学：砺，从石，厉声。学，学问。校训中选用此字，文化底蕴深厚。俗语：宝剑锋从磨砺出，梅花香自苦寒来；《荀子·劝学》：金就砺则利；《史通·品藻》：砥节砺行，终始无瑕。《孔子家语·子路初见》："子路曰：'南山有竹，不揉自直，斩而用之，达于犀革。以此言之，何学之有？'孔子曰：'括而羽之，镞而砺之，其入之不亦深乎？'"此二字，谆谆告诫师生，砥砺德行，琢磨学问，砺志强能，成就大业。

力行：实践出真知，亘古不变。此二字，道出求知求真之规律。《荀子·修身》：不闻不若闻之，闻之不若见之，见之不若知之，知之不若行之。《中庸》：博学之，审问之，慎思之，明辨之，笃行之。梁绍壬（清）《两般秋雨庵随笔》：读万卷书，行万里路。陆游《冬夜读书示子聿》：纸上得来终觉浅，绝知此事要躬行。王夫之：力行而后知之真。陶行知：要解放孩子的头脑、双手、脚、空间、时间，使他们充分得到自由的生活，从自由的生活中得到真正的教育。此二字，谆谆告诫师生，勤于实践，求真务实，开阔眼界，达志成才。

"砺学、力行"校训，不是凭空想象出来的，也非生搬硬套移植借鉴来的，是我校对百余年办学经验的总结，是一代又一代师生汗水与智慧的结晶。现在，我们要做的就是让它渗透到校园的各个角落，内化为师生做人为学处事的品格，让我们的学校成为有灵魂、有魅力、有凝聚力和感召力的精神家园。

C．办学理念：用本真和智慧引领教育行为

笔者：时代在变，教育也在变。思路决定出路，理念引领发展。近年来，贵校的办学思路如何？

曾广清：2009年，新班子上任。2年多时间，风雨兼程，一路走来，可谓战战兢兢，如履薄冰。思路清，则方向明。上任后，经过一段时间认真地思考，我们认为，在此学校发展的关键阶段，不能头脑"发热"，期望一蹴而就，也不能明哲保身，畏缩不前。由此，我们较快地明确了工作原则和工作思路：以"狠抓教育教学质量，重塑一中教育品牌"为奋斗目标，坚守"科学治校、民主兴校、务实强校、质量立校"的办学之路，凝心聚力，埋头苦干，锐意进取，全校师生拧成一股绳，力争使学校尽快走出困境，使各项工作得到全面和谐发展。

笔者：如何理解"科学治校、民主兴校、务实强校和质量立校"的办学思路？

曾广清：所谓科学治校，就是学校发展以师生为本，按教育规律办学，做到管理和决策的制度化、规范化和程序化。所谓民主兴校，就是充分调动和发挥全体教职员工的聪明才智，相信群众，依靠群众，走群众路线，强调民主程序，强调制度管人，尊重教职工的知情权、监督权和参与决策权。所谓务实强校，就是实事求是，扎扎实实不吹嘘，朴朴实实不作秀，老老实实不乱来，推行的措施做到符合校情，可操作、可执行，做不到、不现实，宁愿不做，学校管理从最基础抓起。所谓质量立校，就是认认真真把教育质量作为学校发展的生命线，把它作为办人民满意学校的最基本要求。

笔者：思路定了，方向明了，关键是落实。

曾广清：是的，没有远见的行动是苦役，没有行动的远见是空想。如何把思路变成行动，并且产生效果，我们的工作切入点就是"抓常规"和"抓三风"（学风、教风和行管人员作风）。对于学校，最常规、最平常做的事，也是最难做的事，做好了常规，往往能获得非凡的成功。常规是许多先进学校传统的校本文化，支撑着学校向更高层次发展。我们力求在

抓常规中培植特点，把特点发展成特色，再把特色转变成校本文化，让校园文化最终成为学校赖以生存和发展的灵魂。我们要做的就是，以更顽强的毅力、更严谨的作风、更认真的态度，抓实常规，全面提高教育质量。

笔者：主要抓了哪些常规？

曾广清：四个方面：一是落实德育常规，构建德育网络，形成教育合力。二是落实教学常规，狠抓教风学风，提高教学质量。三是落实行管常规，提高服务意识，提升发展内涵。四是落实安全常规，加强健康教育，促进平安和谐。

当然，"常规"是死的，人是活的。在管理中，我们重视沟通、服务、激励和引领，努力创设一种相互关注、相互分享、相互尊重的氛围，让管理滋润师生心灵，让思想激活生命力量，提高学校的凝聚力、影响力和辐射力。

D. 人才培养：用多样化特色化的观念待人育人

笔者：培养什么人，如何培养人，这是每个学校都要面临的问题，作为百年名校的校长，您是如何认识的？

曾广清：学校不同，定位各异。我校是一所百年老校，早在1960年就被评定为"湖南省重点中学"，后又被评定为"湖南省实验中学"、"湖南省示范性中学"。从某种意义上讲，我校承载着500万郴州人对教育的殷切期望。办人民满意的学校，我们坚守三个层次的价值追求：一是培养合格的公民；二是为高校输送一大批高素质的人才；三是培养富有创新能力、发展后劲强大的精英人才。这是我校存在的理由，也是我们这类学校的使命与责任。

笔者：如何让学生成才？

曾广清：在这方面，观念很重要。我认为，人人有才，人无全才，特长发展，人人成才。能用自己的脑袋思考，能做好自己感兴趣和擅长的事，这就是人才。每个学生都是独一无二的生命体，都有各自的价值，学校教育的功能，就是尊重学生差异，挖掘并发展学生的潜能和特长，让每个学生找到最佳的发展方向并得到最好的发展，让每个学生找到自信和体验成功，最终成为具有良好素质的人才。陶行知说，人像树木一样，要使他们尽量长上去，不能勉强都长得一样高，应当是：立脚点上求平等，于出头处谋自由。这是我们应有的教育心态。

笔者：用什么途径？

曾广清：（1）抓实学生成才的主阵地课堂教学；（2）打造一流师资队伍；（3）设置多样化课程；（4）开展丰富多彩的校园活动。

笔者：教师是学校发展的第一要素。贵校的师资情况如何？

曾广清：现在，学校拥有11名在职特级教师和136名高级教师。特级教师人数和高级教师占专任教师比率居郴州第一，湖南省前列。专任教师中，有国家和省级劳模、优秀教师、先进工作者20多名，国家级金牌教练20多人，国家和省级骨干教师、学科带头人37名，全国、省、市学术团体的骨干80多名。雄厚的师资队伍，为广大学子成长成才提供了强有力的保证。

笔者：课程建设和校园活动方面开展得怎样？

曾广清：多样化课程造就多样化人才，对此，我们有清醒的认识。近年来，学校加大投入，开设了心理学和环境教育学两门校本课程，开发了《语文初高中衔接教材》、《漫谈音乐文化——走进郴州民歌》等16种富有我校特色的校本教材，同时，充分挖掘并有效利用校内外课程资源。

校内资源方面，我校现有多媒体教室86间、理化生实验教学大楼1栋、图书馆1栋、体育馆1栋、全塑胶标准田径场1个、室外篮球场6个、室外羽毛球场5个、单双杆若干、计算机房4间、通用技术功能室2间、心理咨询室1间、音乐教室4间、舞蹈练功房1间、美术辅导教室3间、各种类型的辅导室30多间。同时，我们大力美化绿化校园，建设校园电视台，编辑出版校报、校刊《瞳》、《麦田》，建设诗词长廊，开展"人声鼎沸"、"一中杯"篮球赛、演讲赛、辩论赛、"艺术节"、"科技节"、"体育节"等丰富多彩的校园活动。

校外资源方面，我校校外课程资源有长沙远大空调有限公司、湘南学院、郴州敬老院和福利院、郴州苏仙岭风景区等。我校开设的环境教育课程，远大空调有限公司承诺在资金和资料等方面给予大力支持。在湘南学院体育、艺术系的教授和优秀毕业生指导和帮助下，我校每年都举办的"艺术节"和"一中杯"篮球赛开展得更加成功。郴州敬老院和福利院，成了我校爱心教育的重要场所。郴州苏仙岭风景区，成了我校学生亲近大自然，探索自然奥秘，探究郴州"福文化"的重要基地。实践证明，这些课程和活动满足了我校学生个性化学习和发展的需要，深受学生欢迎。

笔者：有哪些成果？

曾广清：2010年，我校就被评定为"湖南省基础教育课程改革样板校"。近两年，特长培训方面，成效显著。奥赛培训方面，2010年全国高中数学、物理、化学奥赛中，我校黄伟清、曹勇政、何潇、吴俊驰四位学生荣获湖南赛区一等奖，何潇同学保送到清华大学，另有21人获二等奖，11人获三等奖。2011年，谢鸿福同学获物理奥赛湖南赛区一等奖，另有18人获二等奖，11人获三等奖。此项成绩在全市遥遥领先，在全省同级同类学校中名列前茅，为郴州市基础教育争得了荣誉。体艺培训方面：湖南省2010年中学生"三独"比赛中，李彦增以钢琴曲目《弄臣》获一等奖（全省第一名），王焱锋以小提琴曲目《协奏曲第三乐章》获一等奖（全省第九名，弦乐类第一名）。2011年中学生"三独"比赛中，李俊夺得全省器乐类一等奖第一名，曾诚获得全省独唱一等奖，成绩令人瞩目。2009年湖南省体育传统项目学校田径比赛，蒋建宝获得男子跳高第一名、曹芳获得女子跳高第一名、罗泽林获得男子铅球第二名；2010年湖南省中学生田径运动会，刘鑫获得男子4×100米第一名、曹芳获得女子跳高第一名；2011年湖南省中学生田径运动会，曹芳获得女子跳高第一名。近几年，参加全国定向越野比赛获得冠军的运动员有11人，获得国家一级运动员称号的运动员有13人。在2011年"第六届全国中小学美术展"中，共有12人获奖，其中邓毓博的版画《温总理在玉树》、古思雨的卡通画《流浪儿的快乐》均获得特别金奖，汪孟江的水粉画《岁月如歌》、王佳琪的粉印版画《苗家姐姐》、樊志洁的版画《夕阳红》、曹涵的版画《对酒当歌》、李苏珍的《画箱》均获得金奖。

E. 教学质量：用品质和卓越打造教育品牌

笔者：关于教学质量，您是怎么看的？

曾广清：教学质量是学校发展的生命线。办人民满意的教育，首先要让人民群众对质量满意。不抓教学质量的校长，肯定不是好校长。质量不高的学校，肯定不是好学校。

笔者：质量从哪里来？

曾广清：课堂教学是提高教育质量的首要环节。众所周知，学生80%的在校时间要在课堂上度过，课程80%的内容要在课堂上传授。可以说，课堂教学是人才培养的主渠道。素质教育、课程改革重点在课堂教学，难点在课堂教学，希望也在课堂教学。

笔者：前面您也提到了课堂教学是学生成才的主阵地，目前，贵校是怎样抓课堂教学的？

曾广清：一句话，精心打造高效课堂。强调多元、崇尚差异、重视平等、推崇创造，使每一个学生都得到发展是一堂课的永恒目标。打造高效课堂，做到"四重"：一是重基础。从教学目标的设定、教学内容的选择、教学进度的把握、考试试卷的编制、教学评价的制定等方面，着眼于最基础、最核心的内容。二是重能力。通过课堂教学，培养学生六大能力：自主能力、学习能力、表达能力、创造能力、领导能力、审美能力。三是重学生。关注学生的课堂行为，关注学生的课堂理解，关注学生的需求，关注学生课堂思维参与度等学生成长问题。课堂上不在于教师讲了多少，而在于学生吸收了多少，掌握了多少，练了多少，会了多少。四是重创新。通过双边或多边互动，提高学生课堂参与的深度与广度，调动学生学习积极性，培养学生创新的意识和能力。

笔者：这是很理想的状态。

曾广清：课堂是生命相遇、心灵相约、智慧碰撞、人格提升的场所。当然，老师也是多元的，我们主张教学有法，教无定法，贵在得法。主张给思想，不给模式，主张师生在自由宽松的环境中产生出智慧的火花。

笔者：成效怎样？

曾广清：评价的方式很多。在目前来说，高考的成绩应该是个重要指标。2011届高考，我校本科二批以上上线725人，在全市遥遥领先，其中纯文化二本以上上线610人，音体美等小专业特长生二本以上上线115人。一本、二本上线率均居全市第一。600分以上上线128人，占全市三分之一强。全市理科前10名，我校占6人。吴宸蒙同学以680分勇夺全市高考理科状元。何潇同学被保送录取到清华大学。黄伟清同学被保送录取到上海交通大学。这一点，是得到社会各界广泛认可的。

F. 爱心助学：用真情温暖贫寒学子的求学路

笔者：多年来，爱心助学是贵校的一大亮点工作，曾经被《人民教育》、《人民日报》等报刊报道，现在情况如何？

曾广清：费孝通先生在70同岁时发表过一个感言："各美其美，美人之美，美美与共，天下大同。"美人之美，善莫大焉。"不让一位优秀的贫困学子失学"，这是我校的郑重承诺。在社会各界的大力帮助下，我校已经形成了较为完善的贫困学生资助体系。国家助学金，每年120万；远大助学金，每年20万；郴州市教育基金会助学基金，每年4万；建行成长计划，每年3万；市义工联合会助学金，每年1.5万；"1+1"助学金，每年1.5万；郴州市一中爱心基金，每年5万。每年可扶助贫困学生近1000人次，扶助金额155万元，扶助学生覆盖率近40%。

笔者：效果如何？

曾广清：爱心助学活动取得了很好的效果。2009年，受助学生考取二本以上60人。2010年，受助学生考取二本以上88人。2011年全国高中物理奥赛中，530（1）班贫困学子谢鸿福同学荣获一等奖。学校的爱心助学活动，不只是一点点经费的支持，助学金的背后，它所蕴涵的是一份爱心，一份期待，一份厚实的责任和使命。当受助学生珍惜这一切，怀感恩之心，立成才之志，成为一名品学兼优的学生，最终成为社会有用之才之时，爱心助学活动便真正展现出了其风光无限的魅力。实现这美好的愿景，任重道远，它激励着我校广大师生为此持之以恒的努力。

G. 发展愿景：用实干和执著丰富教育内涵

笔者：作为一校之长，您如何定位学校未来发展？

曾广清：李嘉诚说："无论在言谈、许诺及设定目标各方面，我都慎思和严守纪律，一定不能给人骄惰、脆弱和依赖的印象。"这话很在理。对于我们这所百年老校，面对当前诸多困难，没必要妄自菲薄，更不必"言必称希腊"。我们的基本思路是，力争走出一条学校优良教育传统和现代教育理念相结合，本土文化与国际视野相结合的教育改革发展之路。

具体要做的：一是加强学校优秀文化的传承与创新，增添时代内涵，坚守正确的教育价值观，引领学校发展走正确方向；二是加强教师团队建设，增强学校的核心竞争力；三是加强学校管理，彰显学校特色，切实走内涵发展之路；四是建设多样化课程，创新人才培养模式；五是探索国际教育交流与合作，满足学生的多元发展要求，增强学校主动发展的综合实力。

笔者：贵校在培养学生国际视野方面有什么新举措？

曾广清：给学生提供参与对外交流的机会，培养其国际视野，这是社会发展的现实要求。由此，我校现在正在与有关方面进行洽谈，一切顺利的话，有望在下学期举办"国际实验班"。

笔者：在我眼前，贵校的前景美好无比，我衷心祝愿贵校在未来的办学中取得更加丰硕的成果。

曾广清：谢谢！从认识人到培养人，围绕人的命题总是最难解。尽管如此，人类的追问与探究却从未停止。教育是育人的事业，教育的基本点是人，落脚点还是人，这是教育的真正魅力所在。目前，学校面临许多挑战，可谓任重道远，我们真诚地期望得到社会各界的大力支持和帮助。长风破浪会有时，直挂云帆济沧海。扎实推进高质量的素质教育，为教师搭建成功的平台，为学生奠定发展的根基，进一步提高学校的美誉度和影响力，提升"百年一中"的教育品牌内涵，为学校真正实现"市内引领、省内一流、全国知名"的宏伟目标而努力奋斗，我们责无旁贷。

（发表于《郴州日报》2012年2月29日）

8. 关爱每一个学生

□夏立新

热爱学生是每一位教师最起码的道德要求。关爱每一个学生，是教师的天职，而实际上我们的教师很难做到对所有的学生一视同仁。因为有的学生似乎非常调皮，无论你怎样批评教育都照样我行我素；有的学生似乎真的很笨，不管你如何苦口婆心地辅导帮助，他们依然是成绩单上的最后几名；有些学生似乎永远是品质恶劣的学生，他们自上小学起便是班里的捣蛋鬼，老师们的眼中钉。而这些学生也有自己的小天地，有自己独特

的生活方式。他们排斥所有的老师，故意制造恶作剧，惹老师生气。面对这些学生，老师们逐渐丧失了所有的耐心和信心，对他们采取各种惩罚手段：体罚、变相体罚、心罚。有的老师当着全班同学的面狠狠地讽刺、挖苦他们，一点点地挖掉他们仅存的那点尊严和自信，让他没有朋友，没有关爱，没有温暖……

耳闻目睹了许多类似的教育事实，让我非常震惊，这些孩子真的不可救药了吗？这些教师是真的爱自己的学生吗？也许，这些教师的出发点是好的，他们"恨铁不成钢"，希望在自己的教鞭下每一个学生都成为人才，于是"宁给好心，不给好脸"。岂不知，这样做侮辱了学生的人格，摧残了学生的身心健康，这种爱，是一种无视人格尊严和人格平等的爱，是一种畸形的爱。

学生成绩差，本身就缺乏学习的动力和自信。如果老师不管不顾，让他们放任自流；而对于那些能自觉学习且成绩好的学生另给他们"开小灶"，让好的更好，让差的更差，使他们恶性循环，在学生中造成两极分化，这恐怕不是我们所要达到的教育目的。那么，如何做到真正地爱每一个学生呢？我认为应该做到以下三个方面：

（1）公正地爱每一个学生

曾经读过这样一篇文章《坐在最后一排》。文中的主人公叫乔小叶，她的个子很矮，却被安排在最后一排，原因是她的学习成绩不好，没有资格坐在前排或中间位置，那是优等生的专有位置。乔小叶认为自己又丑又笨，没有人喜欢和她交往，她总是躲在不被人注意的角落里，逐渐形成了孤僻的性格，开始自暴自弃。可是幸运的是，一位姓白的语文老师改变了她的命运，在一次语文自习课上，这位老师及时表扬了她，从此唤起了这个孩子的自信心。她开始努力，并在一次小测验中取得了第一名的好成绩。"这世界上有最后一排座位，但不会有永远坐在最后一排的人。"当读到这句话的时候，我心里一颤，在物欲横流的今天，是不是所有的教师对学生的爱都是公正无私的？因权势而爱，因门第而爱，因金钱而爱，因获得自己的私利而爱，相互利用的爱是不是在我们的教师当中存在着？对于那些基础差的学生，我们是不是给予了他们与优等生同样的爱？教师对学生的爱应是纯洁的、公正的，不能有半点的虚情假意和矫揉造作。特别是对那些基础差的学生，教师更应该多关心他们，因为他们受到的斥责、冷遇比较多，亲近他们的同学也很少，在他们的内心深处更渴望得到老师的爱护，得到别人的重视。教师应该努力发现他们身上的闪光点，创造一些表扬他们的机会，多给他们一些温暖。或许，一个鼓励的眼神，一句温暖的话语就能激起他们的信心，成为他们前进的起点。能公正地爱每一个学生是教师心灵美的表现，是具有良好的师德修养的表现。在教师面前，每一个学生都是平等的，没有高低贵贱之分。教师对所有的学生都应一视同仁，让每一个学生都沐浴在师爱的阳光之下。

（2）既要教书，更要育人

一个合格的教师不仅要关心学生的学习，解答学生提出的疑难问题，帮助学生掌握科学文化知识，更要注意学生的思想动态和情绪变化。因为青少年正处在生长发育时期，他们的心理还不成熟，极易波动，容易沾染一些不良的社会习气。教师是他们人生的指路人，要做好正确的引导。随着我国经济日新月异的发展，学生生活的物质条件越来越好，他们几乎没有经受过挫折，感情非常脆弱，缺乏心理承受能力。近几年来，青少年犯罪、自杀现象屡见不鲜，其根本的原因就在于学生的心理素质越来越差。另外，他们生活在一个完全给予的时代，只懂得索取，不知道奉献。面对家长的无私给予，老师的默默奉献，他们认为是理所当然的。美国著名的心理学家亚伯拉罕·马斯洛曾经指出体验和表达感激的能力是情感健康的一个重要标志。与此相应，他认为忘恩负义是情感病态的明显标志。亚伯拉罕·马斯洛提出的重视孩子思想教育的问题，不能不引起我们的注意。是啊，如果现在的孩子不懂得回报，只知道一味地索取，那我们的社会还怎样向前发展！合格的人才，不仅是指具有高深的文化知识，更要具有高尚的思想品质，这就要求教师及时排除学生心中的烦恼，培养他们乐观向上的精神，教给他们做人的道理，形成良好的心理素质。教师不仅要教书，更要育人，多关心学生的精神状况，努力完成每一个学生的人格塑造，为祖国培养出全面发展的高素质人才。

（3）调控自己的情绪，做学生的表率

"学高为师，身正为范"。在学生的心目中，教师这个职业是神圣的，有很多学生把将来当一名教师作为自己的理想职业。他们崇拜自己的老师，关注自己老师的言行举止，用自己独特的方式对教师的行为做出评判。我们经常会遇到这样的事情，当学生问我们问题时，我们答错了，或者是不会，学生就会露出惊愕的表情："老师也有不会的问题吗？"是啊，在学生的心目中，教师是无所不知、无所不晓的，是永远也难不倒的。因此，教师应该在学生面前注意自己的一言一行，维护在学生心目中的良好形象，做好学生的表率，不能把自己的情绪变化迁怒于学生。有的教师在自己心情好、工作顺利时，就对学生和蔼可亲；当遇到不顺心的事情，或者自己心境不佳、情绪低落时，就把不愉快的情绪发泄给学生，使学生成为自己的出气筒。这种对学生忽冷忽热的态度伤害了学生的自尊，久而久之，就会失去学生的尊敬和信任。教师要学会调控自己的情绪，做到不把情绪带进课堂。无论发生了什么事情，都要努力使自己微笑着面对

学生，始终对学生热情、耐心，这样做也体现了一个人民教师高尚的道德情操和对学生的高度责任感。调查表明，学生更喜欢那些能带病坚持上课、能克制自己的情绪、意志坚强的老师，如果老师做的还不如学生，就会对老师不信任。因为在学生的心目中，教师是伟大而高尚的，他们甚至认为老师就应该是完人、圣人，没有缺点，从不犯错误。学生的这种认识也给教师提出了更高的要求，教师要努力完善自我，加强自身的道德修养，成为学生的榜样。

作为教育战线上的工作者，应该全身心地去爱每一个学生，关心学生的成长，用爱的泉水去滋润和浇灌学生的心田，让他们沐浴在爱的阳光中健康地成长！学生成绩好的，不是天生就成绩好；而成绩差的，也不是天生就成绩差。如何体现教师的爱，这就需要公平公正地对待每一个学生。尤其是对于那些认为比较差的学生，更要倾注满腔的爱，不能让他们成为被"遗忘的角落"。多了解他们的爱好和才能，了解他们的个性特征，了解他们的内心世界，了解他们的所思所想，了解他们的一言一行、一举一动，用心去发现每个学生的闪光点，用"赏识教育"的方法，尽量将他们的缺点缩小、将优点扩大，激励每一个学生上进，赏识每一个学生的才华，期待每一个学生获得成功。我们相信，爱可以创造新的生命！爱能创造奇迹！爱能创造教育的辉煌！

(发表于《考试周刊》2010年第24期)

9. 西方人眼中的"Try"与郴州市一中的尝试

□夏立新

《牛津英语高级双解辞典》中关于"Try"有两个重要搭配："Try doing something"（试着做某事）；"Try to do something"（尽力做某事）。平日的工作与生活中，我们常有求全责备的心理，凡事没有十分的把握是难以产生行动的勇气的，而这种过于保守的心态所造成的文化氛围，又有意或无意地影响着我们的教师和学生。创新及创新教育在很大程度上取决于学校是否有一种敢于Try（尝试）、勇于Try、不断Try和善于Try的氛围。我校聘请的加拿大籍英语教师Miss Luara和Miss Alethea的经历对创新教育及创新实践的开展是很有启迪作用的。

Miss Luara和Miss Alethea，2011年毕业于加拿大多伦多大学，毕业后工作没有着落（恰逢加拿大失业高峰期），导师问她们，"Do you have a try?"（你试过没有？）是呀，没有试过，怎知不行？尝试了，即使未获成功，这与不去尝试又有什么分别呢？想到这，她们决定立即开始尝试，看看她们到底能不能找到工作。真的不试不知道，竟然两家单位招聘了她们。随后，他们通过努力取得了教师资格和外国专家证书，并于2012年11月来到福城郴州，受聘担任我校高一和高二年级的英语口语教学工作。在她们的行动中，总是"Try"字当先。有一次，我请她们喝安化黑茶，由于她们对中国茶了解甚少，只对绿茶略知一二，对黑茶心存戒备之心，但是，她们很快地鼓起勇气，"Let us try"（让我们试一试）。几次品茶之后，她们感受到了安化黑茶的魅力，竟然还把黑茶寄回了加拿大，让其家人品尝。学校门口有一家老字号的栖风渡鱼粉店，同学们恶作剧，明明知道她们怕辣，依旧领她们去品尝，并挑战式地说，"Dare your try it?"（你们敢试试吗？）她们犹豫了一阵子说"why not try it?"（为什么不呢？）吃完鱼粉后，两嘴辣得通红，每人猛灌一瓶矿泉水，直呼"God bless you!"（上帝保佑你！）校团委举办元旦晚会"Dream Party"时，同学们想邀请她们参加，但又怕她们拒绝，没料到她们竟然爽快地答应了，并且说"Try our best"（尽力），晚会上，她们一曲"Dear Baby"，倾倒了在座的师生。

她们的"Try"和我们郴州市一中的尝试教育（创新教育）似乎存在着千丝万缕的联系。事实上，上述两位老师能够到学校任教，这本身就是郴州市一中的一次"Try"。作为百年老校的郴州市一中，在许多学校"轰轰烈烈搞素质教育，扎扎实实搞应试教育"的大环境下，一直在努力进行着拓展学生国际视野、培养学生创新精神的尝试：抱着"Try"的态度，引进外教；积极筹划，加强与国外一些知名中学交往，开展师生交流工作；满怀"Try"的精神，郴州一中学生在2012年全国高中数、理、化、生、信息奥赛中获得5个全国一等奖；怀抱着"Try"的勇气，郴州一中学生在湖南省音乐"三独"比赛中获4个省一等奖;带着"Try"的想法，郴州一中学生积极参加科技创新活动，硕果累累，高550班陈澍雨发明的"一种便携式帐篷床"获得国家知识产权局颁发的"实用新型专利证书"（专利号：ZL201120043271．7），在2012年第33届"湖南省青少年科技创新大赛"中，高572班吴宸至发明的"高效捕捉式环保机机芯"获得工程学类省一等奖……

由此，似乎可以悟出这样一个道理：我们往往有害怕失败的心理，似乎不大愿意去尝试什么，以为只要不去尝试，就不会有失败。而西方人恰恰相反，他们有强烈的成功渴望，对一切都充满好奇，愿意去尝试，认为不去尝试，就永远也不会成功。中国人有了八成把握，还在犹豫，而加拿大人、美国人有了二三成把握他就敢"Try"。殊不知，尝试了，有可能带来失败的痛苦，但不去尝试，怎能体会到成功的快乐？事实上，凡是跟西方人打过交道的人，不难发现几乎所有的西方人最爱说的话就是"Try"，最乐意做的事就是"Try"，许多新鲜玩意就是这样"Try"出来的。西方的孩子从小耳濡目染接受了关于"Try"的教育，不仅仅只挂在嘴上，更表现在行动上。瓦特"Try"出了蒸汽机，怀特兄弟"Try"出了飞机，大名鼎鼎的微软公司总裁比尔·盖茨在十几岁的时候就开始"Try"计算机软件，后来休学专门去"Try"，终于"Try"出了一个世界软件王国。类似这样的例子不胜枚举，人类历史上的许多发明创造不就是一次次尝试出来的吗？我们的学生，为什么会缺乏"Try"的勇气与行为呢？我们的家长、老师为什么不能经常对子女们或学生说一声"试一试"呢？

当然，英语单词"Try"不仅仅是试，它还有"努力"的意思，它不仅仅需要"试"的勇气，更需要不懈努力的意志，一个人有了尝试的意识，再加上持续不懈的努力，还有什么事情做不成？还有什么事情做不好？什么都愿"Try"，这正是一个人想学习的源泉，什么都敢"Try"，这正是一个人创造力的根源，什么都能"Try"，这正是一所学校的生命力的表现。在提倡创新教育的今天，我们是否很有必要接受这样的理念并内化在我们的教育行动之中？！

（本文发表于《郴州日报》2013年1月17日）

10. 长将心血化时雨　浇得满园桃李春
——记郴州市一中明星老师杨全发

□本报记者　张振萍

　　杨全发，市一中数学高级教师，年级组组长，教龄27年，任教高中毕业班10届。1998年以来，4次记市三等功；先后15次被评为"湖南省高中数学奥林匹克竞赛优秀教练员"；1999年，被授予"全国高中数学奥林匹克竞赛国家一级教练员"称号；2006年，获"郴州市教育明星奖"；2009年9月，被市委、市政府授予"郴州市劳动模范"光荣称号，记市二等功。

　　杨老师对于学生，从不因个人好恶而分彼此，都一视同仁，一样地关爱，坚持友好、平等的态度，尊重学生的爱好、个性，引导学生全面发展，做学生的良师益友和引路人。经过不懈的努力和探索，目前杨老师已形成了自己独特的教学思想和教学方法，形成了一整套符合现代教学实际的理念，例如用文学的想象力和哲学的思辨力提升学生的数学能力和素质；帮助学生积极参与、充分发展其能力；指导学生过智慧型生活。他是"严师"，是"明师"，更是拓展心灵智慧的"人师"。

杨老师担任班主任16年，所带班级，班风纯正，纪律严明，凝聚力强，硕果累累。例如他所带的2000届302班，彭晶、黄伟、欧阳成、周金鹏等4人考入清华、北大；2003届327班李晨、刘一鸣等2人考入清华、北大；2006届的366班，在2005年全国高中数学、物理、化学、生物竞赛中，该班获得全国一等奖6个（当年郴州市仅有6个），均获高考加20分，全国二等奖14个，全国三等奖12个，几乎囊括郴州市所有奖牌，总奖牌数32枚在湖南省所有参赛学校排第4位。高考中，全班人平583分，600分以上的同学多达33人，重点本科上线68人，其中李佐鸿同学以707分获得2006年湖南省高考理科总分第一名。李佐鸿、胡承雄、李兆辰、曾妍、刘洋等5人考取北京大学、清华大学；曾博等4人录取到浙江大学；另有59人录取到其他全国名校。

与此同时，杨老师还兼任高中数学奥赛教练。由于他的奥赛培训抓得巧、把握准、讲得透，因而成绩斐然：1998年以来辅导学生获湖南省高中数学竞赛省一等奖84人、二等奖103人，获全国高中数学联赛全国一等奖4人、二等奖13人、三等奖15人，尤其是2005年所带的胡承雄、黄啸两位同学双双获得全国一等奖，胡承雄同学也因此被保送到清华大学的生物–化学基础科学班（国家实验班）。

爱无价，情永恒。为了教育的最高境界，为了学生的进步，为了学校的发展，杨老师用自己的爱、自己的情，永远在教育路上跋涉着、耕耘着、探索着、追求着……

（本文发表于《郴州日报》2010年4月20日）

11. 亦子亦友
——我的教子心得

□周丽萍

（编者按：2012年高考中，钟南海同学以郴州市文科第一名的成绩考取北京师范大学中文系。本文是其家长的育子心得。一个人的成长成才，一定凝聚着家长的心血和智慧。有了优秀的家长，优秀学子的出现便有了可能。潜心尽力培育子女的父母，永远值得我们尊重。）

高三年华，花开不败。我与儿子一同走过了365天的风风雨雨，那点点滴滴，如今仍然铭记在我的心头，闪耀如初，经久不散。在这点点滴滴的生活中，我总结出了一些心得与感悟，而其中最重要的，就是四个字——"亦子亦友"。不论是身体上，还是心灵上，都要成为平等的、荣辱与共的朋友。

那么，怎样才能做到"亦子亦友"，与孩子共同学习、共同成长呢？

我认为，首先要为孩子创造一个良好的家庭学习环境。

我常对南海说，"父母与家人负责学习上的后勤保障，学习你自主。"在衣食住行上，全家人，除了我们夫妻俩，还有他的奶奶、姑姑，甚至他读初三的弟弟，都对南海给予了很大照顾。奶奶和姑姑为他的三餐尽心尽力，为了大脑营养，保证每天一条鱼；弟弟经常在南海失落时陪他聊天，爱看电视的他每到中午都会把频道自动调到央视新闻台给哥哥看，还经常录下哥哥落下没看的《百家讲坛》，令身为伯父伯母的我们十分感动。孩子在房间学习时，全家老老小小都非常安静，不打扰孩子，给他一个相对独立的学习与思考的环境。在这一年中，我也好像进入了"高三模式"——基本不上网，不看电视，避免孩子产生父母可以休闲、而他还需痛苦煎熬的心理落差。平时，我多看书籍和杂志，《读者》、《意林》、《格言》等文摘类杂志自不必说，那些孩子高三没来得及读的书也成了我的最爱。《邓小平时代》、《明朝那些事儿》、《我的前半生》……这些旁人眼里的很难读的、很厚的书，没想到竟然也成了我的精神食粮。在高三下半期，我还订阅了《求学》、《凤凰周刊》、《中华读书报》、《国际先驱导报》、《半月谈》五种报刊，选取有价值的篇章带回家让儿子学习。在儿子晚自习回家后休息的空挡，我还经常给他念《等你，在北大》书中的段落，提醒他注意安排时间，研究学习方法，提高学习效率。（南海从小就是个爱读书、爱思考的孩子，在他小的时候，生日、春节等得到的礼物是书籍，取得好成绩的奖励也是书籍；平常逛街也是孩子留在书店，家里最富有的也是图书。书陶冶了孩子的情操，也养成良好的阅读习惯，对他记忆力开发，语言表达能力及逻辑思维能力有很好的帮助。）另外，在儿子高三仅有的休息时间——星期天下午，我和丈夫会带着孩子参加户外活动，散步、打羽毛球，调整孩子的精神状态，引领孩子过充实快乐的生活。

第二，鼓励为主，批评为辅。

俗话说："数子千过，莫如夸子一长。"耐心、鼓励和表扬可以激励人的自信心，自信则是每一个成功者共有的特征。高三学生大多是十七八岁的孩子，心理承受能力很差，尤其是在孩子高度紧张、高度敏感的环境下，大人的一句表扬或批评的

话，在他们看来往往就是对他们整个世界的评价。这时的家长，更应该多一点时间和孩子在一起，多一些沟通；多表扬，多鼓励；少批评，少指责。

我常对南海说："不管是不是高三，任何时候，只要你尽力了，就可以了。""我们不求无怨无悔，但求问心无愧。"作为高三学子，每个人都希望自己是最棒的，考上最理想的大学。然而，每次都第一，时时都如愿，这是不可能的。我们不求孩子办大事，但求踏实的做好每一件小事；可以不在乎结果，但必须重视过程。孩子考试成绩不好，或者陷入低谷的时候，帮他分析原因，找差距，在以后的考试中不犯类似错误；避免给孩子施加过多压力，设身处地地理解孩子；少用命令的口气，多用商量的口气；给孩子一些自己管理自己的空间……只有做到这样，才能让孩子轻装上阵。

举个例子，在高三最开始的那个暑假，南海虽然确立了坚定的决心，但还没有从高二毕业会考成功的喜悦和轻松感中走出来。学习虽然刻苦，但很"怕苦"，经常抱怨很累，总想"休息"。我知道，每个人都有惰

性，我们大人也一样，一天工作累下来，也想休息休息，和朋友们打打牌，聊聊天，唱唱歌……所以，对于孩子连篇的抱怨，我们没有一味指责，而是用清华北大学长们优秀的例子不断鼓励他，休息时多交流学习心得，让孩子知道我们在时刻关注着他，与他同甘共苦。虽然自己的休息时间好像减少了，但是让孩子感受到了关怀和爱意，你会发现孩子的心和你近了，孩子也变得懂事、更能理解人了，自己的付出是值得的。

第三，母子相长，平等交流。

家长要放低姿态，以平和的心态、平等的观念对待孩子，做孩子的"挚友"，甚至"死党""闺蜜"。成为孩子的朋友，才能为孩子提供一个轻松、快乐的生活、学习环境；成为孩子的朋友，孩子才会乐意与你谈心，有苦愿意向你倾诉，你才能及时掌握孩子的心理与学习动向，及时发现问题并纠正问题；成为孩子的朋友，以孩子的眼光看世界，陪孩子一起读书、看杂志、谈论时事，与孩子在思想上不断切磋，感情上不断交流，才能提高孩子的语言能力和鉴赏水平。

南海有一句话经常挂在嘴边："感情是灵魂的窗口，语言是思维的外衣。"语言上的交流多了，才能引发思维的碰撞和交会，才能真正进入孩子的内心世界；语言上的交流多了，我和孩子的思维也得到了无形中的锻炼。我调到郴州市以前，孩子不爱和我交流，有事不主动说，问起来他也说不知道，完全不像一个生活中的有心人。调到市里之后，随着我平常问得多了，他也慢慢注意留心生活的细节，变得乐意与我分享，学校发生什么事，他都会跟我讲。现在，我和孩子之间几乎没有什么秘密，我常常向他倾诉工作与生活中的苦恼，他也经常向我诉说那些年轻人之间的烦心事儿；我可以开开心心地和他分享小时候与丈夫青梅竹马的故事，他也就顺理成章地向我倾吐："其实我也暗恋着同班女生……"青葱年代，孩子的感情、思想都很纯真质朴。像一个同龄人一样，以平常心去对待孩子，让孩子感到亲情，才能驱除孩子的压力感，打破那种表面的顽固，走近他柔软的内心世界。

不仅如此，在对待错误这个方面，当孩子犯错误时，我可以批评他，但当孩子认为大人不对，确实是父母错了，我们也会向主动孩子认错，尊重孩子。我和丈夫都是性格很鲜明的人，不管是性格上、处世上，还是日常生活上，优点、缺点都很突出。南海会选择合适的时间和场合直截了当地指出我们的缺点，每每这时，我总会尴尬地笑笑，但绝对会虚心听取。因为，只有学会倾听孩子的意见，才有让孩子听取自己意见的本钱。另外，孩子犯了错误，父母要给予更大的包容和爱。尤其是高三时期，孩子由于紧张，心情相当敏感，虽然有一定的抗干扰能力，但是偶尔的浮躁是在所难免的。焦虑恐慌，患得患失，自卑与自大并存，积极与消极交织，经常因为鸡毛蒜皮的小事而抱怨父母……这一切都是很自然、很常见的，也是家长们所必须经历的。我家南海继承了老爸的急性子，遇事紧张常常脑袋短路，还有点倔脾气，认定一件事情就很难听取他人的意见。高三时期又面临着许许多多选择，所以分歧与争吵比平时有过之而无不及。而这时，恰恰是考验我们家长们的时候。如果总是互不服气，总是强硬地回击，结果一定会像泼出去的水一发不可收拾，还会加重代沟和隔阂。其实，面对这些争吵，如果是日常琐事，"冷"一下、"缓"一下、"静"一下，自然能不了了之。而如果是重大的选择问题，由家长一方"放下面子"，有理智地、温柔地向孩子提出"开诚布公"的谈话的请求，约定一个足够充裕的时间，用足够的耐心去劝导，相信懂事的孩子一定会很高兴、甚至很荣幸地和你谈的。地位的平等，增进了父母与孩子之间的情感，也建立了与孩子相互之间的信任，何乐而不为呢？

第四，积极配合老师和学校，并成为孩子校园生活中的一员。

孩子不是生活在真空里，为人父母处事的方式方法，会成为孩子将来的人生坐标，身教胜过言传。南海出生在老师家庭，他的爷爷奶奶都是德高望重的老教师，老一辈经常告诫我们夫妻俩，要给孩子从小树立好尊师重教的传统。从南海很小的时候开始，我们就教育他：学会感恩每位教导他的老师，爱老师，尊敬老师。爱老师，孩子会喜欢上老师的课；尊敬老师，在课堂上他会认真听讲，课堂效率才能高，才能抓住重点出成绩。老师是孩子的知识传授者、道路指引人，作为家长，我们也一定要积极配合老师，配合学校做好工作。

每个老师都热切希望每一个学生都能成功，但同时，老师也不是圣人，和我们家长一样无法做到完美无缺。试想，在家里只有一个孩子，我们经常都感到很累人，很难教育。一个班里总共有几十个孩子，其责任之大，难度之大应该是可以想象的。我们家长只有与学校积极配合，才能与学校形成帮助孩子成长的最大合力，才能让孩子得到最大程度的发展。我和丈夫对与学校的联系非常重视，经常向老师电话询问孩子的学习情况；每次家长会，我们都按时参加，细心记录，从初中到高中，我们写满了整整一本笔记本的家长会纪要。六年来，每一张成绩单、试卷分析我们都仔细地粘在笔记本上。到了高三，家长会比高一高二相对减少，我便每天晚饭后都到一中散步，顺便路过孩子教室，观察一下他的学习状态，也经常借此机会到班主任办公室，与各位老师们交流交流孩子的学习情况。在孩子准备"北约"自主招生期间，我协助孩子制作了厚厚一本自荐材料，并经常在工作之余请教老师们相关事宜。孩子自主招生和高考的成功，很大程度上得益于家长与老师的通力合作。

除此之外，我还争取融入527班的同学们中间，融入这个可爱的班集体。南海个性开朗随和，能侃善策，对老师和同学们都非常关心，从不吝啬分享自己的学习资料和学习经验，也非常乐于请教同学、互相切磋。因此不管在班里，还是在年级中，都拥有很好的人缘。在高三第二学期，南海数学不及格，陷入长时间的低谷后，也是靠这些友爱的同学们倾力帮助，学业上指导、心理上疏导，才逐渐找回信心和状态，提高了成绩。这一切，我们全家都看在眼里，为527班这种集体凝聚力和荣誉感深深感动。身为孩子的家长，也情不自禁地想为班集体做一些力所能及的事情。南海交给我打印装订的资料，我都会提醒他，用完后就放在班级阅览室与同学们共享（实际上，他做得比我更好）；孩子晚自习时，我会经常上楼看看他们的"镇班之宝"——窗台上的小西瓜藤，悄悄给它们浇浇水；班里的孩子们经常凑在一起"拼"饭，把各家做的好菜互相分享，于是家里每每有亲戚送新鲜牛排来时，我就多做几份，让更多的孩子尝尝我的"手艺"。虽然可能不见得有多好吃，但是看到孩子们开心的笑脸，听到孩子们对"南海妈妈的牛排"的称赞，心里真的甜滋滋、暖呼呼的。班里的小女孩都很乖巧、很优秀，嘴特别甜，经常"阿姨"、"阿姨"地和我唠家常，还给我取了个好听的外号"海妈"，让我觉得好像多了许多"干女儿"一样，那幸福劲儿就别提了！在这群孩子中间，我不仅记住了许多同学的名字和外号，见识了一些从未听过的新鲜名词，还学会了"刷微博"、玩QQ，还经常给孩子的QQ空间留言，摘抄一些人生哲理，或者留一些鼓励的、温暖人心的话，真正成为了一名"潮妈"。当然，我还借此结识了许许多多比我更加优秀的家长朋友，在与他们的攀谈与说笑中，我们互相学习，互相交流，也真正明白了一个道理：只有在一个团结的集体、融洽的氛围中，孩子们才能体会到自己真正的快乐，家长们才能更好地配合老师的工作，老师们才能发挥出教学团队最大的合力。

最后，保护发展孩子的兴趣，充分尊重孩子的选择，相信孩子。

兴趣是最好的老师，所有的学习的内在动力都来源于兴趣。孩子好奇心重，求知欲强，对什么东西都表现出浓厚的兴趣。可是如果不注意保护，孩子对学习的兴趣会逐渐淡化。现在大多数家庭只有一两个孩子，父母双亲没有实现的目标早早地就压在孩子的肩上。每一个家庭都"望子成龙，盼女成凤"，所以有些家长就会不顾孩子的感受。没有了兴趣，干什么都成不了。我和丈夫一直赞成孩子发展各方面兴趣，不管是理科的，还是文科的，我们都无条件支持。丈夫经常对他说："只要是有益的、有意义的，你想做的就是你该做的，你想学的就是你该学的，你想去的地方就是你该去的地方。"让孩子能一直对学习保持兴趣，是他能主动地学习的关键。

当然，兴趣太多，注意力和精力难免会有所分散，孩子就难免要做出选择。如果面临重大的选择时，做家长的就应该及时发觉，正确引导，并充分听取孩子的意见，尊重孩子的话语权、选择权。

孩子在初中时，立志学理，并一直以考入长沙"四大名校"，学习理科奥赛、考取奥赛保送生为奋斗目标，初三时还曾与同学去北京学习、参赛，夺得全国赛事的物理组一等奖。但上了高中之后，面对新的旅程、开阔的道路、多样的机会，孩子又有了新的兴趣与选择。在高一第二学期，他自己从物理奥赛转学数学奥赛，并找到我俩说："我不想拼理科奥赛了，我想学文科。""那你是不喜欢理科了吗？""不是，我很爱物理，也很喜欢化学和生物。""那为什么不学了呢？是畏难吗？还是怕比不上在长沙读理科的初中同学？""我数学基础不好，学奥赛的确越来越吃力了。而且，我觉得文史更能触动我，这可能成为我继续学习和研究的动力。所以，我觉得学文科可能更适合我。""你知道你的学校文科怎么样吗？""我听过，大家都说理强文弱，文科比不上市二中。""那为什么还想学文科呢？""爸，妈，不试试怎么知道？我不会放弃理科的兴趣，我也会把文科尽量学到最好。相信我啦！"在这次简单的家庭会议上，我们和孩子一同分析了学理学文的利弊，还建议他第二天去请教班主任和科任老师。最后，在老师的指点和我们的支持下，他毅然决然地选择了文科，在文科道路上做出了坚定的努力。

丈夫在家长会中曾经记录过这样一句话，是北京四中的一名优秀学子在书中写的："在兴趣的基础上，真正享受学习这个过程，而不是像'我要去北大'、'我要上清华'……诸如此类的过于功利的目标。你会惊奇地发现，路旁的风景真精彩，并轻而易举地得到你苦苦寻觅的快乐。"我家的这个"文艺青年"，曾经为理科奥赛洒下汗水，也曾倾慕于人大、法大的政法专业并疯狂努力，但最后，他确定了最适合自己的高考目标，享受到了求知的快乐，并最终获得了高考的成功。现在，孩子即将成年，未来的路要他自己走、自己拼了。或许他即将面临比高中时代更繁多、更艰难的选择，或许他会改变自己的人生选择。但无论怎样，身为父母，我们都坚信他会记住他最初那个选择，都会尊重他的每一个选择，也会始终祝福他，用最初的信心和勇气贯彻每一个选择，走出属于自己的精彩人生。

（周丽萍系钟南海同学的母亲）

12. 做合格的家长
——教育孩子点滴

□钟晓雪

孩子是父母的希望、祖国的未来。如何把孩子教育好、培养好，是每个做父母的必然课题。在对孩子的培育过程中，我们有点滴的体会，特如下，供天下为人父母者共同探讨。

做孩子的知心朋友。父母与孩子的关系，看似居高临下，其实不然。每个人生来都有尊严，在人格上是平等的。我们深谙此中道理。我们自孩子出生开始，就决定做孩子的知心朋友。在孩子高兴时，我们一起分享快乐；在孩子烦恼时，我们一起分担忧愁；在孩子遇到挫折时，我们平等协商，研究解决问题的最佳方法；在孩子与父母之间出现分歧时，我们耐心开导、倾心交谈，直到把道理辩明讲透。孩子也因为我们这种平等的姿态而乐意与我们讲真话、道实情，把我们当知心朋友。我们认为，与孩子平等相处，是新时期教育孩子的一个方向。

做孩子的品质导师。孩子的品行主要来自于父母和老师。家长的一言一行，一举一动，无时无刻不在渗透着孩子的心灵。我们一直下决心做孩子品质的楷模。我们要求孩子诚实，我们自己首先做到诚信不说谎；我们要求孩子乐于助人，我们自己力争做到乐善好施；我们要求孩子尊师爱友，我们自己带头做到勤劳肯干……孩子在父母的点滴陶冶中春风化雨。如今，我们的孩子已经是一个诚实善良、友爱助人、拾金不昧、勤劳肯干、任劳任怨的好孩子，老师和同学们都以他为荣。

做孩子的健康顾问。孩子的身体健康，是搞好学习和工作的基础，如何使孩子生活得更健康，是我们考虑最多的问题之一。我们的孩子七岁以前身体状况并不好，经常感冒、发烧，看起来胖胖的挺结实，但身体不强壮，打针住院是常事。针对这个现状，我们除了在日常生活中教育引导孩子注意卫生、养成良好的生活习惯外，还常常督促孩子积极参加健身锻炼。在平时，注意调节孩子的饮食和休息，注意孩子身体方面出现的细微反常。在我们的精心指导下，孩子不但身体强壮了，还懂得了许多健康常识，懂得了保持身体健康的重要性，为今后的学习工作打下了良好的基础。

做孩子的学习伙伴。我们的孩子对学习非常专注、有兴趣。做父母的一方面感到十分高兴，另一方面又感到有责任与之一起学习、释疑解难、共同进步。为此，我们商讨并成功建立了"学习型家庭"，平时大家都热爱学习，当孩子有困难和问题的时候，大家一起解决。这样一来，更增加了孩子学习的兴趣和主动性、积极性。也正因如此，孩子的成绩从学前班到现在一直名列前茅，令同学们羡慕，让老师欣慰，让家长开心。

当然，孩子心灵纯洁、品行良好、身体健康、学习进步，这是每个学生和家长孜孜以求的目标。要做到这一点，光有家长用劲、学生用功还不够，还需要学校和老师的辛勤努力和不倦教诲。做家长的永远感谢校方的严格管理和园丁们的不懈努力。孩子的每一点进步、每一分成长，都凝聚着家长、学校、教师、社会辛勤耕耘的汗水。

以上教育孩子的粗浅体会，但愿能抛砖引玉。

（钟晓雪系钟南海同学的父亲）

教育之梦生生不息

教育的根是苦的，但是其果实是甜的。（亚里士多德语）

此言，诚哉！

"文化"很难简单说明，很难定义。但是清明的政治靠它，健康的社会靠它，和谐的人际关系靠它，科技的进步靠它，现在更有人提出"文化是明日的经济。"[1]

优质的教育离不开优秀的校园文化。班级文化是校园文化的最重要组成部分，是校园文化的创造者、体现者和承继者。重视班级文化，就是重视学生，就是重视我们的未来。

本书分为四编：第一编：关于527班的文字，是本人对班级工作的认识，是理性的，更是感性的，且更多的带着我的体温。第二编：527班部分学生对班级的"认识"，有个性的，也有共性的，这是他们在527班的成长印迹。第三编：部分学生的语文课前的演讲稿，字里行间，洋溢热情，浸透着学生的思考，饱含着青春的记忆。第四编：收集的是曾广清、夏立新、杨全发等老师及学生家长的文字，他们对校园文化建设一直以来都极为重视，527班的班级文化深受他们的影响，得益于他们的关注与支持。

[1] 龙应台：《野火集》，生活·读书·新知三联书店2012年版。

从这些文字中，可以较为清晰地看出我们在班级文化建设方面的思考与实践，虽然不成熟，但清晰地留下了我们执著探索的足迹，我们是珍惜的，因为这无疑会为我们往后的班级管理及班级文化建设增加积淀，增加思考与实践的动力。班级文化深存于学生们日常学习与生活的点点滴滴中，并不深奥，我们认为。

2003年5月，本人第一本自编文集编写成书的"后记"中，我写下了这么一段话："人过三十，应该不是多梦的年华了，可是我偏偏不明事理，仍然做着一些只有比自己更年轻的人才有的梦。这也就给自己本来较为平静的生活与工作，增添了不少的困惑与烦恼。但愿这本小册子能给自己的梦想，带些许慰藉，平添几分勇气与信心。"

弹指一挥间，十年已过。这十年中，依旧教着高中语文，依旧担任着班主任。学生在变，环境也在变，然而，不争气的"梦想"仍时时纠缠于身，于我而言，真不知是喜还是悲。

本书的顺利付梓，郴州一中黄素丽、谷翠爽、周荣金等老师做了不少具体工作，刘典林、李湘玲、罗金妹、何春红、吴爱国等老师给予了大力支持，学校的许多领导及同事给予了许多的理解与帮助。郴州一中2012届527班的所有学生及家长为此付出了艰苦的努力。湖南师范大学出版社副总编黄林博士、编辑部刘苏华博士为本书的出版倾注了心血，提供了许多宝贵意见。在此深表谢意。另外，本书在编写过程中，参考了有关学者的著作，限于篇幅，在此不一一列举，深表感谢。

周圣荣

2013年5月29日于郴州一中